한국어 말하기 읽기 성장 프로그램

우리말카드와 함께하는

한국어 해독해 ③

이야기와 설명 담화 독해

정경희 · 진연선 · 곽경미 · 김미배 · 배소영 공저

학지사

한국어 해독해 ③ 이야기와 설명 담화 독해

머리말

『한국어 해독해』 시리즈를 펴내며

듣고 말하고 읽고 쓰는 활동은 인간 발달에 매우 중요한 역할을 합니다. 그리고 이 듣고 말하고 읽고 쓰는 활동은 근본적으로 낱말들을 기초로 이루어집니다.

유치원 시기의 아동은 몇 년 동안 수천 개의 단어를 말하는 수준으로 발달합니다. 우리는 수백 개의 단어를 활용하여 기본적인 의사소통을 하며, 단어들은 문장을 만들어 대화를 이어 나가는 데 매우 중요한 역할을 합니다.

아동은 학령기에 들어가면 단어들을 이용해 길게 이야기를 하거나, 글을 쓸 수 있게 됩니다. 나아가 설명하거나 설득하는 대화를 하거나 글을 읽고 이해하고 쓸 수 있게 됩니다.

학습 또는 학업을 위해서는 무엇보다 읽고 이해하는 일이 중요합니다. 한글이 익히기 쉽다고 하나, 어떤 아동은 읽고 쓰는 것을 힘들어하기도 합니다. 이때에는 효율적으로 단어나 어절을 읽어낼 수 있도록 지원할 필요가 있습니다. 더 나아가 긴 글을 이해하고, 자신의 생각이나 뜻을 쓸 수 있도록 하는 것이 최종 목표가 될 것입니다.

『한국어 해독해』 시리즈는 듣고 말하고 읽고 쓰는 활동을 아동 수준 개별 맞춤형으로 지원하고자 합니다. 최소한의 단어로 최대한 빠르고 즐겁게 아동의 말하기 및 읽기 능력을 증진시키고자 합니다. 『한국어 해독해』는 우리말카드에 있는 단어와 초등 교과의 주제 및 내용을 활용하며, 최소의 단어로 언어 읽기 습득의 발판을 제공하고자 합니다.

『한국어 해독해』 시리즈는 총 5권으로 구성하였습니다. 1권은 아동의 말하기 능력을 지원합니다. 특히 어휘와 담화에 초점을 두었습니다. 2권은 읽기 및 해독능력을 집중적으로 지원합니다. 통글자, 음운인식, 파닉스, 읽기유창성에 초점을 두어 지원합니다. 3권은 읽기이해를 집중적으로 지원합니다. 이야기와 설명담화에 초점을 두어 한국어의 기초를 지원하는 것입니다. 또한 4권과 5권은 각각 2권과 3권의 워크북으로 각 아동이 직접 사용할 수 있도록 하였습니다.

1권 『어휘와 이야기 말하기』에서는 아동의 어휘 수를 늘리고, 문장을 조합하여 말로 이야기하거나 설명할 수 있도록 지원합니다.

〈의미 편〉에서는 마트, 병원, 세탁, 목욕, 가게 놀이, 색칠하기, 미술활동, 동네 꾸미기 등의 주요한 사회적 상황에서 단어 수를 늘려가는 방법을 제시합니다. 명사나 서술어뿐 아니라, 관용구를 포함하였습니다. 응용활동을 통해 자기주도적으로 단어 수를 확장할 수 있도록 하였고, 선생님이 단서를 어떻게 활용할 수 있는지 제시합니다.

〈담화 편〉에서는 개인 경험에 입각하여 하나의 에피소드를 말할 수 있도록 지원합니다. 특히 사회적 의사소통의 기초가 되는 상황을 제공합니다. 그리고 학교생활에 기초가 되는 이야기 및 설명 담화의 기초를 제공합니다.

2권 『해독과 읽기 유창성』에서는 파닉스 원리를 응용하여 한글의 자소와 음소를 연결할 수 있도록 지원합니다. 철자와 연계하여 받아쓰기 능력에 도움을 주고자 하였습니다.

2권은 1~4부로 나누어 아동에게 효율적으로 읽기를 가르치는 방법을 제공합니다. 1부에서는 읽기를 시작하는 아동을 대상으로 음운인식 활동을 하는 방법을 소개하며 아동이 친숙한 낱말을 통글자로 읽도록 합니다. 2부에서는 파닉스 원리를 바탕으로 낱글자를 말소리와 연결하고 낱글자를 조합하여 낱말을 읽을 수 있도록 합니다. 3부에서는 낱말을 구성하는 다양한 음절 및 낱글자를 읽도록 하고 특히 아동들이 어려워하는 받침을 읽을 수 있도록 합니다. 또한 문법형태소 읽기를 지원하여 이후 문장 읽기의 바탕을 마련하도록 합니다. 4부에서는 글에 자주 출현하는 음운규칙을 적용하도록 하며 다양한 문법형태소가 활용될 때 음운규칙을 적용하여 읽도록 합니다. 또한 낱말뿐만 아니라 문장 및 문단에서도 음운규칙을 적용하여 읽을 수 있도록 합니다.

3권 『이야기와 설명 담화 독해』에서는 이야기와 설명 설득 담화를 중심으로 초등학생들에게 필요한 읽기 이해력과 쓰기 능력을 지원합니다.

3권에서는 개별 아동의 언어 및 읽기 수준을 고려하여, 핵심형과 확장형의 두 가지 유형으로 구성된 이야기 및 설명 설득글 텍스트를 제공합니다. 각 읽기 텍스트에서 다루고 있는 주제는 읽기관련 교과 분석을 토대로 구성하였는데, [이야기 담화 편]에서는 가정, 학교, 지역사회 활동과 관련된 주제, [설명 담화 편]에서는 초등학령기에 주로 다루는 설명글 구조와 설명 및 설득글 주제를 반영하였습니다.

텍스트를 읽고 이해하기 위해 읽기 전, 읽기 중, 읽기 후 세 단계에서 적용할 수 있는 읽기지도 전략을 소개하고 활용 절차를 제시하고 있습니다. 읽기 전 활동으로 글의 유형 파악하기, 배경지식 활용하기, 핵심어 보고 내용 예측하기가 있으며, 읽기 중 활동으로는 소리내어 유창하게 읽기, 글을 읽으면서 이해 모니터링 하기가 포함되어 있습니다. 읽기 후 활동으로는 어휘 확인하기, 글의 중심 내용과 세부 내용 파악하기, 글의 도식 파악하기, 글의 내용을 묻는 질문에 대답하기 등의 활동절차와 그에 따른 지도활용 지침을 상세하게 제시하고 있습니다.

4권은 2권 『해독과 읽기 유창성』의 워크북입니다. 2권의 목표 및 지침을 바탕으로 실제 활용할 수 있는 자료를 제공합니다. 치료 및 교육환경뿐만 아니라 가정에서도 아동과 쉽게 사용할 수 있도록 다양한 자료를 제공합니다. 그림 및 글자카드뿐만 아니라 활동에서 활용될 수 있는 색칠하기, 짝 맞추기, 게임하기, 만들기 등의 다양한 자료를 제공하여 즐거운 읽기활동이 될 수 있도록 합니다.

5권은 3권 『이야기와 설명 담화 독해』의 워크북입니다. 5권에서는 3권에서 제시하고 있는 각 읽기 활동 목표와 지침에 따라 실제 활용할 수 있는 다양한 자료를 제시하고 있습니다. 교육현장과 가정에서 실제로 사용할 수 있는 글자카드, 글의 순서와 도식 파악을 위한 다양한 이야기 도식판, 단어카드 만들기, 요약하기 등이 포함되어 있어 아동 스스로 글의 내용을 이해하면서 사용할 수 있도록 자료를 제시하였습니다.

언어 읽기 발달을 촉진하기 위해서는 무엇보다 아동의 발달 수준과 흥미에 따라 출발점을 선택해야 합니다. 『한국어 해독해』 시리즈에서 제시하는 내용을 기초로 각 아동에게 더욱 흥미로운 자료가 재조직되고 탄생할 수 있습니다.

이 시리즈로 아동 한 명 한 명의 말하기와 읽기 그리고 쓰기 능력이 향상되기를 바랍니다. 또한 아동과 선생님, 가족이 모두 즐겁게 자기주도적인 경험을 하기를 기대합니다. 무엇보다 아동이 당당하게 자신의 느낌과 생각을 말하거나 글로 쓸 수 있기를 희망합니다.

2017년

한국어 해독해 연구개발팀 일동

한국어 해독해 ③ 이야기와 설명 담화 독해

차 례

설명 담화 편

제2장 설명/설득 글 이해 · 141

한국어 해독해 ③ 이야기와 설명 담화 독해

이야기 담화 편

제1장

이야기글 이해

중재목표

01 '마트 심부름' 이야기글을 읽고 이해하여 적절하게 이야기를 산출할 수 있다

맥락: 가정 / 주제: 마트 심부름		
• 핵심형(언어↓, 읽기↓)		
에피소드	이야기 문법	이야기 내용
1	배경	나는 오후에 텔레비전을 봤어요.
	계기사건	그런데 엄마는 심부름 다녀오라고 해요.
	시도	그래서 나는 마트에 갔어요.
2	결과, 계기사건/ 내적 반응	그런데 종이가 안 보여서 깜짝 놀랐어요.
	시도	나는 엄마가 알려 준 대로 우유, 두부, 바나나를 샀어요.
	결과	결국 엄마가 사 오라는 대로 모두 다 샀어요.
	내적 반응	엄마가 잘했다고 칭찬해 주셨어요.
• 확장형(언어↑, 읽기↑)		
에피소드	이야기 문법	이야기 내용
1	배경	나는 한가한 오후에 텔레비전을 보고 있었어요.
	계기사건	엄마는 간식으로 팬케이크를 만들어 주시려고 했는데 재료가 없다고 말씀하셨어요.
	시도	그래서 엄마는 재료가 적힌 쪽지를 주시며 아파트 앞에 있는 마트에 가서 사 오라고 하셨어요.
	결과	나는 쪽지와 장바구니를 챙겨 서둘러 집을 나섰어요.
2	계기사건	심부름을 가는 길에 멀리에서 친구들이 로봇을 가지고 노는 것을 보았어요. 그건 내가 제일 좋아하는 것이었어요.
	시도	그래서 나는 친구들한테 쏜살같이 가서 좀 보여 달라고 했어요.
	결과	내가 가지고 있지 않은 캐릭터여서 정신없이 구경했어요.

3	계기사건/ 내적 반응	시간이 지나 마트에 서둘러 갔는데 쪽지가 보이지 않아서 순간 당황했어요.
	시도	나는 한참 동안 주머니를 여기저기 뒤져 보았지만 없어서 마트 주인 아주머니에게 여쭈어 보았어요.
	결과	주인 아주머니는 상세하게 재료들을 알려 주셨고, 나는 물건들을 샀어요.
4	계기사건	집에 도착한 나는 엄마에게 쪽지를 잃어버린 사실을 말씀드렸어요.
	시도	엄마는 재료를 잘 사 왔는지 물어보셨고 마트 주인 아주머니에게 도움을 받아 사 왔다고 말씀드렸어요.
	결과	그런데 엄마는 물건을 제대로 사 왔다고 칭찬해 주셨어요.
	내적 반응	나는 심부름을 잘 마친 것 같아 안도했어요. 다음부터는 한눈팔지 않고 심부름을 더 잘해야겠다고 생각했어요.

언어 수준

- 4낱말 조합 이상 문장 표현이 가능한 아동, 복문을 사용할 수는 있으나 주로 단문 위주로 표현하는 아동
- 읽기: 가끔 틀리게 읽는 글자가 있으나 낱말이나 간단한 문장 읽기가 가능한 아동

읽기 전 중재목표	글의 주제에 대한 배경지식을 나누고 내용을 예측하기

언어 목표

- 글의 주제를 파악할 수 있다.
- 주제어와 주제문장을 보고 내용을 적절하게 예측할 수 있다.

사용 카드

• 명사 6(상점 및 편의시설): 마트

활동절차: 중재 전략 및 유의사항

아동의 언어와 읽기 수준에 따라 '핵심형'과 '확장형' 중 하나를 선택하여 활동을 실시한다.

(1) 글의 주제에 대해 배경지식 나누기 워크북 1-1-1-1 워크북 1-1-2-1

• 선생님은 아동에게 〈읽기 전- 배경지식 나누기〉를 위해 이야기 주제와 관련된 우리말카드를 제시한다.

• 우리말카드를 보면서 간단한 질문으로 글의 주제와 관련된 배경지식을 나눈다.

예) "마트에 간 적 있니?"
"심부름 한 적 있니?"
"어떤 심부름을 했었니?"

(2) 내용 예측하기 워크북 1-1-1-1 워크북 1-1-2-1

• 선생님은 아동에게 〈읽기 전- 내용 예측하기〉의 이야기 주제 상황그림과 글자를 제시하여 상황배경을 소개한다.

• 이야기 주제와 관련된 내용을 보고 이야기 내용을 예측하도록 한다.

핵심형 키워드	심부름, 마트, 종이
확장형 키워드	팬케이크, 심부름, 쪽지

읽기 중 중재목표	소리 내서 유창하게 읽기

언어 목표

- 글을 적절한 의미단위로 끊어 읽을 수 있다.
- 글을 소리 내서 유창하게 읽을 수 있다.

활동절차: 중재 전략 및 유의사항

아동의 언어와 읽기 수준에 따라 '핵심형'과 '확장형' 중 하나를 선택하여 활동을 실시한다.

(1) 소리 내어 읽기 워크북 1-1-1-2 워크북 1-1-2-2

- 아동의 읽기 수행 수준에 따라 3가지 중 읽기 방법을 선택하여 읽도록 한다. 혹은 3가지 방법을 모두 실시할 수 있다.
- 아동의 읽기 수준에 따른 실시 방법은 다음과 같다.

① 선생님이 읽기

틀리게 읽는 글자가 많고 속도가 매우 느린 아동은 선생님이 읽는 부분을 손으로 짚어 가며 읽어 준다. 이때 선생님은 한 글자씩 손가락으로 짚어 주는 것이 아니라 띄어쓰기 단위로 반원

을 그리듯이 짚어 주며, 조금 느린 속도로 자연스럽게 읽어 준다.

② 선생님과 함께 읽기

틀리게 읽는 글자가 종종 있고 속도가 느린 아동은 ①과 같은 방법으로 손으로 짚어 주며 함께 읽는다. 함께 읽으면서 아동이 틀리게 읽은 경우 바르게 고쳐 읽기를 요구하지 않는다. 혹은 선생님과 교대로 읽기를 한다.

③ 아동이 혼자 읽기

틀리게 읽는 글자가 몇 개 있고 속도가 느리지 않은 아동은 혼자 읽도록 한다. 이때 아동이 너무 급하게 읽어서 생략을 하거나 틀리게 읽거나 수정을 시도하면 ①, ②와 같은 방법으로 도움을 준다.

- 아동이 스스로 읽도록 한다. 이때 선생님은 "글을 보고 정확하고 적절한 속도로 읽어 보세요."라고 말해 주고, 아동이 글을 읽는 동안 소요 시간과 오류를 기록한다. 다 읽은 후 오류를 보인 것을 확인 · 수정해 주고, 다시 정확하게 읽도록 기회를 준다.

시간	
오류 수	
오류 예	
총 음절 수	핵심형 107음절, 확장형 438음절

읽기 후 중재목표	이야기글을 읽고 읽은 내용을 이해하기

언어 목표

- 글의 주제와 관련된 어휘를 이해할 수 있다.
- 이야기를 읽고 이야기 순서를 이해하고 도식판을 완성할 수 있다.
- 이야기를 읽고 이야기 내용과 결속표지에 대한 질문에 답할 수 있다.
- 이야기를 읽고 이야기 내용을 적절하게 회상하여 산출할 수 있다.
- 글의 주제와 관련된 뒷이야기를 예측하고 결말을 각색할 수 있다.

활동절차: 중재 전략 및 유의사항

아동의 언어와 읽기 수준에 따라 '핵심형'과 '확장형' 중 하나를 선택하여 활동을 실시한다.

(1) 어휘 확인 워크북 1-1-1-3 워크북 1-1-2-3

- 아동과 워크북의 〈읽기 후– 이야기 관련 어휘〉를 함께 본다.
- 아동과 함께 목표 어휘가 예시글에서 어떻게 사용되었는지 확인하고, 맥락을 통해 어휘의 뜻을 예측해 본다. 아동이 어려워할 경우, 예시글의 내용을 구어로 바꾸어 예측할 수 있도록 도와준다. 아동이 계속 어려워할 경우, 선생님이 어휘의 뜻을 알려 준다.
- 어휘의 뜻을 모두 확인한 후에는 글의 핵심어를 중심으로 경험과 연결하여 예문을 말하거나 쓰게 한다. 아동이 쓰기에 어려움이 있는 경우, 선생님이 아동이 말한 것을 워크북에 적어 준다.

(2) 세부내용을 시간적 순서대로 정리하기 워크북 1-1-1-4 워크북 1-1-2-4

• 워크북의 〈읽기 후- 이야기 순서 맞추기〉를 보고 시간적 순서에 따라 번호를 적고 이야기의 흐름을 파악한다.

• 아동이 스스로 하지 못하는 경우 〈읽기 중- 소리 내어 읽기〉를 확인하여 순서를 파악하거나 선생님이 도움을 준다.

핵심형	5	나는 엄마가 알려 준 대로 우유, 두부, 바나나를 샀어요.
	2	그런데 엄마는 심부름 다녀오라고 해요.
	1	나는 오후에 텔레비전을 봤어요.
	6	결국 엄마가 사 오라는 대로 모두 다 샀어요.
	3	그래서 나는 마트에 갔어요.
	4	그런데 종이가 안 보여서 깜짝 놀랐어요.
	7	엄마가 잘했다고 칭찬해 주셨어요.
확장형	3	시간이 지나 마트에 서둘러 갔는데 쪽지가 보이지 않아서 순간 당황했어요. 나는 한참 동안 주머니를 여기저기 뒤져 보았지만 없어서 마트 주인 아주머니에게 여쭈어 보았어요. 주인 아주머니는 상세하게 재료들을 알려 주셨고, 나는 물건들을 샀어요.
	1	나는 한가한 오후에 텔레비전을 보고 있었어요. 엄마는 간식으로 팬케이크를 만들어 주시려고 했는데 재료가 없다고 말씀하셨어요. 그래서 엄마는 재료가 적힌 쪽지를 주시며 아파트 앞에 있는 마트에 가서 사 오라고 하셨어요. 나는 쪽지와 장바구니를 챙겨 서둘러 집을 나섰어요.
	2	심부름을 가는 길에 멀리에서 친구들이 로봇을 가지고 노는 것을 보았어요. 그건 내가 제일 좋아하는 것이었어요. 그래서 나는 친구들한테 쏜살같이 가서 좀 보여 달라고 했어요. 내가 가지고 있지 않은 캐릭터여서 정신없이 구경했어요.
	4	집에 도착한 나는 엄마에게 쪽지를 잃어버린 사실을 말씀드렸어요. 엄마는 재료를 잘 사 오셨는지 물어보셨고 마트 주인 아주머니에게 도움을 받아 사 왔다고 말씀드렸어요. 그런데 엄마는 물건을 제대로 사 왔다고 칭찬해 주셨어요. 나는 심부름을 잘 마친 것 같아 안도했어요. 다음부터는 한눈팔지 않고 심부름을 더 잘해야겠다고 생각했어요.

(3) 이야기 도식판 완성 워크북 1-1-1-4 워크북 1-1-2-4

- 〈읽기 후– 이야기 도식판〉을 보고 이야기와 관련된 내용[등장인물, 장소/시간, 주요 사건(계기 사건), 사건에 따른 해결책(시도), 해결책에 따른 결과(결과), 내적 반응]과 관련된 질문을 듣고 이야기글에서 답에 밑줄을 긋고 답을 적도록 한다.
- 아동이 쓰기에 어려움이 있는 경우, 선생님이 대신 써 준다.

핵심형	제목	마트 심부름
	등장인물	엄마, 나
	장소	집, 마트
	1	(1) 나는 무엇을 보고 있었나요? → 텔레비전
		(2) 엄마가 무엇을 하라고 했나요? → 심부름
		(3) 나는 어디에 갔나요? → 마트
	2	(4) 무엇이 안 보였나요? → 종이
		(5) 무엇을 샀나요? → 우유, 두부, 바나나
		(6) 심부름을 한 내게 엄마는 무엇을 해 주셨나요? → 칭찬
확장형	제목	마트 심부름
	등장인물	엄마, 나
	장소	집, 마트
		(1) 나는 오후에 무엇을 보고 있었나요? → 텔레비전
		(2) 엄마가 무엇을 만들어 주신다고 했나요? → 팬케이크
		(3) 재료가 없어 어디에 가서 사 오라고 했나요? → 마트
		(4) 심부름 가는 길에 누구를 보았나요? → 로봇을 가지고 노는 친구들
		(5) 나는 무엇을 구경했나요? → 내가 가지고 있지 않은 캐릭터
		(6) 마트에 갔는데 무엇이 보이지 않았나요? → 쪽지
		(7) 나는 누구에게 물어보았나요? → 마트 주인 아주머니
		(8) 나는 물건을 살 수 있었나요? → 살 수 있었어요.
		(9) 나는 엄마에게 뭐라고 했나요? → 쪽지를 잃어버린 사실 말씀드렸어요.
		(10) 엄마는 뭐라고 했나요? → 제대로 사 왔다고 칭찬해 주셨어요.
		(11) 나는 어떤 마음이 들었나요? → 더 잘해야겠다고 생각했어요.

(4) 읽기 이해 워크북 1-1-1-5 워크북 1-1-2-5

- 아동에게 워크북 〈읽기 후– 이야기글 이해: 이야기 내용〉을 제시한다.
- 아동에게 이야기와 관련된 질문을 하여 대답하거나 쓰게 한다.
- 아동이 질문에 대한 대답에 어려움을 보이는 경우에는 이야기에서 관련된 부분을 다시 읽거나 들려준 뒤 다시 질문하고, 계속 어려워할 경우 답을 알려 준다.

핵심형

이야기 이해 질문	아동 반응
1. 나는 언제 텔레비전을 보았나요?	오후에 텔레비전을 봐요.
2. 엄마가 뭐하라고 했나요?	심부름 다녀오라고 해요.
3. 나는 어디에 갔나요?	마트에 가요.
4. 엄마가 무엇을 사 오라고 했나요?	우유, 두부, 바나나
5. 나는 왜 깜짝 놀랐나요?	종이가 안 보여서 놀랐어요.
6. 나는 종이가 안 보여서 어떻게 했나요?	기억해서 물건을 골랐어요.
7. 심부름을 다하고 나서 기분이 어땠을까요?	물건을 정확하게 샀는지 궁금했어요.

확장형

이야기 이해 질문	아동 반응
1. 나는 오후에 무엇을 하고 있었나요?	나는 오후에 텔레비전을 보고 있었어요.
2. 엄마가 나에게 부탁한 것은 무엇인가요?	엄마는 심부름을 다녀오라고 했어요.
3. 엄마는 간식으로 무엇을 만들어 준다고 하셨나요?	팬케이크
4. 마트에 가는 길에 왜 쪽지를 잃어버렸을까요?	로봇을 보다가 쪽지가 떨어진 것 같아요.
5. 종이를 잃어버렸을 때 나는 기분이 어땠나요?	종이를 잃어버려서 당황했어요.
6. 종이를 잃어버려서 어떻게 하였나요?	마트 주인 아주머니에게 여쭈어 보았어요.
7. 물건을 사고 나서 집에 가는 길에 어떤 마음이 들었을까요?	심부름을 잘했을까 걱정했을 것 같아요.

(5) 읽기 이해 워크북 1-1-1-6 워크북 1-1-2-6

- 아동에게 워크북의 〈읽기 후– 이야기글 이해: 결속표지〉를 제시한다.
- 글을 함께 읽고 에피소드나 문장을 이어 주는 접속사, 연결어미, 대명사, 보조사 등을 찾아 적는다. 아동이 혼자하는 데 어려움이 있는 경우, 함께 제시한 보기에서 적절한 답을 찾도록 한다.

핵심형	그래서, 그런데, -다고
확장형	-는데, 그래서, -서, -고, 그런데

(6) 이야기 회상하기 워크북 1-1-1-7 워크북 1-1-2-7

- 핵심형의 경우 〈읽기 후- 이야기 내용 쓰기〉에 제공된 주요 단어를 시간의 순서대로 나열하게 한다. 그리고 확장형의 경우 아동에게 주요 단어를 보고 이야기를 써 보도록 한다. 이때 〈이야기 주제 상황그림〉 〈이야기 만들기 그림 4컷〉을 함께 제공하여 이야기를 보다 풍부하게 회상할 수 있도록 한다.
- 아동의 이야기에서 정보가 부족할 경우 선생님은 〈읽기 후- 이야기 도식판〉을 제공하여 자연스럽게 정보를 추가해 주고 다음 내용을 표현할 수 있도록 한다.

핵심형	심부름 → 종이 잃어버리다 → 우유, 두부, 바나나 사 오다
확장형	[팬케이크, 심부름, 쪽지 잃어버리다, 안도하다]를 넣어 이야기글 쓰기

(7) 뒷이야기 예측하기

- 아동에게 글의 뒷이야기를 예측하게 한다.
- 아동이 예측에 어려움을 보이는 경우에는 선생님이 모델링을 보여 준 후 아동에게 다시 기회를 준다.

  예) "다음에 심부름을 할 때는 주인공이 어떻게 할 것 같아요?"

(8) 결말 각색하기

- 아동에게 글의 결말을 각색하여 말하도록 한다.
- 아동이 각색에 어려움을 보이는 경우에는 선생님이 모델링을 보여 준 후 아동에게 다시 기회를 준다.

  예) "만약 엄마가 사 오라는 물건 중에 기억을 하지 못하는 것이 생기면 어떻게 해야 할까요?"

응용하기

- 이야기 주제에 맞추어 개인경험 이야기를 나눈다.
- 이야기 주제와 관련된 가정 및 학교에서의 활동 과제를 제공한다.

개인경험 이야기	–'길을 잃었던 경험'에 대해 이야기해 봐요. 언제 있었던 일인가요? 어디에서 있었던 일인가요? 어떤 일이 일어났나요? ○○이는 길을 잃어서 어떻게 했나요? 길을 잃으면 어떻게 해야 할까요? 다시 그런 일이 일어나지 않게 하려면 어떻게 해야 할까요?
가정 및 학교 활동 과제	–엄마랑 같이 심부름을 가요. –심부름이 끝난 후 어떤 일이 있었는지 함께 이야기해 봐요. –'마트에 가는 방법'을 생각해 봐요.

중재목표

02

'어려운 사람 돕기' 이야기글을 읽고 이해하여 적절하게 이야기를 산출할 수 있다

맥락: 가정 / 주제: 어려운 사람 돕기		
• 핵심형(언어↓, 읽기↓)		
에피소드	이야기 문법	이야기 내용
1	배경	토요일 나는 심심해서 텔레비전을 켰어요.
	계기사건	그런데 비가 너무 내려서 산이 무너졌대요.
	시도	나는 어려운 사람을 도와주고 싶었어요.
2	결과, 계기사건	엄마는 어려운 사람을 돕는 전화번호를 알려 주셨어요.
	시도	나는 전화번호를 누르고 어려운 사람을 도와주고 싶다고 말했어요.
	결과/내적 반응	나는 누군가를 도와줘서 기뻤어요.
• 확장형 (언어↑, 읽기↑)		
에피소드	이야기 문법	이야기 내용
1	배경	토요일 아침, 나는 텔레비전을 켰어요.
	계기사건	많은 비로 산사태가 났다는 소식이 방송되었어요.
	시도	그래서 나는 조금 더 알고 싶어 인터넷에 산사태에 대해 검색해 봤어요.
	결과	산사태로 인해 많은 사람이 피해를 입었다는 기사가 많았어요.
2	계기사건	나는 꼭 그 사람들을 돕고 싶었어요.
	시도	그래서 엄마에게 내가 도울 방법이 뭐가 있는지 질문했어요.
	결과	엄마는 텔레비전에 나오는 ARS 번호에 대해서 설명해 주셨어요. 그 번호로 전화를 하면 어려운 사람을 돕는 성금을 기부할 수 있다고 했어요.
3	계기사건	나는 처음으로 ARS로 전화를 해서 내가 모아 두었던 돈을 기부하고 싶었어요.
	시도/결과	떨리는 마음으로 전화를 걸었지만 뭐라고 말해야 할지 몰라 끊었어요.
4	계기사건	다시 차근차근 번호를 누르자 상담원과 연결이 되었어요.
	시도	그래서 나는 만 원을 기부하고 싶다고 말했어요.
	결과	나의 많은 질문에도 상담원은 친절하게 도와주었어요.
	내적 반응	나는 누군가를 도왔다는 생각에 마음이 뿌듯해졌어요.

언어 수준

- 4낱말 조합 이상 문장 표현이 가능한 아동, 복문을 사용할 수는 있으나 주로 단문 위주로 표현하는 아동
- 읽기: 가끔 틀리게 읽는 글자가 있으나 낱말이나 간단한 문장 읽기가 가능한 아동

읽기 전 중재목표	글의 주제에 대한 배경지식을 나누고 내용을 예측하기

언어 목표

- 글의 주제를 파악할 수 있다.
- 주제어와 주제문장을 보고 내용을 적절하게 예측할 수 있다.

사용 카드

- 명사 6(때 · 날씨): 비
- 명사 6(때 · 날씨): 홍수
- 서술어 2(학교생활-쉬는 시간): 돕다

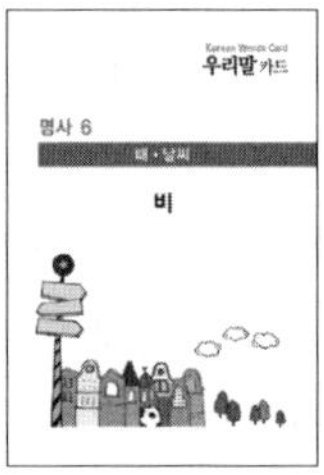

활동절차: 중재 전략 및 유의사항

아동의 언어와 읽기 수준에 따라 '핵심형'과 '확장형' 중 하나를 선택하여 활동을 실시한다.

(1) 글의 주제에 대해 배경지식 나누기 워크북 1-2-1-1 워크북 1-2-2-1

- 선생님은 아동에게 〈읽기 전- 배경지식 나누기〉를 위해 이야기 주제와 관련된 우리말카드를 제시한다.
- 우리말카드를 보면서 간단한 질문으로 글의 주제와 관련된 배경지식을 나눈다.

예) "비가 많이 오면 어떻게 될까?"

"홍수가 나면 어떻게 될까?"

"친구를 도와준 적 있니?"

"어려운 사람을 도와준 적 있니?"

(2) 내용 예측하기 워크북 1-2-1-1 워크북 1-2-2-1

- 선생님은 아동에게 〈읽기 전- 내용 예측하기〉의 이야기 주제 상황그림과 글자를 제시하여 상황배경을 소개한다.
- 이야기 주제와 관련된 내용을 보고 이야기 내용을 예측하도록 한다.

핵심형 키워드	비, 무너지다, 돕다
확장형 키워드	비, 무너지다, 돕다

읽기 중 중재목표	소리 내서 유창하게 읽기

언어 목표

- 글을 적절한 의미단위로 끊어 읽을 수 있다.
- 글을 소리 내서 유창하게 읽을 수 있다.

활동절차: 중재 전략 및 유의사항

아동의 언어와 읽기 수준에 따라 '핵심형'과 '확장형' 중 하나를 선택하여 활동을 실시한다.

(1) 소리 내어 읽기 워크북 1-2-1-2 워크북 1-2-2-2

- 아동의 읽기 수행 수준에 따라 3가지 중 읽기 방법을 선택하여 읽도록 한다. 혹은 3가지 방법을 모두 실시할 수 있다.
- 아동의 읽기 수준에 따른 실시 방법은 다음과 같다.

① 선생님이 읽기

틀리게 읽는 글자가 많고 속도가 매우 느린 아동은 선생님이 읽는 부분을 손으로 짚어 가며 읽어 준다. 이때 선생님은 한 글자씩 손가락으로 짚어 주는 것이 아니라 띄어쓰기 단위로 반원

을 그리듯이 짚어 주며, 조금 느린 속도로 자연스럽게 읽어 준다.

② 선생님과 함께 읽기

틀리게 읽는 글자가 종종 있고 속도가 느린 아동은 ①과 같은 방법으로 손으로 짚어 주며 함께 읽는다. 함께 읽으면서 아동이 틀리게 읽은 경우 바르게 고쳐 읽기를 요구하지 않는다. 혹은 선생님과 교대로 읽기를 한다.

③ 아동이 혼자 읽기

틀리게 읽는 글자가 몇 개 있고 속도가 느리지 않은 아동은 혼자 읽도록 한다. 이때 아동이 너무 급하게 읽어서 생략을 하거나 틀리게 읽거나 수정을 시도하면 ①, ②와 같은 방법으로 도움을 준다.

• 아동이 스스로 읽도록 한다. 이때 선생님은 "글을 보고 정확하고 적절한 속도로 읽어 보세요."라고 말해 주고, 아동이 글을 읽는 동안 소요 시간과 오류를 기록한다. 다 읽은 후 오류를 보인 것을 확인 · 수정해 주고, 다시 정확하게 읽도록 기회를 준다.

시간	
오류 수	
오류 예	
총 음절 수	핵심형 114음절, 확장형 330음절

읽기 후 중재목표	이야기글을 읽고 읽은 내용을 이해하기

언어 목표

- 글의 주제와 관련된 어휘를 이해할 수 있다.
- 이야기를 읽고 이야기 순서를 이해하고 도식판을 완성할 수 있다.
- 이야기를 읽고 이야기 내용과 결속표지에 대한 질문에 답할 수 있다.
- 이야기를 읽고 이야기 내용을 적절하게 회상하여 산출할 수 있다.
- 글의 주제와 관련된 뒷이야기를 예측하고 결말을 각색할 수 있다.

활동절차: 중재 전략 및 유의사항

아동의 언어와 읽기 수준에 따라 '핵심형'과 '확장형' 중 하나를 선택하여 활동을 실시한다.

(1) 어휘 확인 워크북 1-2-1-3 워크북 1-2-2-3

- 아동과 워크북의 〈읽기 후– 이야기 관련 어휘〉를 함께 본다.
- 아동과 함께 목표 어휘가 예시글에서 어떻게 사용되었는지 확인하고, 맥락을 통해 어휘의 뜻을 예측해 본다. 아동이 어려워할 경우, 예시글의 내용을 구어로 바꾸어 예측할 수 있도록 도와준다. 아동이 계속 어려워할 경우, 선생님이 어휘의 뜻을 알려 준다.
- 어휘의 뜻을 모두 확인한 후에는 글의 핵심어를 중심으로 경험과 연결하여 예문을 말하거나 쓰게 한다. 아동이 쓰기에 어려움이 있는 경우, 선생님이 아동이 말한 것을 워크북에 적어 준다.

(2) 세부내용을 시간적 순서대로 정리하기 워크북 1-2-1-4 워크북 1-2-2-4

- 워크북의 〈읽기 후– 이야기 순서 맞추기〉를 보고 시간적 순서에 따라 번호를 적고 이야기의 흐름을 파악한다.
- 아동이 스스로 하지 못하는 경우 〈읽기 중– 소리 내어 읽기〉를 확인하여 순서를 파악하거

나 선생님이 도움을 준다.

핵심형	5	나는 전화번호를 누르고 어려운 사람을 도와주고 싶다고 말했어요.
	3	나는 어려운 사람을 도와주고 싶었어요.
	2	그런데 비가 너무 내려서 산이 무너졌대요.
	4	엄마는 어려운 사람을 돕는 전화번호를 알려 주셨어요.
	1	토요일 나는 심심해서 텔레비전을 켰어요.
	6	나는 누군가를 도와줘서 기뻤어요.
확장형	2	나는 꼭 그 사람들을 돕고 싶었어요. 그래서 엄마에게 내가 도울 방법이 뭐가 있는지 질문했어요. 엄마는 텔레비전에 나오는 ARS 번호에 대해서 설명해 주셨어요. 그 번호로 전화를 하면 어려운 사람을 돕는 성금을 기부할 수 있다고 했어요.
	3	나는 처음으로 ARS로 전화를 해서 내가 모아 두었던 돈을 기부하고 싶었어요. 떨리는 마음으로 전화를 걸었지만 뭐라고 말해야 할지 몰라 끊었어요.
	1	토요일 아침, 나는 텔레비전을 켰어요. 많은 비로 산사태가 났다는 소식이 방송되었어요. 그래서 나는 조금 더 알고 싶어 인터넷에 산사태에 대해 검색해 봤어요. 산사태로 인해 많은 사람이 피해를 입었다는 기사가 많았어요.
	4	다시 차근차근 번호를 누르자 상담원과 연결이 되었어요. 그래서 나는 만 원을 기부하고 싶다고 말했어요. 나의 많은 질문에도 상담원은 친절하게 도와주었어요. 나는 누군가를 도왔다는 생각에 마음이 뿌듯해졌어요.

(3) 이야기 도식판 완성 워크북 1-2-1-4 워크북 1-2-2-4

- 〈읽기 후– 이야기 도식판〉을 보고 이야기와 관련된 내용[등장인물, 장소/시간, 주요 사건(계기 사건), 사건에 따른 해결책(시도), 해결책에 따른 결과(결과), 내적 반응]과 관련된 질문을 듣고 이야기글에서 답에 밑줄을 긋고 답을 적도록 한다.
- 아동이 쓰기에 어려움이 있는 경우, 선생님이 대신 써 준다.

핵심형	제목	어려운 사람 돕기
	등장인물	나, 엄마
	장소	집
	1	(1) 토요일에 나는 심심해서 무엇을 보았나요? → 텔레비전
		(2) 비가 너무 내려서 무엇이 무너졌나요? → 산
		(3) 엄마가 무엇을 알려 주었나요? → 전화번호
	2	(4) 나는 전화번호를 누르고 뭐라고 말했나요? → 도와주고 싶다고 말했어요.
		(5) 나는 누군가를 도와줘서 어땠나요? → 기뻤어요.
확장형	제목	어려운 사람 돕기
	등장인물	나, 엄마
	장소	집
	(1) 나는 무엇을 보고 있었나요? → 텔레비전	
	(2) 나는 인터넷에서 무엇을 검색했나요? → 산사태	
	(3) 기사에는 어떤 내용이 많았나요? → 많은 사람이 피해를 입었다는 기사가 많았어요.	
	(4) 나는 사람들을 돕고 싶어 누구에게 물어보았나요? → 엄마	
	(5) 엄마는 도울 수 있는 방법을 뭐라고 설명해 주셨나요? → ARS 번호로 전화해서 기부할 수 있다고 했어요.	
	(6) 전화를 걸었지만 나는 어땠나요? → 뭐라고 말해야 할지 몰라 끊었어요.	
	(7) 나는 상담원에게 뭐라고 했나요? → 기부하고 싶다고 했어요.	
	(8) 나는 마음이 어땠나요? → 뿌듯했어요.	

(4) 읽기 이해 워크북 1-2-1-5 워크북 1-2-2-5

- 아동에게 워크북 〈읽기 후– 이야기글 이해: 이야기 내용〉을 제시한다.
- 아동에게 이야기와 관련된 질문을 하여 대답하거나 쓰게 한다.
- 아동이 질문에 대한 대답에 어려움을 보이는 경우에는 이야기에서 관련된 부분을 다시 읽거나 들려준 뒤 다시 질문하고, 계속 어려워할 경우 답을 알려 준다.

구분	이야기 이해 질문	아동 반응
핵심형	1. 나는 언제 텔레비전을 켰나요?	토요일에 텔레비전을 켜요.
	2. 왜 산이 무너졌나요?	비가 너무 내려서 산이 무너졌어요.
	3. 나는 어려운 사람을 어떻게 도와주었나요?	전화번호를 누르고 어려운 사람을 도와주었어요.

구분	이야기 이해 질문	아동반응
확장형	1. 나는 토요일 아침에 무엇을 했나요?	텔레비전을 켰어요.
	2. 방송에서는 어떤 이야기가 나오고 있었나요?	산사태가 났다는 소식이 방송되었어요.
	3. 나는 어려운 사람을 보고 어떤 마음이 들었나요?	그 사람들을 돕고 싶었어요.
	4. 나는 사람들을 돕기 위해 무엇을 했나요?	전화를 해서 내가 모아 두었던 돈을 기부했어요.
	5. 사람들을 도와주고 난 후 나의 마음은 어땠나요?	뿌듯했어요.

(5) 읽기 이해 워크북 1-2-1-6 워크북 1-2-2-6

- 아동에게 워크북의 〈읽기 후- 이야기글 이해: 결속표지〉를 제시한다.
- 글을 함께 읽고 에피소드나 문장을 이어 주는 접속사, 연결어미, 대명사, 보조사 등을 찾아 적는다. 아동이 혼자하는 데 어려움이 있는 경우, 함께 제시한 보기에서 적절한 답을 찾도록 한다.

핵심형	그런데, -서
확장형	그래서, 그, 다시, -도

(6) 이야기 회상하기 워크북 1-2-1-7 워크북 1-2-2-7

- 핵심형의 경우 〈읽기 후- 이야기 내용 쓰기〉에 제공된 주요 단어를 시간의 순서대로 나열하게 한다. 그리고 확장형의 경우 아동에게 주요 단어를 보고 이야기를 써 보도록 한다. 이때 〈이야기 주제 상황그림〉 〈이야기 말하기 그림 4컷〉을 함께 제공하여 이야기를 보다 풍부하게 회상할 수 있도록 한다.

• 아동의 이야기에서 정보가 부족할 경우 선생님은 〈읽기 후– 이야기 도식판〉을 제공하여 자연스럽게 정보를 추가해 주고 다음 내용을 표현할 수 있도록 한다.

핵심형	비 → 산이 무너지다 → 돕다
확장형	[산사태, 전화하다, 기부하다, 뿌듯하다]를 넣어 이야기글 쓰기

(7) 뒷이야기 예측하기

• 아동에게 글의 뒷이야기를 예측하게 한다.

• 아동이 예측에 어려움을 보이는 경우에는 선생님이 모델링을 보여 준 후 아동에게 다시 기회를 준다.

예) "다음에는 어떤 사람을 도와줄 수 있을까?"

(8) 결말 각색하기

• 아동에게 글의 결말을 각색하여 말하도록 한다.

• 아동이 각색에 어려움을 보이는 경우에는 선생님이 모델링을 보여 준 후 아동에게 다시 기회를 준다.

예) "친구를 도와줄 수 있는 방법에는 또 어떠한 것들이 있을까?"

응용하기

- 이야기 주제에 맞추어 개인경험 이야기를 나눈다.
- 이야기 주제와 관련된 가정 및 학교에서의 활동 과제를 제공한다.

개인경험 이야기	–'누군가를 도와줬던 경험'에 대해 이야기해 봐요. 언제 있었던 일인가요? 어디에서 있었던 일인가요? 어떤 일이 일어났나요? 왜 돕고 싶었나요? 어떻게 도와주었나요?
가정 및 학교 활동 과제	–가족을 돕는 방법을 실천해 봐요. –가족을 언제 도울 수 있을까요? –어떻게 도울 수 있을까요? –실제로 해 봐요.

'스트레칭 시험' 이야기글을 읽고 이해하여 적절하게 이야기를 산출할 수 있다

맥락: 학교 / 주제: 스트레칭 시험		
• 핵심형(언어↓, 읽기↓)		
에피소드	이야기 문법	이야기 내용
1	배경	오늘 체육 시간에 키가 크는 운동을 배웠어요.
	계기사건	그리고 선생님께서 시험 본다고 말씀하셨어요.
	시도/결과	내가 잘 몰라서 질문하자 선생님은 다시 보여 주셨어요.
2	계기사건	집에 와서 연습하는데 잘 기억이 안 났어요.
	시도	그래서 나는 동영상을 보고 다시 연습했어요.
	결과	시험 시간에 나를 보고 친구들이 하하하 웃었어요.
	결과/내적 반응	그런데 내가 일등이어서 기뻤어요.
• 확장형(언어↑, 읽기↑)		
에피소드	이야기 문법	이야기 내용
1	배경	오늘 체육 시간에 키가 크는 스트레칭을 배웠어요.
	계기사건	그리고 선생님께서는 다음 시간에 시험을 본다고 하셨어요.
	시도	나는 선생님께 모르는 부분을 질문하였어요.
	결과	선생님은 동작마다 자세하게 시범을 보여 주셨어요.
2	계기사건	시범이 끝난 후 나는 열심히 연습을 하였는데 팔을 발끝까지 뻗는 동작이 생각보다 잘 되지 않아서 친구들이 깔깔 웃었어요.
	시도	부끄러워진 난 친구들에게 웃지 말라고 이야기했어요.
	결과	친구들이 내 이야기를 듣고 미안하다고 했어요.
3	계기사건	집에 도착한 나는 친구들이 웃었던 것이 생각나며 다시 부끄러워졌어요.
	시도	그래서 나는 인터넷으로 스트레칭 동영상을 찾아보았어요.
	결과	나는 한 동작씩 차분하게 열심히 연습하였어요.

4	계기사건	드디어 체육 시험 시간, 떨리는 마음으로 스트레칭 시험을 보았어요.
	시도	나는 천천히 순서를 기억하며 한 동작 한 동작 최선을 다했어요.
	결과/내적 반응	그런데 높은 점수로 내가 1등이 되었어요. 선생님과 친구들이 깜짝 놀라며 축하한다고 박수를 쳐 주었어요. 나는 너무 자랑스러웠어요.

언어 수준

- 4낱말 조합 이상 문장 표현이 가능한 아동, 복문을 사용할 수는 있으나 주로 단문 위주로 표현하는 아동
- 읽기: 가끔 틀리게 읽는 글자가 있으나 낱말이나 간단한 문장 읽기가 가능한 아동

읽기 전 중재목표	글의 주제에 대한 배경지식을 나누고 내용을 예측하기

언어 목표

- 글의 주제를 파악할 수 있다.
- 주제어와 주제문장을 보고 내용을 적절하게 예측할 수 있다.

사용 카드

- 명사 6(여가): 운동장
- 명사 6(여가): 체육관

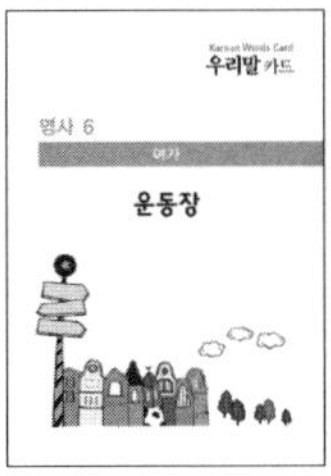

활동절차: 중재 전략 및 유의사항

아동의 언어와 읽기 수준에 따라 '핵심형'과 '확장형' 중 하나를 선택하여 활동을 실시한다.

(1) 글의 주제에 대해 배경지식 나누기 워크북 1-3-1-1 워크북 1-3-2-1

- 선생님은 아동에게 〈읽기 전- 배경지식 나누기〉를 위해 이야기 주제와 관련된 우리말카드를 제시한다.
- 우리말카드를 보면서 간단한 질문으로 글의 주제와 관련된 배경지식을 나눈다.

예) "어디에서 운동할 수 있어?"

"체육 시험을 본 적이 있어?"

"그 시험을 잘 보려고 어떻게 했어?"

(2) 내용 예측하기 워크북 1-3-1-1 워크북 1-3-2-1

- 선생님은 아동에게 〈읽기 전- 내용 예측하기〉의 이야기 주제 상황그림과 글자를 제시하여 상황배경을 소개한다.
- 이야기 주제와 관련된 내용을 보고 이야기 내용을 예측하도록 한다.

핵심형 키워드	운동, 연습하다, 일등
확장형 키워드	스트레칭, 동영상, 연습하다, 일등, 자랑스럽다

읽기 중 중재목표	소리 내서 유창하게 읽기

언어 목표

- 글을 적절한 의미단위로 끊어 읽을 수 있다.
- 글을 소리 내서 유창하게 읽을 수 있다.

활동절차: 중재 전략 및 유의사항

아동의 언어와 읽기 수준에 따라 '핵심형'과 '확장형' 중 하나를 선택하여 활동을 실시한다.

(1) 소리 내어 읽기 워크북 1-3-1-2 워크북 1-3-2-2

- 아동의 읽기 수행 수준에 따라 3가지 중 읽기 방법을 선택하여 읽도록 한다. 혹은 3가지 방법을 모두 실시할 수 있다.
- 아동의 읽기 수준에 따른 실시 방법은 다음과 같다.

① 선생님이 읽기

틀리게 읽는 글자가 많고 속도가 매우 느린 아동은 선생님이 읽는 부분을 손으로 짚어 가며 읽어 준다. 이때 선생님은 한 글자씩 손가락으로 짚어 주는 것이 아니라 띄어쓰기 단위로 반원

을 그리듯이 짚어 주며, 조금 느린 속도로 자연스럽게 읽어 준다.

② 선생님과 함께 읽기

틀리게 읽는 글자가 종종 있고 속도가 느린 아동은 ①과 같은 방법으로 손으로 짚어 주며 함께 읽는다. 함께 읽으면서 아동이 틀리게 읽은 경우 바르게 고쳐 읽기를 요구하지 않는다. 혹은 선생님과 교대로 읽기를 한다.

③ 아동이 혼자 읽기

틀리게 읽는 글자가 몇 개 있고 속도가 느리지 않은 아동은 혼자 읽도록 한다. 이때 아동이 너무 급하게 읽어서 생략을 하거나 틀리게 읽거나 수정을 시도하면 ①, ②와 같은 방법으로 도움을 준다.

- 아동이 스스로 읽도록 한다. 이때 선생님은 "글을 보고 정확하고 적절한 속도로 읽어 보세요."라고 말해 주고, 아동이 글을 읽는 동안 소요 시간과 오류를 기록한다. 다 읽은 후 오류를 보인 것을 확인 · 수정해 주고, 다시 정확하게 읽도록 기회를 준다.

시간	
오류 수	
오류 예	
총 음절 수	핵심형 128음절, 확장형 351음절

읽기 후 중재목표	이야기글을 읽고 읽은 내용을 이해하기

언어 목표

- 글의 주제와 관련된 어휘를 이해할 수 있다.
- 이야기를 읽고 이야기 순서를 이해하고 도식판을 완성할 수 있다.
- 이야기를 읽고 이야기 내용과 결속표지에 대한 질문에 답할 수 있다.
- 이야기를 읽고 이야기 내용을 적절하게 회상하여 산출할 수 있다.
- 글의 주제와 관련된 뒷이야기를 예측하고 결말을 각색할 수 있다.

활동절차: 중재 전략 및 유의사항

아동의 언어와 읽기 수준에 따라 '핵심형'과 '확장형' 중 하나를 선택하여 활동을 실시한다.

(1) 어휘 확인 워크북 1-3-1-3 워크북 1-3-2-3

- 아동과 워크북의 〈읽기 후- 이야기 관련 어휘〉를 함께 본다.
- 아동과 함께 목표 어휘가 예시글에서 어떻게 사용되었는지 확인하고, 맥락을 통해 어휘의 뜻을 예측하여 본다. 아동이 어려워할 경우, 예시글의 내용을 구어로 바꾸어 예측할 수 있도록 도와준다. 아동이 계속 어려워할 경우, 선생님이 어휘의 뜻을 알려 준다.
- 어휘의 뜻을 모두 확인한 후에는 글의 핵심어를 중심으로 경험과 연결하여 예문을 말하거나 쓰게 한다. 아동이 쓰기에 어려움이 있는 경우, 선생님이 아동이 말한 것을 워크북에 적어 준다.

(2) 세부내용을 시간적 순서대로 정리하기 워크북 1-3-1-4 워크북 1-3-2-4

- 워크북의 〈읽기 후- 이야기 순서 맞추기〉를 보고 시간적 순서에 따라 번호를 적고 이야기의 흐름을 파악한다.
- 아동이 스스로 하지 못하는 경우 〈읽기 중- 소리 내어 읽기〉를 확인하여 순서를 파악하거

나 선생님이 도움을 준다.

핵심형	4	집에 와서 연습하는데 잘 기억이 안 났어요.
	2	그리고 선생님께서 시험 본다고 말씀하셨어요.
	6	시험 시간에 나를 보고 친구들이 하하하 웃었어요.
	1	오늘 체육 시간에 키가 크는 운동을 배웠어요.
	7	그런데 내가 일등이어서 기뻤어요.
	3	내가 잘 몰라서 질문하자 선생님은 다시 보여 주셨어요.
	5	그래서 나는 동영상을 보고 다시 연습했어요.
확장형	1	오늘 체육 시간에 키가 크는 스트레칭을 배웠어요. 그리고 선생님께서는 다음 시간에 시험을 본다고 하셨어요. 나는 선생님께 모르는 부분을 질문하였어요. 선생님은 동작마다 자세하게 시범을 보여 주셨어요.
	4	드디어 체육 시험 시간, 떨리는 마음으로 스트레칭 시험을 보았어요. 나는 천천히 순서를 기억하며 한 동작 한 동작 최선을 다했어요. 그런데 높은 점수로 내가 1등이 되었어요. 선생님과 친구들이 깜짝 놀라며 축하한다고 박수를 쳐 주었어요. 나는 너무 자랑스러웠어요.
	2	시범이 끝난 후 나는 열심히 연습을 하였는데 팔을 발끝까지 뻗는 동작이 생각보다 잘 되지 않아서 친구들이 깔깔 웃었어요. 부끄러워진 난 친구들에게 웃지 말라고 이야기했어요. 친구들이 내 이야기를 듣고 미안하다고 했어요.
	3	집에 도착한 나는 친구들이 웃었던 것이 생각나며 다시 부끄러워졌어요. 그래서 나는 인터넷으로 스트레칭 동영상을 찾아보았어요. 나는 한 동작씩 차분하게 열심히 연습하였어요.

(3) 이야기 도식판 완성 워크북 1-3-1-4 워크북 1-3-2-4

- 〈읽기 후- 이야기 도식판〉을 보고 이야기와 관련된 내용[등장인물, 장소/시간, 주요 사건(계기 사건), 사건에 따른 해결책(시도), 해결책에 따른 결과(결과), 내적 반응]과 관련된 질문을 듣고 이야기글에서 답에 밑줄을 긋고 답을 적도록 한다.
- 아동이 쓰기에 어려움이 있는 경우, 선생님이 대신 써 준다.

<table>
<tr><td rowspan="9">핵
심
형</td><td colspan="2">제목</td><td>스트레칭 시험</td></tr>
<tr><td colspan="2">등장인물</td><td>선생님, 친구들, 나</td></tr>
<tr><td colspan="2">장소</td><td>체육관(운동장), 집</td></tr>
<tr><td rowspan="3" colspan="2">1</td><td>(1) 체육시간에 무엇을 배웠나요? → 키가 크는 스트레칭</td></tr>
<tr><td>(2) 배운 후에 선생님이 무엇을 본다고 했나요? → 시험</td></tr>
<tr><td>(3) 내가 잘 몰라서 무엇을 했나요? → 질문</td></tr>
<tr><td rowspan="3" colspan="2">2</td><td>(4) 집에서 연습하는데 기억나지 않아 무엇을 보고 연습했나요? → 동영상</td></tr>
<tr><td>(5) 나의 모습을 보고 친구들이 어떠했나요? → 웃었어요.</td></tr>
<tr><td>(6) 내가 왜 기뻤나요? → 일등이어서 기뻤어요.</td></tr>
<tr><td rowspan="13">확
장
형</td><td colspan="2">제목</td><td>스트레칭 시험</td></tr>
<tr><td colspan="2">등장인물</td><td>선생님, 친구들, 나</td></tr>
<tr><td colspan="2">장소</td><td>체육관(운동장), 집</td></tr>
<tr><td colspan="3">(1) 체육 시간에 무엇을 배운다고 했나요? → 키가 크는 스트레칭</td></tr>
<tr><td colspan="3">(2) 선생님이 다음 시간에 무엇을 본다고 하셨나요? → 시험</td></tr>
<tr><td colspan="3">(3) 내가 모르는 부분을 질문하자 선생님은 무엇을 보여 주셨나요? → 시범</td></tr>
<tr><td colspan="3">(4) 내 모습을 본 친구들은 어땠나요? → 깔깔 웃었어요.</td></tr>
<tr><td colspan="3">(5) 나는 친구들에게 뭐라고 했나요? → 웃지 말라고 했어요.</td></tr>
<tr><td colspan="3">(6) 친구들은 내 이야기를 듣고 뭐라고 했나요? → 미안하다고 했어요.</td></tr>
<tr><td colspan="3">(7) 나는 인터넷으로 무엇을 찾아보았나요? → 스트레칭 동영상</td></tr>
<tr><td colspan="3">(8) 나는 시험 시간에 어땠나요? → 한 동작 한 동작 최선을 다했어요.</td></tr>
<tr><td colspan="3">(9) 나는 시험에서 몇 등 했나요? → 1등</td></tr>
<tr><td colspan="3">(10) 친구들은 내게 뭐라고 했나요? → 축하한다고</td></tr>
</table>

(4) 읽기 이해 워크북 1-3-1-5 워크북 1-3-2-5

- 아동에게 워크북 〈읽기 후- 이야기글 이해: 이야기 내용〉을 제시한다.
- 아동에게 이야기와 관련된 질문을 하여 대답하거나 쓰게 한다.
- 아동이 질문에 대한 대답에 어려움을 보이는 경우에는 이야기에서 관련된 부분을 다시 읽거나 들려준 뒤 다시 질문하고, 계속 어려워할 경우 답을 알려 준다.

구분	이야기 이해 질문	아동 반응
핵심형	1. 오늘 체육시간에 무엇을 배웠나요?	키가 크는 운동을 배웠어요.
	2. 집에 와서 연습하는데 기억이 안 나서 어떻게 했나요?	동영상 보고 연습했어요.
	3. 시험 시간에 친구들이 나를 보고 왜 웃었을까요?	몸이 뻣뻣해서 웃은 것 같아요.
	4. 나는 왜 기뻤나요?	내가 일등이어서 기뻤어요.
확장형	1. 오늘 체육 시간에 무엇을 배웠나요?	키가 크는 스트레칭을 배웠어요.
	2. 선생님께서는 다음 시간에 무엇을 한다고 하셨나요?	스트레칭 시험을 본다고 하셨어요.
	3. 나는 친구들에게 왜 웃지 말라고 했나요?	친구들이 웃는 것을 보고 부끄러워서 웃지 말라고 했어요.
	4. 나는 집에서 어떻게 시험 준비를 하였나요?	인터넷으로 스트레칭 동영상을 찾아보았어요.
	5. 체육 시험 시간에 왜 떨렸나요?	시험을 잘 볼 수 있을지 궁금해서 떨렸어요.
	6. 나는 어떻게 해서 1등을 할 수 있었나요?	집에서 동영상을 보고 열심히 연습했기 때문에 1등 할 수 있었어요.

(5) 읽기 이해 워크북 1-3-1-6 워크북 1-3-2-6

- 아동에게 워크북의 〈읽기 후– 이야기글 이해: 결속표지〉를 제시한다.
- 글을 함께 읽고 에피소드나 문장을 이어 주는 접속사, 연결어미, 대명사, 보조사 등을 찾아 적는다. 아동이 혼자하는 데 어려움이 있는 경우, 함께 제시한 보기에서 적절한 답을 찾도록 한다.

핵심형	–는데, 그래서, 그런데
확장형	–는데, –서, 다시, 그런데, –다고

(6) 이야기 회상하기 워크북 1-3-1-7 워크북 1-3-2-7

- 핵심형의 경우 〈읽기 후– 이야기 내용 쓰기〉에 제공된 주요 단어를 시간의 순서대로 나열하게 한다. 그리고 확장형의 경우 아동에게 주요 단어를 보고 이야기를 써 보도록 한다. 이때 〈이야기 주제 상황그림〉 〈이야기 말하기 그림 4컷〉을 함께 제공하여 이야기를 보다 풍부하게 회상할 수 있도록 한다.
- 아동의 이야기에서 정보가 부족할 경우 선생님은 〈읽기 후– 이야기 도식판〉을 제공하여 자연스럽게 정보를 추가해 주고 다음 내용을 표현할 수 있도록 한다.

핵심형	운동 → 연습하다 → 일등
확장형	[스트레칭, 동영상, 연습하다, 일등, 자랑스럽다]를 넣어 이야기글 쓰기

(7) 뒷이야기 예측하기

- 아동에게 글의 뒷이야기를 예측하게 한다.
- 아동이 예측에 어려움을 보이는 경우에는 선생님이 모델링을 보여 준 후 아동에게 다시 기회를 준다.

  예) "일등이 되고 난 후 어떤 일이 일어날까?"

(8) 결말 각색하기

- 아동에게 글의 결말을 각색하여 말하도록 한다.
- 아동이 각색에 어려움을 보이는 경우에는 선생님이 모델링을 보여 준 후 아동에게 다시 기회를 준다.

  예) "만약에 연습을 하지 않았다면 어떻게 되었을까?"

응용하기

- 이야기 주제에 맞추어 개인경험 이야기를 나눈다.
- 이야기 주제와 관련된 가정 및 학교에서의 활동 과제를 제공한다.

개인경험 이야기	–'학교 체육 시간에 창피했던 경험'에 대해 이야기해 봐요. 언제 있었던 일인가요? 어디에서 있었던 일인가요? 어떤 일이 일어났나요? 왜 창피했나요? 창피해서 어떻게 했나요? 창피하지 않으려면 어떻게 했어야 할까요?
가정 및 학교 활동 과제	–'컴퓨터로 동영상 보는 방법'을 순서대로 이야기해 봐요. –좋아하는 운동을 다른 사람에게 가르쳐 줘요.

중재목표

04

'병원 입원' 이야기글을 읽고 이해하여 적절하게 이야기를 산출할 수 있다

맥락: 병원 / 주제: 병원 입원		
• 핵심형(언어↓, 읽기↓)		
에피소드	이야기 문법	이야기 내용
1	배경/계기사건 1	오늘 아침 나는 밥 먹고 나서 갑자기 배가 아팠어요.
	계기사건 2	약을 먹었는데도 계속 배가 아팠어요.
	시도	결국 나는 맹장 수술을 받으려고 병원에 갔어요.
2	결과, 계기사건	수술이 잘 끝나고 나자 배가 너무 고팠어요.
	시도	방귀를 뀌어야 밥 먹을 수 있어서 이리저리 움직였어요.
	결과	갑자기 뿡 하고 방귀가 나왔어요.
	내적 반응	난 너무 기뻤어요.
• 확장형(언어↑, 읽기↑)		
에피소드	이야기 문법	이야기 내용
1	배경	오늘 아침에 나는 맛있게 밥을 먹었어요.
	계기사건	그런데 갑자기 아랫배가 콕콕 쑤시며 아프기 시작했어요.
	시도	그래서 나는 엄마에게 배가 아프다고 소화제를 달라고 했어요.
	결과	엄마는 내게 소화제 한 알을 주셨고 나는 그것을 먹었어요.
2	계기사건	그런데 약을 먹었는데도 계속 배가 아팠어요.
	시도	그래서 엄마와 함께 병원에 갔어요.
	결과	의사 선생님께서는 맹장 수술을 해야 한다며 입원하라고 하셨어요.
	내적 반응	수술을 앞두고 나는 너무 두려웠어요.
3	배경	길었던 맹장 수술이 끝났고 나는 잠에서 깨어났어요.
	계기사건	그런데 이상하게도 아프지 않고 배가 너무 고팠어요.
	시도	그래서 나는 밥을 먹고 싶다고 담당 간호사 선생님에게 말했어요.
	결과	간호사 선생님은 나에게 방귀를 꼭 뀌어야 한다고 했어요.

4	계기사건	나는 허기가 많이 졌는데 방귀는 계속 나오지 않았어요.
	시도	그래서 병실 복도를 열심히 돌아다녔어요.
	결과	그리고 순간 뿡 하는 소리와 함께 시원하게 방귀가 나왔어요.
	내적 반응	나는 드디어 밥을 먹을 수 있게 되어서 기뻤어요.

언어 수준

- 4낱말 조합 이상 문장 표현이 가능한 아동, 복문을 사용할 수는 있으나 주로 단문 위주로 표현하는 아동
- 읽기: 가끔 틀리게 읽는 글자가 있으나 낱말이나 간단한 문장 읽기가 가능한 아동

읽기 전 중재목표	글의 주제에 대한 배경지식을 나누고 내용을 예측하기

언어 목표

- 글의 주제를 파악할 수 있다.
- 주제어와 주제문장을 보고 내용을 적절하게 예측할 수 있다.

사용 카드

- 명사 6(공공장소): 병원
- 서술어 5(지역사회생활-병원): 수술하다

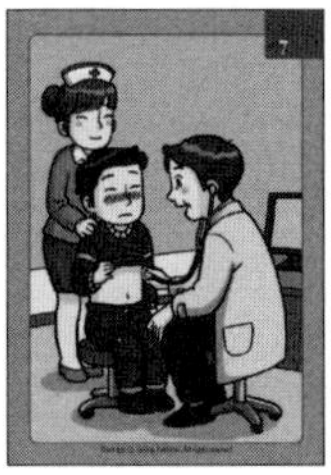
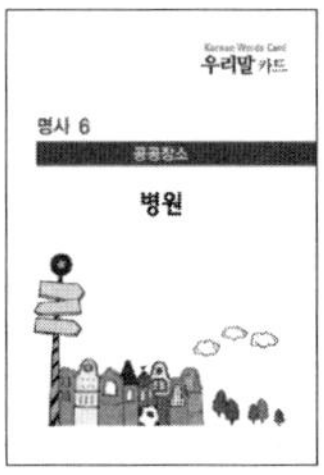

활동절차: 중재 전략 및 유의사항

아동의 언어와 읽기 수준에 따라 '핵심형'과 '확장형' 중 하나를 선택하여 활동을 실시한다.

(1) 글의 주제에 대해 배경지식 나누기 워크북 1-4-1-1 워크북 1-4-2-1

- 선생님은 아동에게 〈읽기 전- 배경지식 나누기〉를 위해 이야기 주제와 관련된 우리말카드를 제시한다.
- 우리말카드를 보면서 간단한 질문으로 글의 주제와 관련된 배경지식을 나눈다.

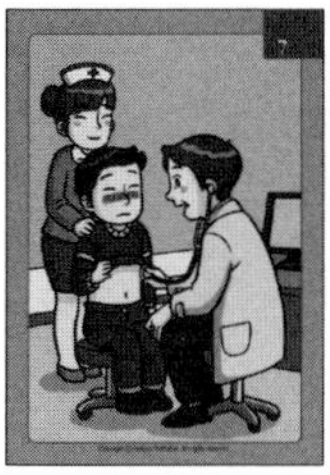
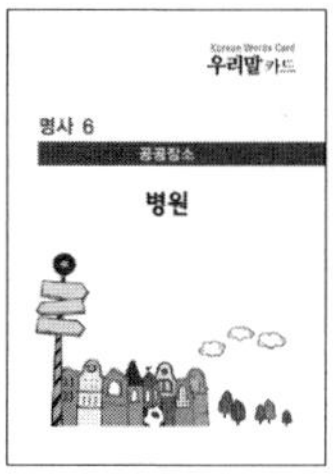

예) "병원에 간 적이 있니?"

"수술을 받아 본 적이 있니?"

(2) 내용 예측하기 워크북 1-4-1-1 워크북 1-4-2-1

- 선생님은 아동에게 〈읽기 전- 내용 예측하기〉의 이야기 주제 상황그림과 글자를 제시하여 상황배경을 소개한다.
- 이야기 주제와 관련된 내용을 보고 이야기 내용을 예측하도록 한다.

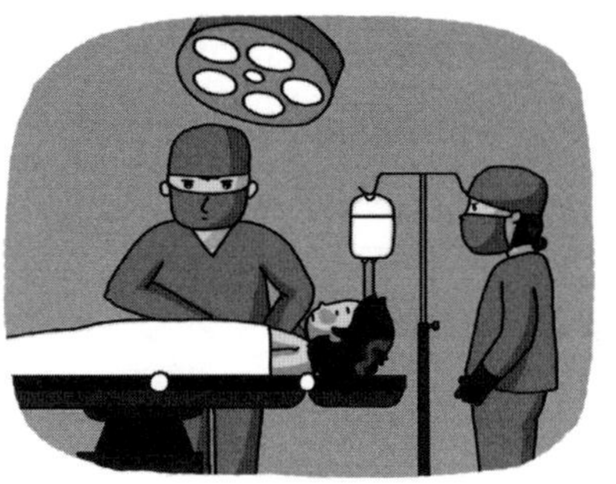

핵심형 키워드	배, 아프다, 수술하다
확장형 키워드	배, 입원하다, 수술하다, 방귀

읽기 중 중재목표	소리 내서 유창하게 읽기

언어 목표

- 글을 적절한 의미단위로 끊어 읽을 수 있다.
- 글을 소리 내서 유창하게 읽을 수 있다.

활동절차: 중재 전략 및 유의사항

아동의 언어와 읽기 수준에 따라 '핵심형'과 '확장형' 중 하나를 선택하여 활동을 실시한다.

(1) 소리 내어 읽기 워크북 1-4-1-2 워크북 1-4-2-2

- 아동의 읽기 수행 수준에 따라 3가지 중 읽기 방법을 선택하여 읽도록 한다. 혹은 3가지 방법을 모두 실시할 수 있다.
- 아동의 읽기 수준에 따른 실시 방법은 다음과 같다.

① 선생님이 읽기

틀리게 읽는 글자가 많고 속도가 매우 느린 아동은 선생님이 읽는 부분을 손으로 짚어 가며 읽어 준다. 이때 선생님은 한 글자씩 손가락으로 짚어 주는 것이 아니라 띄어쓰기 단위로 반원

을 그리듯이 짚어 주며, 조금 느린 속도로 자연스럽게 읽어 준다.

② 선생님과 함께 읽기

틀리게 읽는 글자가 종종 있고 속도가 느린 아동은 ①과 같은 방법으로 손으로 짚어 주며 함께 읽는다. 함께 읽으면서 아동이 틀리게 읽은 경우 바르게 고쳐 읽기를 요구하지 않는다. 혹은 선생님과 교대로 읽기를 한다.

③ 아동이 혼자 읽기

틀리게 읽는 글자가 몇 개 있고 속도가 느리지 않은 아동은 혼자 읽도록 한다. 이때 아동이 너무 급하게 읽어서 생략을 하거나 틀리게 읽거나 수정을 시도하면 ①, ②와 같은 방법으로 도움을 준다.

- 아동이 스스로 읽도록 한다. 이때 선생님은 "글을 보고 정확하고 적절한 속도로 읽어 보세요."라고 말해 주고, 아동이 글을 읽는 동안 소요 시간과 오류를 기록한다. 다 읽은 후 오류를 보인 것을 확인 · 수정해 주고, 다시 정확하게 읽도록 기회를 준다.

시간	
오류 수	
오류 예	
총 음절 수	핵심형 112음절, 확장형 334음절

읽기 후 중재목표	이야기글을 읽고 읽은 내용을 이해하기

언어 목표

- 글의 주제와 관련된 어휘를 이해할 수 있다.
- 이야기를 읽고 이야기 순서를 이해하고 도식판을 완성할 수 있다.
- 이야기를 읽고 이야기 내용과 결속표지에 대한 질문에 답할 수 있다.
- 이야기를 읽고 이야기 내용을 적절하게 회상하여 산출할 수 있다.
- 글의 주제와 관련된 뒷이야기를 예측하고 결말을 각색할 수 있다.

활동절차: 중재 전략 및 유의사항

아동의 언어와 읽기 수준에 따라 '핵심형'과 '확장형' 중 하나를 선택하여 활동을 실시한다.

(1) 어휘 확인 워크북 1-4-1-3 워크북 1-4-2-3

- 아동과 워크북의 〈읽기 후- 이야기 관련 어휘〉를 함께 본다.
- 아동과 함께 목표 어휘가 예시글에서 어떻게 사용되었는지 확인하고 글의 맥락을 통해 어휘의 뜻을 예측하여 본다. 아동이 어려워할 경우, 예시글의 내용을 구어로 바꾸어 예측할 수 있도록 도와준다. 아동이 계속 어려워할 경우, 선생님이 어휘의 뜻을 알려 준다.
- 어휘의 뜻을 모두 확인한 후에는 글의 핵심어를 중심으로 경험과 연결하여 예문을 말하거나 쓰게 한다. 아동이 쓰기에 어려움이 있는 경우, 선생님이 아동이 말한 것을 워크북에 적어 준다.

(2) 세부내용을 시간적 순서대로 정리하기 워크북 1-4-1-4 워크북 1-4-2-4

- 워크북의 〈읽기 후- 이야기 순서 맞추기〉를 보고 시간적 순서에 따라 번호를 적고 이야기의 흐름을 파악한다.
- 아동이 스스로 하지 못하는 경우 〈읽기 중- 1. 읽기 지문〉을 확인하여 순서를 파악하거나

선생님이 도움을 준다.

핵심형	4	수술이 잘 끝나고 나자 배가 너무 고팠어요.
	1	오늘 아침 나는 밥 먹고 나서 갑자기 배가 아팠어요.
	2	약을 먹었는데도 계속 배가 아팠어요.
	5	방귀를 뀌어야 밥 먹을 수 있어서 이리저리 움직였어요.
	6	갑자기 뿡 하고 방귀가 나왔어요.
	7	난 너무 기뻤어요.
	3	결국 나는 맹장 수술을 받으려고 병원에 갔어요.
확장형	4	나는 허기가 많이 졌는데 방귀는 계속 나오지 않았어요. 그래서 병실 복도를 열심히 돌아다녔어요. 그리고 순간 뿡 하는 소리와 함께 시원하게 방귀가 나왔어요. 나는 드디어 밥을 먹을 수 있게 되어서 기뻤어요.
	3	길었던 맹장 수술이 끝났고 나는 잠에서 깨어났어요. 그런데 이상하게도 아프지 않고 배가 너무 고팠어요. 그래서 나는 밥을 먹고 싶다고 담당 간호사 선생님에게 말했어요. 간호사 선생님은 나에게 방귀를 꼭 뀌어야 한다고 했어요.
	2	그런데 약을 먹었는데도 계속 배가 아팠어요. 그래서 엄마와 함께 병원에 갔어요. 의사 선생님께서는 맹장 수술을 해야 한다며 입원하라고 하셨어요. 수술을 앞두고 나는 너무 두려웠어요.
	1	오늘 아침에 나는 맛있게 밥을 먹었어요. 그런데 갑자기 아랫배가 콕콕 쑤시며 아프기 시작했어요. 그래서 나는 엄마에게 배가 아프다고 소화제를 달라고 했어요. 엄마는 내게 소화제 한 알을 주셨고 나는 그것을 먹었어요.

(3) 이야기 도식판 완성 워크북 1-4-1-4 워크북 1-4-2-4

- 〈읽기 후- 이야기 도식판〉을 보고 이야기와 관련된 내용[등장인물, 장소/시간, 주요 사건(계기 사건), 사건에 따른 해결책(시도), 해결책에 따른 결과(결과), 내적 반응]과 관련된 질문을 듣고 이야기글에서 답에 밑줄을 긋고 답을 적도록 한다.
- 아동이 쓰기에 어려움이 있는 경우, 선생님이 대신 써 준다.

핵심형	제목	병원 입원	
	등장인물	나	
	장소	집, 병원	
	1	(1) 나는 어디가 아팠나요? → 배	
		(2) 배가 아파서 무엇을 먹었나요? → 약	
		(3) 나는 어떤 수술을 받아야 했나요? → 맹장 수술	
	2	(4) 수술이 끝나고 나는 어땠나요? → 배가 고팠어요.	
		(5) 밥을 먹으려면 무엇이 나와야 했나요? → 방귀	
확장형	제목	병원 입원	
	등장인물	나, 엄마, 의사 선생님, 간호사 선생님	
	장소	집, 병원	
	(1) 나는 어디가 아팠나요? → 아랫배		
	(2) 나는 엄마에게 무엇을 달라고 해서 먹었나요? → 소화제		
	(3) 나는 약을 먹었는데도 어땠나요? → 배가 아팠어요.		
	(4) 나는 엄마와 함께 어디에 갔나요? → 병원		
	(5) 의사 선생님께서 무엇을 해야 한다고 했나요? → 맹장 수술을 받아야 한다고 입원하라고 하셨어요.		
	(6) 나는 수술이 끝나고 어땠나요? → 배가 고팠어요.		
	(7) 배가 고프다고 누구에게 말했나요? → 간호사 선생님		
	(8) 간호사 선생님께서 무엇이 나와야 한다고 했나요? → 방귀		
	(9) 복도를 돌아다니자 무엇이 나왔나요? → 방귀		

(4) 읽기 이해 워크북 1-4-1-5 워크북 1-4-2-5

- 아동에게 워크북 〈읽기 후– 이야기글 이해: 이야기 내용〉을 제시한다.
- 아동에게 이야기와 관련된 질문을 하여 대답하거나 쓰게 한다.
- 아동이 질문에 대한 대답에 어려움을 보이는 경우에는 이야기에서 관련된 부분을 다시 읽거나 들려준 뒤 다시 질문하고, 계속 어려워할 경우 답을 알려 준다.

	이야기 이해 질문	아동 반응
핵심형	1. 밥 먹고 나서 내게 어떤 일이 일어났나요?	밥 먹고 나서 배가 아팠어요.
	2. 배가 아파서 어떻게 했나요?	맹장 수술 받으려고 병원에 갔어요.
	3. 수술이 끝나고 간호사 선생님은 어떻게 해야 된다고 했나요?	방귀를 꼭 뀌어야 한다고 했어요.
	4. 나는 왜 이리저리 움직였나요?	방귀를 뀌려고 많이 움직였어요.

	이야기 이해 질문	아동 반응
확장형	1. 밥을 먹고 내게 어떤 일이 일어났나요?	밥을 먹고 배가 아프기 시작했어요.
	2. 나는 엄마에게 무엇을 달라고 했나요?	소화제를 달라고 했어요.
	3. 나는 왜 병원에 갔나요?	약을 먹어도 계속 배가 아파서 병원에 갔어요.
	4. 의사 선생님은 왜 입원해야 한다고 했나요?	맹장 수술을 해야 한다고 했어요.
	5. 잠에서 깨어나서 나는 간호사 선생님에게 뭐라고 했나요?	배가 고파서 밥을 먹고 싶다고 했어요.
	6. 간호사 선생님은 내게 밥을 먹기 위해 무엇을 해야 한다고 했나요?	밥을 먹으려면 방귀를 뀌어야 한다고 했어요.
	7. 방귀를 뀌기 위해 나는 무엇을 했나요?	방귀를 뀌려고 복도를 돌아다녔어요.
	8. 시원하게 방귀가 나왔을 때 왜 기뻤나요?	밥을 먹을 수 있게 되어서 기뻤어요.

(5) 읽기 이해 워크북 1-4-1-6 워크북 1-4-2-6

- 아동에게 워크북의 〈읽기 후– 이야기글 이해: 결속표지〉를 제시한다.
- 글을 함께 읽고 에피소드나 문장을 이어 주는 접속사, 연결어미, 대명사, 보조사 등을 찾아 적는다. 아동 혼자하는 데 어려움이 있는 경우, 함께 제시한 보기에서 적절한 답을 찾도록 한다.

핵심형	–도, –려고, –서
확장형	그런데, 그래서, 드디어, 계속, –다고, –도, 꼭

(6) 이야기 회상하기 워크북 1-4-1-7 워크북 1-4-2-7

- 핵심형의 경우 〈읽기 후– 이야기 내용 쓰기〉에 제공된 주요 단어를 시간의 순서대로 나열하게 한다. 그리고 확장형의 경우 아동에게 주요 단어를 보고 이야기를 써 보도록 한다. 이 때 〈이야기 주제 상황그림〉 〈이야기 말하기 그림 4컷〉을 함께 제공하여 이야기를 보다 풍부하게 회상할 수 있도록 한다.
- 아동의 이야기에서 정보가 부족할 경우 선생님은 〈읽기 후– 이야기 도식판〉을 제공하여 자연스럽게 정보를 추가해 주고 다음 내용을 표현할 수 있도록 한다.

핵심형	배 → 아프다 → 수술하다
확장형	[배, 입원하다, 수술, 방귀]를 넣어 이야기글 쓰기

(7) 뒷이야기 예측하기

- 아동에게 글의 뒷이야기를 예측하게 한다.
- 아동이 예측에 어려움을 보이는 경우에는 선생님이 모델링을 보여 준 후 아동에게 다시 기회를 준다.

  예) "방귀가 뿡 하고 나온 후에 어떤 일이 일어날까?"

(8) 결말 각색하기

- 아동에게 글의 결말을 각색하여 말하도록 한다.
- 아동이 각색에 어려움을 보이는 경우에는 선생님이 모델링을 보여 준 후 아동에게 다시 기회를 준다.

  예) "만약 방귀가 나오지 않았으면 어떻게 되었을까?"

응용하기

- 이야기 주제에 맞추어 개인경험 이야기를 나눈다.
- 이야기 주제와 관련된 가정 및 학교에서의 활동 과제를 제공한다.

개인경험 이야기	– '병문안을 간 경험'에 대해 이야기해 봐요. 언제 있었던 일인가요? 어디에서 있었던 일인가요? 어떤 일이 일어났나요? 병문안을 가서 어떻게 했나요?
가정 및 학교 활동 과제	–병원의 종류가 어떤 것들이 있는지 명칭을 말하고 무엇을 하는지 이야기해 봐요. –'병원 진찰받는 방법'을 순서대로 이야기해 봐요.

중재목표

05

'할아버지와 함께 병원 가기' 이야기글을 읽고 이해하여 적절하게 이야기를 산출할 수 있다

맥락: 병원 / 주제: 할아버지와 함께 병원 가기		
• 핵심형(언어↓, 읽기↓)		
에피소드	이야기 문법	이야기 내용
1	배경/계기사건 1	나는 감기에 걸려서 아팠어요.
	계기사건 2	그런데 아빠랑 엄마는 회사 가셔야 한대요.
	시도	그래서 엄마는 할아버지께 전화를 하셨어요.
	결과, 계기사건	나는 할아버지 차를 타고 병원에 갔어요.
2	시도	병원에 가서 기다리다가 진찰받고 약을 지었어요.
	내적 반응/결과	나는 할아버지께 너무 감사했어요.
• 확장형(언어↑, 읽기↑)		
에피소드	이야기 문법	이야기 내용
1	배경	나는 오늘 아침 일찍 일어났어요.
	계기사건	그런데 나는 갑자기 기침을 심하게 하고 으슬으슬 몸이 추웠어요.
	시도	그래서 나는 엄마에게 몸이 너무 아프다고 말했어요.
	결과/내적 반응	엄마는 내가 감기에 걸린 것 같다며 많이 걱정하셨어요.
2	계기사건	그런데 아빠는 이미 출근하시고, 엄마도 곧 회사에 갈 시간이었어요.
	시도	그래서 엄마는 할아버지 댁에 전화를 거셨어요.
	결과	결국 할아버지가 우리 집으로 서둘러 오시기로 하셨어요.
3	계기사건	초인종 소리와 함께 할아버지의 목소리가 들렸어요.
	시도	그래서 나는 힘겹게 일어나서 할아버지께 문을 열어드렸어요.
	결과	할아버지는 무척 걱정스러운 눈으로 나를 바라보셨어요.
4	배경	그리고 나는 할아버지와 함께 근처 병원으로 갔어요.
	계기사건	병원에는 사람들이 너무 많아서 오랫동안 기다려야만 했어요.
	시도	기침이 점점 심해진 나를 본 할아버지는 따뜻한 물을 건네주셨어요.
	결과	우리 순서가 되었고 의사 선생님께 진찰을 받고 약을 받았어요.
	내적 반응	나는 할아버지께 감사한 마음에 편지를 썼어요.

언어 수준

- 4낱말 조합 이상 문장 표현이 가능한 아동, 복문을 사용할 수는 있으나 주로 단문 위주로 표현하는 아동
- 읽기: 가끔 틀리게 읽는 글자가 있으나 낱말이나 간단한 문장 읽기가 가능한 아동

읽기 전 중재목표	글의 주제에 대한 배경지식을 나누고 내용을 예측하기

언어 목표

- 글의 주제를 파악할 수 있다.
- 주제어와 주제문장을 보고 내용을 적절하게 예측할 수 있다.

사용 카드

- 명사 2(사람): 할아버지
- 서술어 5(지역사회생활–병원): 기침하다
- 명사 6(학용품): 편지/엽서

활동절차: 중재 전략 및 유의사항

아동의 언어와 읽기 수준에 따라 '핵심형'과 '확장형' 중 하나를 선택하여 활동을 실시한다.

(1) 글의 주제에 대해 배경지식 나누기 워크북 1-5-1-1 워크북 1-5-2-1

- 선생님은 아동에게 〈읽기 전- 배경지식 나누기〉를 위해 이야기 주제와 관련된 우리말카드를 제시한다.
- 우리말카드를 보면서 간단한 질문으로 글의 주제와 관련된 배경지식을 나눈다.

예) "병원에 간 적이 있니?"

"할아버지와 함께 병원에 간 적이 있니?"

(2) 내용 예측하기 워크북 1-5-1-1 워크북 1-5-2-1

- 선생님은 아동에게 〈읽기 전- 내용 예측하기〉의 이야기 주제 상황그림과 글자를 제시하여 상황배경을 소개한다.
- 이야기 주제와 관련된 내용을 보고 이야기 내용을 예측하도록 한다.

핵심형 키워드	아빠/엄마, 회사, 할아버지, 감사하다
확장형 키워드	아빠/엄마, 회사, 할아버지, 감사하다

읽기 중 중재목표	소리 내서 유창하게 읽기

언어 목표

- 글을 적절한 의미단위로 끊어 읽을 수 있다.
- 글을 소리 내서 유창하게 읽을 수 있다.

활동절차: 중재 전략 및 유의사항

아동의 언어와 읽기 수준에 따라 '핵심형'과 '확장형' 중 하나를 선택하여 활동을 실시한다.

(1) 소리 내어 읽기 워크북 1-5-1-2 워크북 1-5-2-2

- 아동의 읽기 수행 수준에 따라 3가지 중 읽기 방법을 선택하여 읽도록 한다. 혹은 3가지 방법을 모두 실시할 수 있다.
- 아동의 읽기 수준에 따른 실시 방법은 다음과 같다.

① 선생님이 읽기

틀리게 읽는 글자가 많고 속도가 매우 느린 아동은 선생님이 읽는 부분을 손으로 짚어 가며 읽어 준다. 이때 선생님은 한 글자씩 손가락으로 짚어 주는 것이 아니라 띄어쓰기 단위로 반원

을 그리듯이 짚어 주며, 조금 느린 속도로 자연스럽게 읽어 준다.

② 선생님과 함께 읽기

틀리게 읽는 글자가 종종 있고 속도가 느린 아동은 ①과 같은 방법으로 손으로 짚어 주며 함께 읽는다. 함께 읽으면서 아동이 틀리게 읽은 경우 바르게 고쳐 읽기를 요구하지 않는다. 혹은 선생님과 교대로 읽기를 한다.

③ 아동이 혼자 읽기

틀리게 읽는 글자가 몇 개 있고 속도가 느리지 않은 아동은 혼자 읽도록 한다. 이때 아동이 너무 급하게 읽어서 생략을 하거나 틀리게 읽거나 수정을 시도하면 ①, ②와 같은 방법으로 도움을 준다.

- 아동이 스스로 읽도록 한다. 이때 선생님은 "글을 보고 정확하고 적절한 속도로 읽어 보세요."라고 말해 주고, 아동이 글을 읽는 동안 소요 시간과 오류를 기록한다. 다 읽은 후 오류를 보인 것을 확인 · 수정해 주고, 다시 정확하게 읽도록 기회를 준다.

시간	
오류 수	
오류 예	
총 음절 수	핵심형 97음절, 확장형 337음절

읽기 후 중재목표	이야기글을 읽고 읽은 내용을 이해하기

언어 목표

- 글의 주제와 관련된 어휘를 이해할 수 있다.
- 이야기를 읽고 이야기 순서를 이해하고 도식판을 완성할 수 있다.
- 이야기를 읽고 이야기 내용과 결속표지에 대한 질문에 답할 수 있다.
- 이야기를 읽고 이야기 내용을 적절하게 회상하여 산출할 수 있다.
- 글의 주제와 관련된 뒷이야기를 예측하고 결말을 각색할 수 있다.

활동절차: 중재 전략 및 유의사항

아동의 언어와 읽기 수준에 따라 '핵심형'과 '확장형' 중 하나를 선택하여 활동을 실시한다.

(1) 어휘 확인 워크북 1-5-1-3 워크북 1-5-2-3

- 아동과 워크북의 〈읽기 후- 이야기 관련 어휘〉를 함께 본다.
- 아동과 함께 목표 어휘가 예시글에서 어떻게 사용되었는지 확인하고, 맥락을 통해 어휘의 뜻을 예측하여 본다. 아동이 어려워할 경우, 예시글의 내용을 구어로 바꾸어 예측할 수 있도록 도와준다. 아동이 계속 어려워할 경우, 선생님이 어휘의 뜻을 알려 준다.
- 어휘의 뜻을 모두 확인한 후에는 글의 핵심어를 중심으로 경험과 연결하여 예문을 말하거나 쓰게 한다. 아동이 쓰기에 어려움이 있는 경우, 선생님이 아동이 말한 것을 워크북에 적어 준다.

(2) 세부내용을 시간적 순서대로 정리하기 워크북 1-5-1-4 워크북 1-5-2-4

- 워크북의 〈읽기 후- 이야기 순서 맞추기〉를 보고 시간적 순서에 따라 번호를 적고 이야기의 흐름을 파악한다.
- 아동이 스스로 하지 못하는 경우 〈읽기 중- 소리 내어 읽기〉를 확인하여 순서를 파악하거

나 선생님이 도움을 준다.

핵심형	2	그런데 아빠랑 엄마는 회사 가셔야 한대요.
	3	그래서 엄마는 할아버지께 전화를 하셨어요.
	5	병원에 가서 기다리다가 진찰 받고 약을 지었어요.
	6	나는 할아버지께 너무 감사했어요.
	1	나는 감기에 걸려서 아팠어요.
	4	나는 할아버지 차를 타고 병원에 갔어요.
확장형	3	초인종 소리와 함께 할아버지의 목소리가 들렸어요. 그래서 나는 힘겹게 일어나서 할아버지께 문을 열어드렸어요. 할아버지는 무척 걱정스러운 눈으로 나를 바라보셨어요.
	1	나는 오늘 아침 일찍 일어났어요. 그런데 나는 갑자기 기침을 심하게 하고 으슬으슬 몸이 추웠어요. 그래서 나는 엄마에게 몸이 너무 아프다고 말했어요. 엄마는 내가 감기에 걸린 것 같다며 많이 걱정하셨어요.
	2	그런데 아빠는 이미 출근하시고, 엄마도 곧 회사에 갈 시간이었어요. 그래서 엄마는 할아버지 댁에 전화를 거셨어요. 결국 할아버지가 우리 집으로 서둘러 오시기로 하셨어요.
	4	그리고 나는 할아버지와 함께 근처 병원으로 갔어요. 병원에는 사람들이 너무 많아서 오랫동안 기다려야만 했어요. 기침이 점점 심해진 나를 본 할아버지는 따뜻한 물을 건네주셨어요. 우리 순서가 되었고 의사 선생님께 진찰을 받고 약을 받았어요. 나는 할아버지께 감사한 마음에 편지를 썼어요.

(3) 이야기 도식판 완성 워크북 1-5-1-4 워크북 1-5-2-4

- 〈읽기 후- 이야기 도식판〉을 보고 이야기와 관련된 내용[등장인물, 장소/시간, 주요 사건(계기 사건), 사건에 따른 해결책(시도), 해결책에 따른 결과(결과), 내적 반응)]과 관련된 질문을 듣고 이야기글에서 답에 밑줄을 긋고 답을 적도록 한다.
- 아동이 쓰기에 어려움이 있는 경우, 선생님이 대신 써 준다.

<table>
<tr><td rowspan="8">핵심형</td><td>제목</td><td>할아버지와 함께 병원 가기</td></tr>
<tr><td>등장인물</td><td>나, 엄마, 아빠, 할아버지</td></tr>
<tr><td>장소</td><td>집, 병원</td></tr>
<tr><td rowspan="3">1</td><td>(1) 나는 무엇이 걸렸나요? → 감기</td></tr>
<tr><td>(2) 아빠와 엄마는 어디에 가야 했나요? → 회사</td></tr>
<tr><td>(3) 나는 누구와 함께 병원에 갔나요? → 할아버지</td></tr>
<tr><td rowspan="2">2</td><td>(4) 병원에 가서 무엇을 했나요? → 진찰을 받고 약을 지었어요.</td></tr>
<tr><td>(5) 할아버지께 어떤 마음이 들었나요? → 감사했어요.</td></tr>
<tr><td rowspan="11">확장형</td><td>제목</td><td>할아버지와 함께 병원 가기</td></tr>
<tr><td>등장인물</td><td>나, 엄마, 아빠, 의사 선생님, 할아버지</td></tr>
<tr><td>장소</td><td>집, 병원</td></tr>
<tr><td colspan="2">(1) 나는 오늘 아침 어땠나요? → 기침을 심하게 하고 몸이 추웠어요.</td></tr>
<tr><td colspan="2">(2) 엄마는 내가 무엇에 걸린 것 같다고 했나요? → 감기</td></tr>
<tr><td colspan="2">(3) 엄마와 아빠는 어디에 가야 했나요? → 회사</td></tr>
<tr><td colspan="2">(4) 나는 누구에게 전화를 걸었나요? → 할아버지</td></tr>
<tr><td colspan="2">(5) 할아버지는 나를 어떤 눈으로 바라보셨나요? → 걱정스러운 눈으로 나를 바라보셨어요.</td></tr>
<tr><td colspan="2">(6) 할아버지와 함께 어디에 갔나요? → 병원</td></tr>
<tr><td colspan="2">(7) 기침이 심해지자 할아버지는 무엇을 주었나요? → 따뜻한 물</td></tr>
<tr><td colspan="2">(8) 병원에서 무엇을 했나요? → 진찰을 받고 약을 받았어요.</td></tr>
</table>

(4) 읽기 이해 워크북 1-5-1-5 워크북 1-5-2-5

- 아동에게 워크북 〈읽기 후– 이야기글 이해: 이야기 내용〉을 제시한다.
- 아동에게 이야기와 관련된 질문을 하여 대답하거나 쓰게 한다.
- 아동이 질문에 대한 대답에 어려움을 보이는 경우에는 이야기에서 관련된 부분을 다시 읽거나 들려준 뒤 다시 질문하고, 계속 어려워할 경우 답을 알려 준다.

구분	이야기 이해 질문	아동 반응
핵심형	1. 나는 왜 아픈가요?	감기 걸려서 아팠어요.
	2. 아빠와 엄마는 회사 가셔야 해서 어떻게 했나요?	할아버지 차를 타고 병원에 갔어요.
	3. 나는 왜 할아버지께 감사했나요?	할아버지랑 같이 병원에 가서 감사했어요.
확장형	1. 엄마는 왜 걱정하셨나요?	내가 감기에 걸려서 걱정하셨어요.
	2. 엄마는 왜 할아버지 댁에 전화를 걸었나요?	할아버지한테 부탁을 하려고 전화를 걸었어요.
	3. 나는 누구와 병원에 갔나요?	할아버지와 병원에 갔어요.
	4. 병원에서 왜 오랫동안 기다려야만 했나요?	사람들이 너무 많아서 오랫동안 기다려야 했어요.
	5. 기침이 심해지자 할아버지는 무엇을 주셨나요?	따뜻한 물을 주셨어요.
	6. 우리 차례가 되어 의사 선생님께 무엇을 받았나요?	진찰을 받고 약을 받았어요.
	7. 나는 왜 편지를 썼나요?	할아버지께 너무 감사해서 편지를 썼어요.

(5) 읽기 이해 워크북 1-5-1-6 워크북 1-5-2-6

- 아동에게 워크북의 〈읽기 후- 이야기글 이해: 결속표지〉를 제시한다.
- 글을 함께 읽고 에피소드나 문장을 이어 주는 접속사, 연결어미, 대명사, 보조사 등을 찾아 적는다. 아동이 혼자 하는 데 어려움이 있는 경우, 함께 제시한 보기에서 적절한 답을 찾도록 한다.

핵심형	–서, 그런데
확장형	그런데, 그래서, 결국, 함께, –서

(6) 이야기 회상하기 워크북 1-5-1-7 워크북 1-5-2-7

- 핵심형의 경우 〈읽기 후- 이야기 내용 쓰기〉에 제공된 주요 단어를 시간의 순서대로 나열

하게 한다. 그리고 확장형의 경우 아동에게 주요 단어를 보고 이야기를 써 보도록 한다. 이때 〈이야기 주제 상황그림〉 〈이야기 말하기 그림 4컷〉을 함께 제공하여 이야기를 보다 풍부하게 회상할 수 있도록 한다.

• 아동의 이야기에서 정보가 부족할 경우 선생님은 〈읽기 후– 이야기 도식판〉을 제공하여 자연스럽게 정보를 추가해 주고 다음 내용을 표현할 수 있도록 한다.

핵심형	아빠, 엄마 → 회사 → 할아버지 → 감사하다
확장형	[아빠, 엄마, 회사, 할아버지, 감사하다]를 넣어 이야기글 쓰기

(7) 뒷이야기 예측하기

• 아동에게 글의 뒷이야기를 예측하게 한다.

• 아동이 예측에 어려움을 보이는 경우에는 선생님이 모델링을 보여 준 후 아동에게 다시 기회를 준다.

예) "병원에 다녀온 후에 할아버지에게 어떻게 할 것 같아?"

(8) 결말 각색하기

• 아동에게 글의 결말을 각색하여 말하도록 한다.

• 아동이 각색에 어려움을 보이는 경우에는 선생님이 모델링을 보여 준 후 아동에게 다시 기회를 준다.

예) "만약 할아버지도 바빴셨다면 어떻게 되었을까?"

응용하기

• 이야기 주제에 맞추어 개인경험 이야기를 나눈다.

• 이야기 주제와 관련된 가정 및 학교에서의 활동 과제를 제공한다.

개인경험 이야기	–'할아버지나 할머니와 함께 병원을 간 경험'에 대해 이야기해 봐요. 언제 있었던 일인가요? 어디에서 있었던 일인가요? 어떤 일이 일어났나요? 어떻게 했나요? 할아버지/할머니와 함께 병원에 갔을 때 기분은 어땠나요?
가정 및 학교 활동 과제	–편지 쓰는 방법을 순서대로 이야기해 봐요. –할머니와 할아버지께 감사 편지를 써 봐요.

'짝 바꾸는 날' 이야기글을 읽고 이해하여 적절하게 이야기를 산출할 수 있다

맥락: 학교 / 주제: 짝 바꾸는 날		
• 핵심형(언어↓, 읽기↓)		
에피소드	이야기 문법	이야기 내용
1	배경	오늘은 짝 바꾸는 날이에요.
	계기사건	짝은 먼저 온 순서대로 앉기로 했어요.
	시도	다음 날 나는 늦게 일어났어요.
2	결과/계기사건	그래서 지각했어요.
	배경	우리 반에 경미는 키도 크고 목소리도 아주 커요.
	계기사건 1	나는 늦게 와서 무서운 경미랑 짝이 됐어요.
	계기사건 2	그런데 내가 연필이 없었어요.
	시도	경미는 나에게 연필을 빌려주었어요.
	결과/내적 반응	경미는 무서운 친구가 아니에요. 나는 내 짝 경미가 좋아요.
• 확장형(언어↑, 읽기↑)		
에피소드	이야기 문법	이야기 내용
1	배경	내일은 한 달에 한 번 짝 바꾸는 날이에요.
	계기사건	선생님께서는 어떻게 바꿀지 의견을 내 보라고 하셨어요.
	시도 1	나는 손을 높이 들었어요.
	시도 2	"아침에 먼저 온 순서대로 자리에 앉는 것이 좋겠어요."라고 이야기하였어요.
	결과	아이들과 선생님 모두 좋아하였고 내 의견을 따르기로 하였어요.
2	배경	다음 날 나는 늦게 일어나서 허겁지겁 학교에 갔어요.
	계기사건 1	자리는 꽉 차 있었고 키가 크고 목소리가 큰 경미의 옆만 비어 있었어요.
	시도	나는 경미가 무서워서 가인이에게 살짝 가서 짝을 바꾸자고 했어요.
	결과	하지만 가인이가 싫다고 해서 나는 어쩔 수 없이 경미 옆에 앉을 수밖에 없었어요.

3	계기사건 2	나는 가방을 열어 필통을 꺼내려고 하는데 필통이 보이지 않았어요.
	시도	내가 허둥지둥거리자 경미는 연필을 빌려주었어요.
	결과	나는 말없이 경미에게 연필을 받았어요.
4	계기사건	경미는 나에게 연필을 주며 "우리 한 달 동안 재밌게 지내자."라고 반갑게 말을 걸었어요.
	내적 반응	경미는 더 이상 무섭지 않았어요.
	시도	나는 연필을 빌려줘서 고맙다고 하며 가방에 있는 초콜릿을 건네주었어요.
	결과	우리는 둘도 없는 친구가 되었고, 나는 계속 경미와 함께 짝이 되고 싶었어요.

언어 수준

- 4낱말 조합 이상 문장 표현이 가능한 아동, 복문을 사용할 수는 있으나 주로 단문 위주로 표현하는 아동
- 읽기: 가끔 틀리게 읽는 글자가 있으나 낱말이나 간단한 문장 읽기가 가능한 아동

읽기 전 중재목표	글의 주제에 대한 배경지식을 나누고 내용을 예측하기

언어 목표

- 글의 주제를 파악할 수 있다.
- 주제어와 주제문장을 보고 내용을 적절하게 예측할 수 있다.

사용 카드

- 명사 6(공공장소): 학교
- 서술어 2(학교생활-쉬는시간): 빌리다

활동절차: 중재 전략 및 유의사항

아동의 언어와 읽기 수준에 따라 '핵심형'과 '확장형' 중 하나를 선택하여 활동을 실시한다.

(1) 글의 주제에 대해 배경지식 나누기 워크북 1-6-1-1 워크북 1-6-2-1

- 선생님은 아동에게 〈읽기 전- 배경지식 나누기〉를 위해 이야기 주제와 관련된 우리말카드를 제시한다.
- 우리말카드를 보면서 간단한 질문으로 글의 주제와 관련된 배경지식을 나눈다.

예) "학교에서 짝꿍을 바꾼 적 있니?"

"그 친구랑 친하지 않은 경우 어떻게 했니?"

"그 친구에게 물건을 빌린 적 있니?"

(2) 내용 예측하기 워크북 1-6-1-1 워크북 1-6-2-1

- 선생님은 아동에게 〈읽기 전- 내용 예측하기〉의 이야기 주제 상황그림과 글자를 제시하여 상황배경을 소개한다.
- 이야기 주제와 관련된 내용을 보고 이야기 내용을 예측하도록 한다.

핵심형 키워드	짝 바꾸기, 지각하다, 무섭다, 좋다
확장형 키워드	짝 바꾸기, 지각하다, 무섭다, 빌려주다, 좋다

읽기 중 중재목표	소리 내서 유창하게 읽기

언어 목표

- 글을 적절한 의미단위로 끊어 읽을 수 있다.
- 글을 소리 내서 유창하게 읽을 수 있다.

활동절차: 중재 전략 및 유의사항

아동의 언어와 읽기 수준에 따라 '핵심형'과 '확장형' 중 하나를 선택하여 활동을 실시한다.

(1) 소리 내어 읽기 워크북 1-6-1-2 워크북 1-6-2-2

- 아동의 읽기 수행 수준에 따라 3가지 중 읽기 방법을 선택하여 읽도록 한다. 혹은 3가지 방법을 모두 실시할 수 있다.
- 아동의 읽기 수준에 따른 실시 방법은 다음과 같다.

① 선생님이 읽기

틀리게 읽는 글자가 많고 속도가 매우 느린 아동은 선생님이 읽는 부분을 손으로 짚어 가며 읽어 준다. 이때 선생님은 한 글자씩 손가락으로 짚어 주는 것이 아니라 띄어쓰기 단위로 반원

을 그리듯이 짚어 주며, 조금 느린 속도로 자연스럽게 읽어 준다.

② 선생님과 함께 읽기

틀리게 읽는 글자가 종종 있고 속도가 느린 아동은 ①과 같은 방법으로 손으로 짚어 주며 함께 읽는다. 함께 읽으면서 아동이 틀리게 읽은 경우 바르게 고쳐 읽기를 요구하지 않는다. 혹은 선생님과 교대로 읽기를 한다.

③ 아동이 혼자 읽기

틀리게 읽는 글자가 몇 개 있고 속도가 느리지 않은 아동은 혼자 읽도록 한다. 이때 아동이 너무 급하게 읽어서 생략을 하거나 틀리게 읽거나 수정을 시도하면 ①, ②와 같은 방법으로 도움을 준다.

- 아동이 스스로 읽도록 한다. 이때 선생님은 "글을 보고 정확하고 적절한 속도로 읽어 보세요."라고 말해 주고, 아동이 글을 읽는 동안 소요 시간과 오류를 기록한다. 다 읽은 후 오류를 보인 것을 확인·수정해 주고, 다시 정확하게 읽도록 기회를 준다.

시간	
오류 수	
오류 예	
총 음절 수	핵심형 133음절, 확장형 384음절

읽기 후 중재목표	이야기글을 읽고 읽은 내용을 이해하기

언어 목표

- 글의 주제와 관련된 어휘를 이해할 수 있다.
- 이야기를 읽고 이야기 순서를 이해하고 도식판을 완성할 수 있다.
- 이야기를 읽고 이야기 내용과 결속표지에 대한 질문에 답할 수 있다.
- 이야기를 읽고 이야기 내용을 적절하게 회상하여 산출할 수 있다.
- 글의 주제와 관련된 뒷이야기를 예측하고 결말을 각색할 수 있다.

활동절차: 중재 전략 및 유의사항

아동의 언어와 읽기 수준에 따라 '핵심형'과 '확장형' 중 하나를 선택하여 활동을 실시한다.

(1) 어휘 확인 워크북 1-6-1-3 워크북 1-6-2-3

- 아동과 워크북의 〈읽기 후- 이야기 관련 어휘〉를 함께 본다.
- 아동과 함께 목표 어휘가 예시글에서 어떻게 사용되었는지 확인하고, 맥락을 통해 어휘의 뜻을 예측하여 본다. 아동이 어려워할 경우, 예시글의 내용을 구어로 바꾸어 예측할 수 있도록 도와준다. 아동이 계속 어려워할 경우, 선생님이 어휘의 뜻을 알려 준다.
- 어휘의 뜻을 모두 확인한 후에는 글의 핵심어를 중심으로 경험과 연결하여 예문을 말하거나 쓰게 한다. 아동이 쓰기에 어려움이 있는 경우, 선생님이 아동이 말한 것을 워크북에 적어 준다.

(2) 세부내용을 시간적 순서대로 정리하기 워크북 1-6-1-4 워크북 1-6-2-4

- 워크북의 〈읽기 후- 이야기 순서 맞추기〉를 보고 시간적 순서에 따라 번호를 적고 이야기의 흐름을 파악한다.
- 아동이 스스로 하지 못하는 경우 〈읽기 중- 소리 내어 읽기〉를 확인하여 순서를 파악하거

나 선생님이 도움을 준다.

핵심형	1	오늘은 짝 바꾸는 날이에요.
	3	다음 날 나는 늦게 일어났어요.
	2	짝은 먼저 온 순서대로 앉기로 했어요.
	7	그런데 내가 연필이 없었어요.
	5	우리 반에 경미는 키도 크고 목소리도 아주 커요.
	4	그래서 지각했어요.
	6	나는 늦게 와서 무서운 경미랑 짝이 됐어요.
	8	경미는 나에게 연필을 빌려주었어요.
	9	경미는 무서운 친구가 아니에요. 나는 내 짝 경미가 좋아요.
확장형	2	다음 날 나는 늦게 일어나서 허겁지겁 학교에 갔어요. 자리는 꽉 차 있었고 키가 크고 목소리가 큰 경미의 옆만 비어 있었어요. 나는 경미가 무서워서 가인이에게 살짝 가서 짝을 바꾸자고 했어요. 하지만 가인이가 싫다고 해서 나는 어쩔 수 없이 경미 옆에 앉을 수밖에 없었어요.
	1	내일은 한 달에 한 번 짝 바꾸는 날이에요. 선생님께서는 어떻게 바꿀지 의견을 내 보라고 하셨어요. 나는 손을 높이 들었어요. "아침에 먼저 온 순서대로 자리에 앉는 것이 좋겠어요."라고 이야기했어요. 아이들과 선생님 모두 좋아하였고 내 의견을 따르기로 하였어요.
	3	나는 가방을 열어 필통을 꺼내려고 하는데 필통이 보이지 않았어요. 내가 허둥지둥거리자 경미는 연필을 빌려주었어요. 나는 말없이 경미에게 연필을 받았어요.
	4	경미는 나에게 연필을 주며 "우리 한 달 동안 재밌게 지내자."라고 반갑게 말을 걸었어요. 경미는 더 이상 무섭지 않았어요. 나는 연필을 빌려줘서 고맙다고 하며 가방에 있는 초콜릿을 건네주었어요. 우리는 둘도 없는 친구가 되었고, 나는 계속 경미와 함께 짝이 되고 싶었어요.

(3) 이야기 도식판 완성 워크북 1-6-1-4 워크북 1-6-2-4

- 〈읽기 후– 이야기 도식판〉을 보고 이야기와 관련된 내용[등장인물, 장소/시간, 주요 사건(계기사건), 사건에 따른 해결책(시도), 해결책에 따른 결과(결과), 내적 반응]과 관련된 질문을 듣고 이야기글에서 답에 밑줄을 긋고 답을 적도록 한다.
- 아동이 쓰기에 어려움이 있는 경우, 선생님이 대신 써 준다.

<table>
<tr><td rowspan="8">핵심형</td><td colspan="2">제목</td><td>짝 바꾸는 날</td></tr>
<tr><td colspan="2">등장인물</td><td>나, 경미</td></tr>
<tr><td colspan="2">장소</td><td>학교</td></tr>
<tr><td colspan="2" rowspan="2">1</td><td>(1) 오늘은 무슨 날인가요? → 짝 바꾸는 날</td></tr>
<tr><td>(2) 다음 날 나는 어땠나요? → 지각했어요.</td></tr>
<tr><td colspan="2" rowspan="3">2</td><td>(3) 나는 누구와 짝이 되었나요? → 무서운 경미</td></tr>
<tr><td>(4) 나는 무엇이 없었나요? → 연필</td></tr>
<tr><td>(5) 누가 연필을 빌려주었나요? → 경미</td></tr>
<tr><td rowspan="13">확장형</td><td colspan="2">제목</td><td>짝 바꾸는 날</td></tr>
<tr><td colspan="2">등장인물</td><td>나, 선생님, 경미, 가인</td></tr>
<tr><td colspan="2">장소</td><td>학교</td></tr>
<tr><td colspan="3">(1) 오늘은 무슨 날인가요? → 짝 바꾸는 날</td></tr>
<tr><td colspan="3">(2) 짝 바꿀 때, 내 의견은 무엇이었나요? → 먼저 온 순서대로</td></tr>
<tr><td colspan="3">(3) 나는 허겁지겁 학교에 갔는데 누구의 옆만 비어 있었나요? → 경미</td></tr>
<tr><td colspan="3">(4) 경미가 무서워서 가인이에게 뭐라고 했나요? → 짝을 바꾸자고 했어요.</td></tr>
<tr><td colspan="3">(5) 결국 나는 누구 옆에 앉았나요? → 경미</td></tr>
<tr><td colspan="3">(6) 가방에 무엇이 없었나요? → 연필</td></tr>
<tr><td colspan="3">(7) 연필을 누가 빌려주었나요? → 경미</td></tr>
<tr><td colspan="3">(8) 경미는 연필을 주며 뭐라고 했나요? → 한 달 동안 재밌게 지내자고 말했어요.</td></tr>
<tr><td colspan="3">(9) 나는 너무 고마워서 경미에게 무엇을 주었나요? → 초콜릿</td></tr>
<tr><td colspan="3">(10) 나는 경미와 어떤 친구가 되고 싶었나요? → 둘도 없는 친구</td></tr>
</table>

(4) 읽기 이해 워크북 1-6-1-5 워크북 1-6-2-5

- 아동에게 워크북 〈읽기 후– 이야기글 이해: 이야기 내용〉을 제시한다.
- 아동에게 이야기와 관련된 질문을 하여 대답하거나 쓰게 한다.
- 아동이 질문에 대한 대답에 어려움을 보이는 경우에는 이야기에서 관련된 부분을 다시 읽거나 들려준 뒤 다시 질문하고, 계속 어려워할 경우 답을 알려 준다.

	이야기 이해 질문	아동 반응
핵심형	1. 오늘은 무슨 날인가요?	짝 바꾸는 날이에요.
	2. 나는 왜 경미가 무서웠나요?	경미는 키도 크고 목소리도 아주 커서 무서웠어요.
	3. 연필을 가지고 오지 않았을 때 나는 어땠을까요?	당황했을 것 같아요.
	4. 나는 경미가 왜 좋았나요?	연필도 빌려주고 무서운 친구가 아니었어요.

	이야기 이해 질문	아동 반응
확장형	1. 내일은 어떤 날인가요?	짝 바꾸는 날이에요.
	2. 나는 짝 바꾸는 날에 어떤 의견을 냈나요?	먼저 온 순서대로 자리에 앉기로 했어요.
	3. 다음 날 나는 왜 경미의 옆자리에 앉게 되었나요?	아침에 늦게 일어나서 학교에 갔더니 경미 옆만 비어 있었어요.
	4. 나는 왜 경미의 옆자리에 앉기 싫었나요?	경미는 키도 크고 목소리가 커서 무서운 친구인 줄 알았어요.
	5. 나는 무엇을 가져오지 않았나요?	필통을 가져오지 않았어요.
	6. 경미는 허둥지둥하는 나를 보고 어떻게 했나요?	연필을 빌려주었어요.
	7. 나는 왜 초콜릿을 건네주었나요?	연필을 빌려줘서 고마운 마음에 초콜릿을 건네주었어요.

(5) 읽기 이해 워크북 1-6-1-6 워크북 1-6-2-6

- 아동에게 워크북의 〈읽기 후- 이야기글 이해: 결속표지〉를 제시한다.
- 글을 함께 읽고 에피소드나 문장을 이어 주는 접속사, 연결어미, 대명사, 보조사 등을 찾아 적는다. 아동 혼자하는 데 어려움이 있는 경우, 함께 제시한 보기에서 적절한 답을 찾도록 한다.

핵심형	그래서, 그런데, 내 짝
확장형	-만, -서, 계속

(6) 이야기 회상하기 워크북 1-6-1-7 워크북 1-6-2-7

- 핵심형의 경우 〈읽기 후- 이야기 내용 쓰기〉에 제공된 주요 단어를 시간의 순서대로 나열하게 한다. 그리고 확장형의 경우 아동에게 주요 단어를 보고 이야기를 써 보도록 한다. 이때 〈이야기 주제 상황그림〉 〈이야기 말하기 그림 4컷〉을 함께 제공하여 이야기를 보다 풍부하게 회상할 수 있도록 한다.
- 아동의 이야기에서 정보가 부족할 경우 선생님은 〈읽기 후- 이야기 도식판〉을 제공하여 자연스럽게 정보를 추가하여 주고 다음 내용을 표현할 수 있도록 한다.

핵심형	짝 바꾸기 → 지각하다 → 무섭다 → 좋다
확장형	[짝 바꾸기, 지각하다, 무섭다, 빌려주다, 좋다]를 넣어 이야기글 쓰기

(7) 뒷이야기 예측하기

- 아동에게 글의 뒷이야기를 예측하게 한다.
- 아동이 예측에 어려움을 보이는 경우에는 선생님이 모델링을 보여 준 후 아동에게 다시 기회를 준다.

예) "내가 경미에게 초콜릿을 준 후 어떤 일이 일어날까?"

(8) 결말 각색하기

- 아동에게 글의 결말을 각색하여 말하도록 한다.
- 아동이 각색에 어려움을 보이는 경우에는 선생님이 모델링을 보여 준 후 아동에게 다시 기회를 준다.

예) "만약 경미랑 짝꿍이 되지 않았다면 어떤 일이 일어날 수 있을까?"

응용하기

- 이야기 주제에 맞추어 개인경험 이야기를 나눈다.
- 이야기 주제와 관련된 가정 및 학교에서의 활동 과제를 제공한다.

개인경험 이야기	–'짝 바꾼 경험'에 대해 길게 이야기해 봐요. 누구와 함께 있었던 일인가요? 언제 있었던 일인가요? 어디에서 있었던 일인가요? 가장 기억 남는 것은 어떤 일이 일어났나요? 어떻게 했나요? – '학교에서 준비물을 가지고 오지 않은 경험'에 대해 길게 이야기해 봐요. 누구와 함께 있었던 일인가요? 언제 있었던 일인가요? 어디에서 있었던 일인가요? 가장 기억 남는 것은 어떤 일이 일어났나요? 어떻게 했나요?
가정 및 학교 활동 과제	–학교에서 준비물을 가지고 오지 못한 친구를 도와줘요.

중재목표

'도서관' 이야기글을 읽고 이해하여 적절하게 이야기를 산출할 수 있다

맥락: 학교 / 주제: 도서관		
• 핵심형(언어↓, 읽기↓)		
에피소드	이야기 문법	이야기 내용
1	배경	나는 경미에게 도서관에 가자고 했어요.
	계기사건	처음 가는 곳은 두근두근해요.
	시도	경미는 책 찾는 방법을 알려 주었어요.
2	결과, 계기사건	그런데 경미가 알려 준 대로 했는데도 안 됐어요.
	시도	그래서 경미가 도와주었어요.
	결과 1	드디어 책을 찾게 되었어요.
	결과 2	나는 조용히 책을 봤어요.
• 확장형(언어↑, 읽기↑)		
에피소드	이야기 문법	이야기 내용
1	배경/계기사건	선생님은 수업이 끝나고 짝과 함께 하는 숙제를 내 주셨어요.
	시도	그래서 이번 주 토요일에 도서관에 같이 가기로 약속하였어요.
	내적 반응	나는 도서관에 처음 가는 것이라 조금 설레었어요.
	결과	경미는 토요일에 도서관 앞에서 만나자고 하였어요.
2	배경	토요일에 경미와 나는 신나게 도서관으로 향하였어요.
	계기사건/시도	나는 어떻게 검색하는지 몰라서 경미에게 물어보았어요.
	결과	경미는 도서관에서 책을 검색하는 방법을 설명해 주었어요.
3	계기사건 1	우리는 책을 찾아서 숙제를 모두 완성하였고 발표 준비를 했어요.
	시도	발표 준비를 하는데 경미가 너무 긴장해서 나에게 발표를 하라고 했어요.
	결과	나도 긴장되었지만 집에서 열심히 연습을 했어요.

4	계기사건 2	숙제 발표 날, 나는 경미와 준비한 자료를 앞에 나와서 떨리는 마음으로 발표를 했어요. 갑자기 중간에 내용이 생각나지 않았어요.
	시도	그때 경미를 보았는데 경미가 작은 소리로 알려 주었어요.
	결과	나는 더 씩씩한 목소리로 발표를 끝냈고, 결국 선생님께서 우리 팀이 제일 잘 했다고 칭찬을 해 주셨어요.

언어 수준

- 4낱말 조합 이상 문장 표현이 가능한 아동, 복문을 사용할 수는 있으나 주로 단문 위주로 표현하는 아동
- 읽기: 가끔 틀리게 읽는 글자가 있으나 낱말이나 간단한 문장 읽기가 가능한 아동

읽기 전 중재목표	글의 주제에 대한 배경지식을 나누고 내용을 예측하기

언어 목표

- 글의 주제를 파악할 수 있다.
- 주제어와 주제문장을 보고 내용을 적절하게 예측할 수 있다.

사용 카드

- 명사 6(공공장소): 도서관
- 서술어 2(학교생활-쉬는 시간): 빌리다

활동절차: 중재 전략 및 유의사항

아동의 언어와 읽기 수준에 따라 '핵심형'과 '확장형' 중 하나를 선택하여 활동을 실시한다.

(1) 글의 주제에 대해 배경지식 나누기 워크북 1-7-1-1 워크북 1-7-2-1

- 선생님은 아동에게 〈읽기 전- 배경지식 나누기〉를 위해 이야기 주제와 관련된 우리말카드를 제시한다.
- 우리말카드를 보면서 간단한 질문으로 글의 주제와 관련된 배경지식을 나눈다.

예) "도서관에 간 적이 있니?"

"도서관에서 책을 찾아본 적 있니?"

"도서관에서 책을 빌린 적 있니?"

(2) 내용 예측하기 워크북 1-7-1-1 워크북 1-7-2-1

- 선생님은 아동에게 〈읽기 전- 내용 예측하기〉의 이야기 주제 상황그림과 글자를 제시하여 상황배경을 소개한다.
- 이야기 주제와 관련된 내용을 보고 이야기 내용을 예측하도록 한다.

핵심형 키워드	도서관, 책 찾기, 도와주다, 조용히
확장형 키워드	숙제, 도서관, 검색하다, 발표 준비, 칭찬받다

읽기 중 중재목표	소리 내서 유창하게 읽기

언어 목표

- 글을 적절한 의미단위로 끊어 읽을 수 있다.
- 글을 소리 내서 유창하게 읽을 수 있다.

활동절차: 중재 전략 및 유의사항

아동의 언어와 읽기 수준에 따라 '핵심형'과 '확장형' 중 하나를 선택하여 활동을 실시한다.

(1) 소리 내어 읽기 워크북 1-7-1-2 워크북 1-7-2-2

- 아동의 읽기 수행 수준에 따라 3가지 중 읽기 방법을 선택하여 읽도록 한다. 혹은 3가지 방법을 모두 실시할 수 있다.
- 아동의 읽기 수준에 따른 실시 방법은 다음과 같다.

① 선생님이 읽기

틀리게 읽는 글자가 많고 속도가 매우 느린 아동은 선생님이 읽는 부분을 손으로 짚어 가며 읽어 준다. 이때 선생님은 한 글자씩 손가락으로 짚어 주는 것이 아니라 띄어쓰기 단위로 반원

을 그리듯이 짚어 주며, 조금 느린 속도로 자연스럽게 읽어 준다.

② 선생님과 함께 읽기

틀리게 읽는 글자가 종종 있고 속도가 느린 아동은 ①과 같은 방법으로 손으로 짚어 주며 함께 읽는다. 함께 읽으면서 아동이 틀리게 읽은 경우 바르게 고쳐 읽기를 요구하지 않는다. 혹은 선생님과 교대로 읽기를 한다.

③ 아동이 혼자 읽기

틀리게 읽는 글자가 몇 개 있고 속도가 느리지 않은 아동은 혼자 읽도록 한다. 이때 아동이 너무 급하게 읽어서 생략을 하거나 틀리게 읽거나 수정을 시도하면 ①, ②와 같은 방법으로 도움을 준다.

- 아동이 스스로 읽도록 한다. 이때 선생님은 "글을 보고 정확하고 적절한 속도로 읽어 보세요."라고 말해 주고, 아동이 글을 읽는 동안 소요 시간과 오류를 기록한다. 다 읽은 후 오류를 보인 것을 확인 · 수정해 주고, 다시 정확하게 읽도록 기회를 준다.

시간	
오류 수	
오류 예	
총 음절 수	핵심형 95음절, 확장형 349음절

읽기 후 중재목표	이야기글을 읽고 읽은 내용을 이해하기

언어 목표

- 글의 주제와 관련된 어휘를 이해할 수 있다.
- 이야기를 읽고 이야기 순서를 이해하고 도식판을 완성할 수 있다.
- 이야기를 읽고 이야기 내용과 결속표지에 대한 질문에 답할 수 있다.
- 이야기를 읽고 이야기 내용을 적절하게 회상하여 산출할 수 있다.
- 글의 주제와 관련된 뒷이야기를 예측하고 결말을 각색할 수 있다.

활동절차: 중재 전략 및 유의사항

아동의 언어와 읽기 수준에 따라 '핵심형'과 '확장형' 중 하나를 선택하여 활동을 실시한다.

(1) 어휘 확인 워크북 1-7-1-3 워크북 1-7-2-3

- 아동과 워크북의 〈읽기 후- 이야기 관련 어휘〉를 함께 본다.
- 아동과 함께 목표 어휘가 예시글에서 어떻게 사용되었는지 확인하고, 맥락을 통해 어휘의 뜻을 예측하여 본다. 아동이 어려워할 경우, 예시글의 내용을 구어로 바꾸어 예측할 수 있도록 도와준다. 아동이 계속 어려워할 경우, 선생님이 어휘의 뜻을 알려 준다.
- 어휘의 뜻을 모두 확인한 후에는 글의 핵심어를 중심으로 경험과 연결하여 예문을 말하거나 쓰게 한다. 아동이 쓰기에 어려움이 있는 경우, 선생님이 아동이 말한 것을 워크북에 적어 준다.

(2) 세부내용을 시간적 순서대로 정리하기 워크북 1-7-1-4 워크북 1-7-2-4

- 워크북의 〈읽기 후- 이야기 순서 맞추기〉를 보고 시간적 순서에 따라 번호를 적고 이야기의 흐름을 파악한다.
- 아동이 스스로 하지 못하는 경우 〈읽기 중- 소리 내어 읽기〉를 확인하여 순서를 파악하거

나 선생님이 도움을 준다.

핵심형	1	나는 경미에게 도서관에 가자고 했어요.
	4	그런데 경미가 알려 준 대로 했는데도 안 됐어요.
	3	경미는 책 찾는 방법을 알려 주었어요.
	5	그래서 경미가 다시 도와주었어요.
	6	드디어 책을 찾게 되었어요.
	2	처음 가는 곳은 두근두근해요.
	7	나는 조용히 책을 봤어요.
확장형	1	선생님은 수업이 끝나고 짝과 함께 하는 숙제를 내 주셨어요. 그래서 이번 주 토요일에 도서관에 같이 가기로 약속하였어요. 나는 도서관에 처음 가는 것이라 조금 설레었어요. 경미는 토요일에 도서관 앞에서 만나자고 하였어요.
	3	우리는 책을 찾아서 숙제를 모두 완성하였고 발표 준비를 했어요. 발표 준비를 하는데 경미가 너무 긴장해서 나에게 발표를 하라고 했어요. 나도 긴장되었지만 집에서 열심히 연습을 했어요.
	4	숙제 발표 날, 나는 경미와 준비한 자료를 앞에 나와서 떨리는 마음으로 발표를 했어요. 갑자기 중간에 내용이 생각나지 않았어요. 그때 경미를 보았는데 경미가 작은 소리로 알려 주었어요. 나는 더 씩씩한 목소리로 발표를 끝냈고, 결국 선생님께서 우리 팀이 제일 잘했다고 칭찬을 해 주셨어요.
	2	토요일에 경미와 나는 신나게 도서관으로 향하였어요. 나는 어떻게 검색하는지 몰라서 경미에게 물어보았어요. 경미는 도서관에서 책을 검색하는 방법을 설명해 주었어요.

(3) 이야기 도식판 완성 워크북 1-7-1-4 워크북 1-7-2-4

• 〈읽기 후- 이야기 도식판〉을 보고 이야기와 관련된 내용[등장인물, 장소/시간, 주요 사건(계기 사건), 사건에 따른 해결책(시도), 해결책에 따른 결과(결과), 내적 반응]과 관련된 질문을 듣고 이야기글에서 답에 밑줄을 긋고 답을 적도록 한다.

• 아동이 쓰기에 어려움이 있는 경우, 선생님이 대신 써 준다.

<table>
<tr><td rowspan="8">핵심형</td><td colspan="2">제목</td><td>도서관</td></tr>
<tr><td colspan="2">등장인물</td><td>나, 경미, 선생님</td></tr>
<tr><td colspan="2">장소</td><td>도서관</td></tr>
<tr><td rowspan="3" colspan="2">1</td><td>(1) 나는 경미에게 어디에 가자고 했나요? → 도서관</td></tr>
<tr><td>(2) 경미는 내게 무엇을 알려 주었나요? → 책 찾는 방법</td></tr>
<tr><td>(3) 경미가 알려 주었지만 어땠나요? → 잘 안 돼요.</td></tr>
<tr><td rowspan="2" colspan="2">2</td><td>(4) 그런데 누가 또 도와주었나요? → 경미</td></tr>
<tr><td>(5) 책을 찾아서 무엇을 했나요? → 책을 봐요.</td></tr>
<tr><td rowspan="12">확장형</td><td colspan="2">제목</td><td>도서관</td></tr>
<tr><td colspan="2">등장인물</td><td>나, 경미, 선생님</td></tr>
<tr><td colspan="2">장소</td><td>학교, 도서관</td></tr>
<tr><td colspan="3">(1) 선생님은 수업이 끝나고 무엇을 내 주셨나요? → 숙제</td></tr>
<tr><td colspan="3">(2) 이번 주 토요일에 어디에 가기로 했나요? → 도서관</td></tr>
<tr><td colspan="3">(3) 도서 검색을 어떻게 하는지 몰라 누구에게 물어보았나요? → 경미</td></tr>
<tr><td colspan="3">(4) 경미는 무엇을 설명을 해 주었나요? → 책을 검색하는 방법</td></tr>
<tr><td colspan="3">(5) 숙제를 모두 완성한 후 무엇을 준비했나요? → 발표 준비</td></tr>
<tr><td colspan="3">(6) 경미는 나에게 무엇을 하라고 했나요? → 발표</td></tr>
<tr><td colspan="3">(7) 나는 발표 때 무슨 일이 있었나요? → 갑자기 중간에 내용이 생각나지 않았어요.</td></tr>
<tr><td colspan="3">(8) 생각나지 않아 경미를 보자, 경미는 뭐라고 했나요? → 작은 소리로 발표 내용을 알려 주었어요.</td></tr>
<tr><td colspan="3">(9) 발표를 하고 선생님은 뭐라고 했나요? → 제일 잘했다고 칭찬해 주셨어요.</td></tr>
</table>

(4) 읽기 이해 워크북 1-7-1-5 워크북 1-7-2-5

- 아동에게 워크북 〈읽기 후– 이야기글 이해: 이야기 내용〉을 제시한다.
- 아동에게 이야기와 관련된 질문을 하여 대답하거나 쓰게 한다.
- 아동이 질문에 대한 대답에 어려움을 보이는 경우에는 이야기에서 관련된 부분을 다시 읽거나 들려준 뒤 다시 질문하고, 계속 어려워할 경우 답을 알려 준다.

핵심형	**이야기 이해 질문**	**아동 반응**
	1. 나는 경미한테 어디에 가자고 했나요?	도서관에 가자고 했어요.
	2. 나는 왜 두근두근거렸나요?	도서관에 처음 가는 것이어서 두근두근했어요.
	3. 책 찾는 방법을 몰라서 어떻게 하였나요?	경미가 책 찾는 방법을 알려 주었어요.
확장형	**이야기 이해 질문**	**아동 반응**
	1. 우리는 왜 도서관에 가기로 했나요?	선생님이 내 주신 숙제를 하기 위해서 도서관에 갔어요.
	2. 나는 왜 설레었나요?	도서관에 처음 가는 것이라 설레었어요.
	3. 나는 책을 찾는 방법을 몰라서 어떻게 했나요?	경미에게 도서관에서 책을 검색하는 방법을 들었어요.
	4. 숙제 발표 날 나는 어떤 마음이 들었을까요?	준비한 숙제를 잘 발표하고 싶었을 것 같아요.
	5. 발표가 끝나고 나서 어떻게 되었나요?	선생님께서 우리 팀이 제일 잘했다고 칭찬해 주셨어요.

(5) 읽기 이해 워크북 1-7-1-6 워크북 1-7-2-6

- 아동에게 워크북의 〈읽기 후- 이야기글 이해: 결속표지〉를 제시한다.
- 글을 함께 읽고 에피소드나 문장을 이어 주는 접속사, 연결어미, 대명사, 보조사 등을 찾아 적는다. 아동이 혼자하는 데 어려움이 있는 경우, 함께 제시한 보기에서 적절한 답을 찾도록 한다.

핵심형	-자고, 그런데, 다시
확장형	그래서, -서, 그때

(6) 이야기 회상하기 워크북 1-7-1-7 워크북 1-7-2-7

- 핵심형의 경우 〈읽기 후- 이야기 내용 쓰기〉에 제공된 주요 단어를 시간의 순서대로 나열하게 한다. 그리고 확장형의 경우 아동에게 주요 단어를 보고 이야기를 써 보도록 한다. 이때 〈이야기 주제 상황그림〉 〈이야기 말하기 그림 4컷〉을 함께 제공하여 이야기를 보다 풍부

하게 회상할 수 있도록 한다.

- 아동의 이야기에서 정보가 부족할 경우 선생님은 〈읽기 후- 이야기 도식판〉을 제공하여 자연스럽게 정보를 추가해 주고 다음 내용을 표현할 수 있도록 한다.

핵심형	도서관 → 책 찾기 → 도와주다 → 조용히
확장형	[숙제, 도서관, 검색하다, 발표 준비, 칭찬받다]를 넣어 이야기글 쓰기

(7) 뒷이야기 예측하기

- 아동에게 글의 뒷이야기를 예측하게 한다.
- 아동이 예측에 어려움을 보이는 경우에는 선생님이 모델링을 보여 준 후 아동에게 다시 기회를 준다.

  예) "도서관에서 책을 다 본 후 어떤 일이 일어날까요?"

(8) 결말 각색하기

- 아동에게 글의 결말을 각색하여 말하도록 한다.
- 아동이 각색에 어려움을 보이는 경우에는 선생님이 모델링을 보여 준 후 아동에게 다시 기회를 준다.

  예) "혼자서 도서관에 왔는데 책을 찾을 수 없다면 어떻게 해야 할까요?"

응용하기

- 이야기 주제에 맞추어 개인경험 이야기를 나눈다.
- 이야기 주제와 관련된 가정 및 학교에서의 활동 과제를 제공한다.

개인경험 이야기	–'도서관에서 책을 빌린 경험'에 대해 길게 이야기해 봐요. 누구와 함께 있었던 일인가요? 언제 있었던 일인가요? 어디에서 있었던 일인가요? 가장 기억 남는 것은 어떤 일이 일어났나요? 어떻게 했나요?
가정 및 학교 활동 과제	–도서관에서 책 빌리는 순서를 길게 이야기해 봐요. –엄마와 함께 도서관에서 책을 빌려요.

중재목표

08

'축구하기' 이야기글을 읽고 이해하여 적절하게 이야기를 산출할 수 있다

맥락: 학교 / 주제: 축구하기		
• 핵심형(언어↓, 읽기↓)		
에피소드	이야기 문법	이야기 내용
1	배경/계기사건	나는 공부를 많이 해요.
	시도	어느 날 친구가 수업 끝나고 축구를 하자고 했어요.
	결과	나는 숙제 때문에 안 된다고 했어요.
	내적 반응	하지만 축구를 하고 싶었어요.
2	계기사건	학원 끝나고 오니 엄마가 어디 아프냐고 물어보았어요.
	시도	내 이야기를 듣고 엄마는 내일 친구들과 축구를 해도 된다고 하셨어요.
	내적 반응/결과	나는 너무 기뻤고, 다음 날 친구들과 신나게 축구를 했어요.
• 확장형(언어↑, 읽기↑)		
에피소드	이야기 문법	이야기 내용
1	배경	조용하던 운동장은 종소리와 함께 금세 아이들로 채워졌어요.
	계기사건 1	반장 재희가 수업이 끝나자마자 축구를 하자고 하였어요.
	계기사건 2	나는 학원을 가야 해서 축구를 할 수 없었어요.
	내적 반응	사실 나도 친구들과 축구를 하고 싶었어요.
	시도	재희는 "다음에는 꼭 같이 하자."라고 하였어요.
	결과	나는 발걸음이 무겁게 학원으로 갔어요.
2	배경	학원에 갔지만 나는 축구를 하고 싶어서 집중을 하지 못했어요.
	계기사건	선생님께서는 집중하라고 주의를 주셨어요.
	시도	나는 다시 집중하려고 노력했어요.
	결과	결국 나는 포기한 채, 벤치에서 엄마를 기다렸어요.
3	계기사건 1	엄마께서 왜 힘들어 보이냐고 물었어요.
	계기사건 2	"형무야, 학원에서 무슨 일 있었어?"
	시도	"엄마, 저 애들이랑 놀고 싶어요."라고 말했어요.
	결과	그러자 엄마는 내일은 친구들과 놀아도 된다고 허락해 주셨어요.

4	배경	다음 날 학교를 가면서 콧노래를 불렀어요.
	계기사건	재희는 방과 후에 축구할 친구들을 모으고 있었어요.
	시도	그래서 재희에게 나도 하겠다고 말하였어요.
	결과	방과 후에 친구들과 즐겁게 축구를 하였어요.

언어 수준

- 4낱말 조합 이상 문장 표현이 가능한 아동, 복문을 사용할 수는 있으나 주로 단문 위주로 표현하는 아동
- 읽기: 가끔 틀리게 읽는 글자가 있으나 낱말이나 간단한 문장 읽기가 가능한 아동

읽기 전 중재목표	글의 주제에 대한 배경지식을 나누고 내용을 예측하기

언어 목표

- 글의 주제를 파악할 수 있다.
- 주제어와 주제문장을 보고 내용을 적절하게 예측할 수 있다.

사용 카드

- 명사 6(공공장소): 학원
- 명사 1(운동): 축구

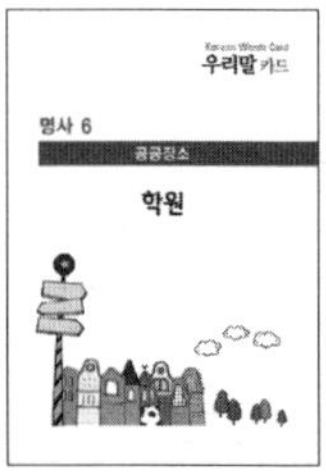

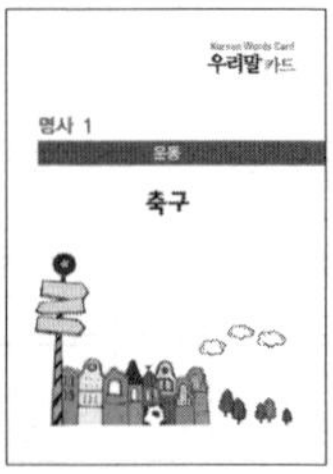

활동절차: 중재 전략 및 유의사항

아동의 언어와 읽기 수준에 따라 '핵심형'과 '확장형' 중 하나를 선택하여 활동을 실시한다.

(1) 글의 주제에 대해 배경지식 나누기 워크북 1-8-1-1 워크북 1-8-2-1

- 선생님은 아동에게 〈읽기 전- 배경지식 나누기〉를 위해 이야기 주제와 관련된 우리말카드를 제시한다.
- 우리말카드를 보면서 간단한 질문으로 글의 주제와 관련된 배경지식을 나눈다.

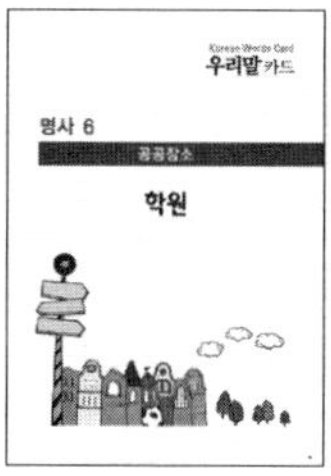

예) "학원에 다니니?"

"친구들과 축구한 적 있니?"

(2) 내용 예측하기 워크북 1-8-1-1 워크북 1-8-2-1

- 선생님은 아동에게 〈읽기 전- 내용 예측하기〉의 이야기 주제 상황그림과 글자를 제시하여 상황배경을 소개한다.
- 이야기 주제와 관련된 내용을 보고 이야기 내용을 예측하도록 한다.

핵심형 키워드	축구, 숙제, 엄마, 신나게
확장형 키워드	축구, 숙제, 허락하다, 즐겁게

읽기 중 중재목표	소리 내서 유창하게 읽기

언어 목표

- 글을 적절한 의미단위로 끊어 읽을 수 있다.
- 글을 소리 내서 유창하게 읽을 수 있다.

활동절차: 중재 전략 및 유의사항

아동의 언어와 읽기 수준에 따라 '핵심형'과 '확장형' 중 하나를 선택하여 활동을 실시한다.

(1) 소리 내어 읽기 워크북 1-8-1-2 워크북 1-8-2-2

- 아동의 읽기 수행 수준에 따라 3가지 중 읽기 방법을 선택하여 읽도록 한다. 혹은 3가지 방법을 모두 실시할 수 있다.
- 아동의 읽기 수준에 따른 실시 방법은 다음과 같다.

① 선생님이 읽기

틀리게 읽는 글자가 많고 속도가 매우 느린 아동은 선생님이 읽는 부분을 손으로 짚어 가며 읽어 준다. 이때 선생님은 한 글자씩 손가락으로 짚어 주는 것이 아니라 띄어쓰기 단위로 반원

을 그리듯이 짚어 주며 조금 느린 속도로 자연스럽게 읽어 준다.

② 선생님과 함께 읽기

틀리게 읽는 글자가 종종 있고 속도가 느린 아동은 ①과 같은 방법으로 손으로 짚어 주며 함께 읽는다. 함께 읽으면서 아동이 틀리게 읽은 경우 바르게 고쳐 읽기를 요구하지 않는다. 혹은 선생님과 교대로 읽기를 한다.

③ 아동이 혼자 읽기

틀리게 읽는 글자가 몇 개 있고 속도가 느리지 않은 아동은 아동이 혼자 읽도록 한다. 이때 아동이 너무 급하게 읽어서 생략을 하거나 틀리게 읽거나 수정을 시도하면 ①, ②와 같은 방법으로 도움을 준다.

• 아동이 스스로 읽도록 한다. 이때 선생님은 "글을 보고 정확하고 적절한 속도로 읽어 보세요."라고 말해 주고, 아동이 글을 읽는 동안 소요 시간과 오류를 기록한다. 다 읽은 후 오류를 보인 것을 확인·수정해 주고, 다시 정확하게 읽도록 기회를 준다.

시간	
오류 수	
오류 예	
총 음절 수	핵심형 128음절, 확장형 342음절

읽기 후 중재목표	이야기글을 읽고 읽은 내용을 이해하기

언어 목표

- 글의 주제와 관련된 어휘를 이해할 수 있다.
- 이야기를 읽고 이야기 순서를 이해하고 도식판을 완성할 수 있다.
- 이야기를 읽고 이야기 내용과 결속표지에 대한 질문에 답할 수 있다.
- 이야기를 읽고 이야기 내용을 적절하게 회상하여 산출할 수 있다.
- 글의 주제와 관련된 뒷이야기를 예측하고 결말을 각색할 수 있다.

활동절차: 중재 전략 및 유의사항

아동의 언어와 읽기 수준에 따라 '핵심형'과 '확장형' 중 하나를 선택하여 활동을 실시한다.

(1) 어휘 확인 워크북 1-8-1-3 워크북 1-8-2-3

- 아동과 워크북의 〈읽기 후- 이야기 관련 어휘〉를 함께 본다.
- 아동과 함께 목표 어휘가 예시글에서 어떻게 사용되었는지 확인하고, 맥락을 통해 어휘의 뜻을 예측하여 본다. 아동이 어려워할 경우, 예시글의 내용을 구어로 바꾸어 예측할 수 있도록 도와준다. 아동이 계속 어려워할 경우, 선생님이 어휘의 뜻을 알려 준다.
- 어휘의 뜻을 모두 확인한 후에는 글의 핵심어를 중심으로 경험과 연결하여 예문을 말하거나 쓰게 한다. 아동이 쓰기에 어려움이 있는 경우, 선생님이 아동이 말한 것을 워크북에 적어 준다.

(2) 세부내용을 시간적 순서대로 정리하기 워크북 1-8-1-4 워크북 1-8-2-4

- 워크북의 〈읽기 후- 이야기 순서 맞추기〉를 보고 시간적 순서에 따라 번호를 적고 이야기의 흐름을 파악한다.
- 아동이 스스로 하지 못하는 경우 〈읽기 중- 소리 내어 읽기〉를 확인하여 순서를 파악하거

나 선생님이 도움을 준다.

핵심형	1	나는 공부를 많이 해요.
	5	학원 끝나고 오니 엄마가 어디 아프냐고 물어보았어요.
	6	내 이야기를 듣고 엄마는 내일 친구들과 축구해도 된다고 하셨어요.
	3	나는 숙제 때문에 안 된다고 했어요.
	2	어느 날 친구가 수업 끝나고 축구를 하자고 했어요.
	4	하지만 축구를 하고 싶었어요.
	7	나는 너무 기뻤고, 다음 날 친구들과 신나게 축구를 했어요.
확장형	2	학원에 갔지만 나는 축구를 하고 싶어서 집중을 하지 못했어요. 선생님께서는 집중하라고 주의를 주셨어요. 나는 다시 집중하려고 노력했어요. 결국 나는 포기한 채, 벤치에서 엄마를 기다렸어요.
	3	엄마께서 왜 힘들어 보이냐고 물었어요. "형무야, 학원에서 무슨 일 있었어?" "엄마, 저 애들이랑 놀고 싶어요."라고 말했어요. 그러자 엄마는 내일은 친구들과 놀아도 된다고 허락해 주셨어요.
	1	조용하던 운동장은 종소리와 함께 금세 아이들로 채워졌어요. 반장 재희가 수업이 끝나자마자 축구를 하자고 하였어요. 나는 학원을 가야 해서 축구를 할 수 없었어요. 사실 나도 친구들과 축구를 하고 싶었어요. 재희는 "다음에는 꼭 같이 하자."라고 하였어요. 나는 발걸음이 무겁게 학원으로 갔어요.
	4	다음 날 학교를 가면서 콧노래를 불렀어요. 재희는 방과 후에 축구할 친구들을 모으고 있었어요. 그래서 재희에게 나도 하겠다고 말하였어요. 방과 후에 친구들과 즐겁게 축구를 하였어요.

(3) 이야기 도식판 완성 워크북 1-8-1-4 워크북 1-8-2-4

- 〈읽기 후- 이야기 도식판〉을 보고 이야기와 관련된 내용[등장인물, 장소/시간, 주요 사건(계기 사건), 사건에 따른 해결책(시도), 해결책에 따른 결과(결과), 내적 반응]과 관련된 질문을 듣고 이야기글에서 답에 밑줄을 긋고 답을 적도록 한다.
- 아동이 쓰기에 어려움이 있는 경우, 선생님이 대신 써 준다.

핵심형

제목		축구하기
등장인물		나, 친구, 엄마
장소		집, 운동장, 학원
1	(1) 나는 무엇을 많이 하나요? → 공부	
	(2) 친구가 무엇을 하자고 했나요? → 축구	
	(3) 나는 무엇 때문에 안 된다고 했나요? → 숙제	
2	(4) 학원이 끝나고 집에 오니 엄마는 뭐라고 물어보았나요? → 어디 아프냐고 물어보았어요.	
	(5) 엄마는 무엇을 해도 된다고 하였나요? → 축구	
	(6) 다음 날 나는 무엇을 했나요? → 친구들과 신나게 축구를 했어요.	

확장형

제목	축구하기
등장인물	나, 재희, 엄마
장소	운동장, 학원, 교실
(1) 재희는 수업이 끝나자마자 무엇을 하자고 했나요? → 축구	
(2) 나는 학교 끝나고 어디를 가야 했나요? → 학원	
(3) 못 가는 내게 재희는 뭐라고 했나요? → 다음에는 꼭 같이 하자고 했어요.	
(4) 나는 학원에 가서 어땠나요? → 축구를 하고 싶어서 집중하지 못했어요.	
(5) 집중하지 못하고 누구를 기다렸나요? → 엄마	
(6) 엄마에게 나는 뭐라고 했나요? → 애들이랑 놀고 싶다고 했어요.	
(7) 방과 후에 축구할 친구들을 모으고 있는 재희에게 뭐라고 했나요? → 나도 하겠다고 말했어요.	
(8) 나는 방과 후에 무엇을 했나요? → 축구	

(4) 읽기 이해 워크북 1-8-1-5 워크북 1-8-2-5

- 아동에게 워크북 〈읽기 후- 이야기글 이해: 이야기 내용〉을 제시한다.
- 아동에게 이야기와 관련된 질문을 하여 대답하거나 쓰게 한다.
- 아동이 질문에 대한 대답에 어려움을 보이는 경우에는 이야기에서 관련된 부분을 다시 읽거나 들려준 뒤 다시 질문하고, 계속 어려워할 경우 답을 알려 준다.

	이야기 이해 질문	아동 반응
핵심형	1. 친구가 수업 끝나고 뭐하자고 했나요?	축구하자고 했어요.
	2. 나는 왜 안 된다고 했나요?	숙제 때문에 안 된다고 했어요.
	3. 엄마에게 이야기를 하자 어떻게 하라고 하셨나요?	엄마는 내일 친구들과 축구해도 된다고 했어요.
	4. 나는 결국 어떻게 했나요?	다음 날 친구들과 신나게 축구를 했어요.

	이야기 이해 질문	아동 반응
확장형	1. 방과 후에 반장 재희는 뭐라고 했나요?	축구를 하자고 하였어요.
	2. 나는 왜 친구들과 놀 수 없었나요?	학원에 가야 했기 때문에 놀 수 없었어요.
	3. 학원에서 나는 어떠했나요?	축구를 하고 싶어서 집중하지 못했어요.
	4. 학원이 끝나고 엄마에게 나는 뭐라고 했나요?	친구들과 함께 놀고 싶다고 했어요.
	5. 다음 날 방과 후에 나는 어떻게 했나요?	친구들과 즐겁게 축구를 하였어요.

(5) 읽기 이해 워크북 1-8-1-6 워크북 1-8-2-6

- 아동에게 워크북의 〈읽기 후- 이야기글 이해: 결속표지〉를 제시한다.
- 글을 함께 읽고 에피소드나 문장을 이어 주는 접속사, 연결어미, 대명사, 보조사 등을 찾아 적는다. 아동이 혼자하는 데 어려움이 있는 경우, 함께 제시한 보기에서 적절한 답을 찾도록 한다.

핵심형	하지만, -다고, 신나게
확장형	-서, 다시, -다고

(6) 이야기 회상하기 워크북 1-8-1-7 워크북 1-8-2-7

- 핵심형의 경우 〈읽기 후- 이야기 내용 쓰기〉에 제공된 주요 단어를 시간의 순서대로 나열하게 한다. 그리고 확장형의 경우 아동에게 주요 단어를 보고 이야기를 써 보도록 한다. 이때 〈이야기 주제 상황그림〉 〈이야기 말하기 그림 4컷〉을 함께 제공하여 이야기를 보다 풍부하게 회상할 수 있도록 한다.

• 아동의 이야기에서 정보가 부족할 경우 선생님은 〈읽기 후- 이야기 도식판〉을 제공하여 자연스럽게 정보를 추가해 주고 다음 내용을 표현할 수 있도록 한다.

핵심형	축구하고 싶다 → 숙제 많다 → 엄마에게 물어보다 → 신나게 축구하다
확장형	[축구, 숙제, 허락하다, 즐겁게]를 넣어 이야기글 쓰기

(7) 뒷이야기 예측하기

• 아동에게 글의 뒷이야기를 예측하게 한다.
• 아동이 예측에 어려움을 보이는 경우에는 선생님이 모델링을 보여 준 후 아동에게 다시 기회를 준다.

예) "친구들과 축구를 한 후 어떤 일이 일어날까?"

(8) 결말 각색하기

• 아동에게 글의 결말을 각색하여 말하도록 한다.
• 아동이 각색에 어려움을 보이는 경우에는 선생님이 모델을 보여 준 후 아동에게 다시 기회를 준다.

예) "만약에 엄마가 친구와 축구하는 것을 허락하지 않고 학원을 가라고 했다면 어땠을까?"

응용하기

- 이야기 주제에 맞추어 개인경험 이야기를 나눈다.
- 이야기 주제와 관련된 가정 및 학교에서의 활동 과제를 제공한다.

개인경험 이야기	– '친구와 함께 놀았던 경험'에 대해 길게 이야기해 봐요. 누구와 함께 있었던 일인가요? 언제 있었던 일인가요? 어디에서 있었던 일인가요? 가장 기억 남는 것은 어떤 일이 일어났나요? 어떻게 했나요?
가정 및 학교 활동 과제	–가장 좋아하는 게임의 순서를 이야기해 봐요. –친구와 함께 게임 규칙을 정하고 게임을 해 봐요.

중재목표

09

'친구랑 영화를 봐요' 이야기글을 읽고 이해하여 적절하게 이야기를 산출할 수 있다

맥락: 영화관 / 주제: 친구랑 영화를 봐요		
• 핵심형(언어↓, 읽기↓)		
에피소드	이야기 문법	이야기 내용
1	배경/계기사건	오늘 친구랑 영화를 보러 가기로 했어요.
	시도	어떤 영화를 볼까 친구에게 전화했어요.
	결과/계기사건	우리는 '겨울 모험'을 보기로 했어요.
2	시도	우리는 영화표를 샀어요.
	내적 반응/결과	그리고 재미있게 영화를 봤어요.
• 확장형(언어↑, 읽기↑)		
에피소드	이야기 문법	이야기 내용
1	배경	오늘 정원이와 함께 영화를 보러 영화관에 가기로 했어요.
	계기사건	어떤 영화를 볼지 고민이 되었어요.
	시도	그래서 정원이에게 전화를 걸어서 물어보았어요.
	결과	우리는 '겨울 모험'을 보기로 했어요.
2	계기사건	영화관으로 가려고 하는데 밖을 보니 눈이 많이 내리고 있었어요.
	시도	나는 운동화 대신 장화를 신고 우산도 챙겼어요.
	결과	덕분에 나는 집 근처에 있는 영화관에 젖지 않고 도착할 수 있었어요. 멀리서 보니 정원이는 이미 와 있었어요.
3	계기사건	우리는 매표소에서 표를 예매하였고 시간이 40분 정도 남았어요.
	시도	그래서 팝콘이랑 콜라를 사서 영화 시간을 기다렸어요.
	결과	팝콘을 먹으면서 기다리니 시간은 빨리 갔어요.
4	계기사건 1	영화 시작 시간이 되었고 우리는 앉고 싶은 자리에 앉았어요.
	계기사건 2	그때 어떤 아주머니가 오셔서 자리가 바뀐 것 같다고 하셨어요.
	시도/결과	우리는 영화표를 다시 살펴보았고 우리 자리를 찾고 앉아 영화를 즐겁게 보았어요.
	내적 반응	눈 오는 날 겨울 모험을 보니 더 재미있었어요. 너무 즐거운 하루였어요.

언어 수준

- 4낱말 조합 이상 문장 표현이 가능한 아동, 복문을 사용할 수는 있으나 주로 단문 위주로 표현하는 아동
- 읽기: 가끔 틀리게 읽는 글자가 있으나 낱말이나 간단한 문장 읽기가 가능한 아동

읽기 전 중재목표	글의 주제에 대한 배경지식을 나누고 내용을 예측하기

언어 목표

- 글의 주제를 파악할 수 있다.
- 주제어와 주제문장을 보고 내용을 적절하게 예측할 수 있다.

사용 카드

- 명사 6(여가): 영화관
- 명사 9(음식): 팝콘

활동절차: 중재 전략 및 유의사항

아동의 언어와 읽기 수준에 따라 '핵심형'과 '확장형' 중 하나를 선택하여 활동을 실시한다.

(1) 글의 주제에 대해 배경지식 나누기 워크북 1-9-1-1 워크북 1-9-2-1

- 선생님은 아동에게 〈읽기 전- 배경지식 나누기〉를 위해 이야기 주제와 관련된 우리말카드를 제시한다.
- 우리말카드를 보면서 간단한 질문으로 글의 주제와 관련된 배경지식을 나눈다.

예) "친구와 영화를 보러 간 적이 있니?"

"팝콘을 먹은 적이 있니?"

(2) 내용 예측하기 워크북 1-9-1-1 워크북 1-9-2-1

- 선생님은 아동에게 〈읽기 전- 내용 예측하기〉의 이야기 주제 상황그림과 글자를 제시하여 상황배경을 소개한다.
- 이야기 주제와 관련된 내용을 보고 이야기 내용을 예측하도록 한다.

핵심형 키워드	영화, 영화표, 보다
확장형 키워드	영화관, 매표소, 예매하다, 즐겁다

언어 목표

- 글을 적절한 의미단위로 끊어 읽을 수 있다.
- 글을 소리 내서 유창하게 읽을 수 있다.

활동절차: 중재 전략 및 유의사항

아동의 언어와 읽기 수준에 따라 '핵심형'과 '확장형' 중 하나를 선택하여 활동을 실시한다.

(1) 소리 내어 읽기 워크북 1-9-1-2 워크북 1-9-2-2

- 아동의 읽기 수행 수준에 따라 3가지 중 읽기 방법을 선택하여 읽도록 한다. 혹은 3가지 방법을 모두 실시할 수 있다.
- 아동의 읽기 수준에 따른 실시 방법은 다음과 같다.

① 선생님이 읽기

틀리게 읽는 글자가 많고 속도가 매우 느린 아동은 선생님이 읽는 부분을 손으로 짚어 가며 읽어 준다. 이때 선생님은 한 글자씩 손가락으로 짚어 주는 것이 아니라 띄어쓰기 단위로 반원을 그리듯이 짚어 주며 조금 느린 속도로 자연스럽게 읽어 준다.

② 선생님과 함께 읽기

틀리게 읽는 글자가 종종 있고 속도가 느린 아동은 ①과 같은 방법으로 손으로 짚어 주며 함께 읽는다. 함께 읽으면서 아동이 틀리게 읽은 경우 바르게 고쳐 읽기를 요구하지 않는다. 혹은 선생님과 교대로 읽기를 한다.

③ 아동이 혼자 읽기

틀리게 읽는 글자가 몇 개 있고 속도가 느리지 않은 아동은 혼자 읽도록 한다. 이때 아동이 너무 급하게 읽어서 생략을 하거나 틀리게 읽거나 수정을 시도하면 ①, ②와 같은 방법으로 도움을 준다.

• 아동이 스스로 읽도록 한다. 이때 선생님은 "글을 보고 정확하고 적절한 속도로 읽어 보세요."라고 말해 주고, 아동이 글을 읽는 동안 소요 시간과 오류를 기록한다. 다 읽은 후 오류를 보인 것을 확인 · 수정해 주고, 다시 정확하게 읽도록 기회를 준다.

시간	
오류 수	
오류 예	
총 음절 수	핵심형 69음절, 확장형 336음절

읽기 후 중재목표	이야기글을 읽고 읽은 내용을 이해하기

언어 목표

• 글의 주제와 관련된 어휘를 이해할 수 있다.
• 이야기를 읽고 이야기 순서를 이해하고 도식판을 완성할 수 있다.
• 이야기를 읽고 이야기 내용과 결속표지에 대한 질문에 답할 수 있다.
• 이야기를 읽고 이야기 내용을 적절하게 회상하여 산출할 수 있다.
• 글의 주제와 관련된 뒷이야기를 예측하고 결말을 각색할 수 있다.

활동절차: 중재 전략 및 유의사항

아동의 언어와 읽기 수준에 따라 '핵심형'과 '확장형' 중 하나를 선택하여 활동을 실시한다.

(1) 어휘 확인 워크북 1-9-1-3 워크북 1-9-2-3

- 아동과 워크북의 〈읽기 후- 이야기 관련 어휘〉를 함께 본다.
- 아동과 함께 목표 어휘가 예시글에서 어떻게 사용되었는지 확인하고, 맥락을 통해 어휘의 뜻을 예측하여 본다. 아동이 어려워할 경우, 예시글의 내용을 구어로 바꾸어 예측할 수 있도록 도와준다. 아동이 계속 어려워할 경우, 선생님이 어휘의 뜻을 알려 준다.
- 어휘의 뜻을 모두 확인한 후에는 글의 핵심어를 중심으로 경험과 연결하여 예문을 말하거나 쓰게 한다. 아동이 쓰기에 어려움이 있는 경우, 선생님이 아동이 말한 것을 워크북에 적어 준다.

(2) 세부내용을 시간적 순서대로 정리하기 워크북 1-9-1-4 워크북 1-9-2-4

- 워크북의 〈읽기 후- 이야기 순서 맞추기〉를 보고 시간적 순서에 따라 번호를 적고 이야기의 흐름을 파악한다.
- 아동이 스스로 하지 못하는 경우 〈읽기 중- 소리 내어 읽기〉를 확인하여 순서를 파악하거나 선생님이 도움을 준다.

핵심형	5	그리고 재미있게 영화를 봤어요.
	4	우리는 영화표를 샀어요.
	3	우리는 '겨울 모험'을 보기로 했어요.
	2	어떤 영화를 볼까 친구에게 전화했어요.
	1	오늘 친구랑 영화를 보러 가기로 했어요.
확장형	1	오늘 정원이와 함께 영화를 보러 영화관에 가기로 했어요. 어떤 영화를 볼지 고민이 되었어요. 그래서 정원이에게 전화를 걸어서 물어보았어요. 우리는 '겨울 모험'을 보기로 했어요.
	3	우리는 매표소에서 표를 예매하였고 시간이 40분 정도 남았어요. 그래서 팝콘이랑 콜라를 사서 영화 시간을 기다렸어요. 팝콘을 먹으면서 기다리니 시간은 빨리 갔어요.
	2	영화관으로 가려고 하는데 밖을 보니 눈이 많이 내리고 있었어요. 나는 운동화 대신 장화를 신고 우산도 챙겼어요. 덕분에 나는 집 근처에 있는 영화관에 젖지 않고 도착할 수 있었어요. 멀리서 보니 정원이는 이미 와 있었어요.

	4	영화 시작 시간이 되었고 우리는 앉고 싶은 자리에 앉았어요. 그때 어떤 아주머니가 오셔서 자리가 바뀐 것 같다고 하셨어요. 우리는 영화표를 다시 살펴보았고 우리 자리를 찾고 앉아 영화를 즐겁게 보았어요. 눈 오는 날 겨울 모험을 보니 더 재미있었어요. 너무 즐거운 하루였어요.

(3) 이야기 도식판 완성 워크북 1-9-1-4 워크북 1-9-2-4

- 〈읽기 후- 이야기 도식판〉을 보고 이야기와 관련된 내용[등장인물, 장소/시간, 주요 사건(계기 사건), 사건에 따른 해결책(시도), 해결책에 따른 결과(결과), 내적 반응]과 관련된 질문을 듣고 이야기글에서 답에 밑줄을 긋고 답을 적도록 한다.
- 아동이 쓰기에 어려움이 있는 경우, 선생님이 대신 써 준다.

핵심형	제목	친구랑 영화를 봐요.
	등장인물	나, 친구
	장소	영화관
	1	(1) 나는 친구랑 무엇을 보기로 했나요? → 영화
		(2) 어떤 영화를 볼지 물어보려고 친구에게 무엇을 했나요? → 전화
		(3) 어떤 영화를 보기로 했나요? → 겨울 모험
	2	(4) 우리는 무엇을 샀나요? → 영화표
		(5) 영화는 어땠나요? → 재미있었어요.
확장형	제목	친구랑 영화를 봐요.
	등장인물	나, 정원
	장소	집, 영화관
	(1) 오늘 나는 정원이와 함께 어디에 가기로 했나요? → 영화관	
	(2) 정원이와 전화로 어떤 영화를 보기로 했나요? → 겨울 모험	
	(3) 영화관을 가는데 뭐가 많이 내리고 있었나요? → 눈	
	(4) 나는 무엇을 챙겼나요? → 장화를 신고 우산을 챙겼어요.	
	(5) 매표소에서 무엇을 했나요? → 표를 예매했어요.	
	(6) 시간이 남아서 무엇을 사서 기다렸나요? → 팝콘이랑 콜라	

(7) 자리에 앉았는데 어떤 아주머니께서 오셔서 뭐라고 했나요? → 자리가 바뀐 것 같다고 하셨어요.
(8) 우리는 아주머니가 자리가 바뀐 것 같다고 하자, 무엇을 보고 자리를 찾을 수 있었나요? → 영화표

(4) 읽기 이해 워크북 1-9-1-5 워크북 1-9-2-5

- 아동에게 워크북 〈읽기 후– 이야기글 이해: 이야기 내용〉을 제시한다.
- 아동에게 이야기와 관련된 질문을 하여 대답하거나 쓰게 한다.
- 아동이 질문에 대한 대답에 어려움을 보이는 경우에는 이야기에서 관련된 부분을 다시 읽거나 들려준 뒤 다시 질문하고, 계속 어려워할 경우 답을 알려 준다.

	이야기 이해 질문	아동 반응
핵심형	1. 친구와 무엇을 하기로 했나요?	친구랑 함께 영화를 보러 가기로 했어요.
	2. 우리는 영화를 보기 위해 어떻게 했나요?	영화표를 샀어요.

	이야기 이해 질문	아동 반응
확장형	1. 우리는 무엇을 하기로 했나요?	영화를 보러 영화관에 가기로 했어요.
	2. 나는 왜 장화를 신고 갔나요?	밖에 눈이 많이 내려서 양말이 젖을까 봐 장화를 신고 갔어요.
	3. 우리는 표를 예매한 후에 무엇을 하였나요?	시간이 남아 팝콘이랑 콜라를 사서 기다렸어요.
	4. 자리에 앉아 있는데 아주머니가 뭐라고 말씀하셨나요?	자리가 바뀐 것 같다고 말씀하셨어요.
	5. 아주머니가 자리가 바뀌었다고 말씀하셨을 때 기분이 어땠을까요?	당황했을 것 같아요. 그리고 죄송했을 것 같아요.
	6. 영화를 보고 나서 기분이 어땠나요?	재미있는 영화를 봐서 기분이 좋았어요.

(5) 읽기 이해 워크북 1-9-1-6 워크북 1-9-2-6

- 아동에게 워크북의 〈읽기 후- 이야기글 이해: 결속표지〉를 제시한다.
- 글을 함께 읽고 에피소드나 문장을 이어 주는 접속사, 연결어미, 대명사, 보조사 등을 찾아 적는다. 아동이 혼자하는 데 어려움이 있는 경우, 함께 제시한 보기에서 적절한 답을 찾도록 한다.

핵심형	어떤, 그리고
확장형	-는데, 그래서, 그때

(6) 이야기 회상하기 워크북 1-9-1-7 워크북 1-9-2-7

- 핵심형의 경우 〈읽기 후- 이야기 내용 쓰기〉에 제공된 주요 단어를 시간의 순서대로 나열하게 한다. 그리고 확장형의 경우 아동에게 주요 단어를 보고 이야기를 써 보도록 한다. 이때 〈이야기 주제 상황그림〉 〈이야기 말하기 그림 4컷〉을 함께 제공하여 이야기를 보다 풍부하게 회상할 수 있도록 한다.
- 아동의 이야기에서 정보가 부족할 경우 선생님은 〈읽기 후- 이야기 도식판〉을 제공하여 자연스럽게 정보를 추가하여 주고 다음 내용을 표현할 수 있도록 한다.

핵심형	영화 → 영화표 → 보다
확장형	[영화관, 매표소, 예매하다, 즐겁다]를 넣어 이야기글 쓰기

(7) 뒷이야기 예측하기

- 아동에게 글의 뒷이야기를 예측하게 한다.
- 아동이 예측에 어려움을 보이는 경우에는 선생님이 모델링을 보여 준 후 아동에게 다시 기회를 준다.

  예) "영화를 다 본 후 친구와 무엇을 하였을까?"

(8) 결말 각색하기

- 아동에게 글의 결말을 각색하여 말하도록 한다.
- 아동이 각색에 어려움을 보이는 경우에는 선생님이 모델링을 보여 준 후 아동에게 다시 기회를 준다.

  예) "만약 친구가 아닌 가족들과 함께 영화를 보러 갔다면 어떨까?"

응용하기

- 이야기 주제에 맞추어 개인경험 이야기를 나눈다.
- 이야기 주제와 관련된 가정 및 학교에서의 활동 과제를 제공한다.

개인경험 이야기	–'영화관에 가서 영화 본 경험'에 대해 길게 이야기해 봐요. 누구와 함께 있었던 일인가요? 언제 있었던 일인가요? 어디에서 있었던 일인가요? 가장 기억 남는 것은 어떤 일이 일어났나요? 어떻게 했나요?
가정 및 학교 활동 과제	–영화 보는 방법을 순서대로 이야기해 봐요. –가족 혹은 친구와 함께 영화를 보러 가요.

중재목표

10 '생일 파티' 이야기글을 읽고 이해하여 적절하게 이야기를 산출할 수 있다

맥락: 가정 / 주제: 생일 파티		
• 핵심형(언어↓, 읽기↓)		
에피소드	이야기 문법	이야기 내용
1	배경/계기사건	오늘은 내 생일.
	시도	나는 친구들한테 초대장을 주었어요.
2	결과/계기사건	그런데 그 초대장에 시간 적는 것을 깜빡했어요.
	시도	그래서 나는 다시 친구들한테 시간을 알려 주었어요.
	결과	나는 친구들과 함께 즐거운 생일 파티를 했어요.
• 확장형(언어↑, 읽기↑)		
에피소드	이야기 문법	이야기 내용
1	배경	며칠 후는 나의 생일입니다.
	계기사건	나는 친구들을 초대하고 싶었습니다.
	시도	그래서 직접 색종이로 초대장을 만들었습니다.
	결과	그리고 친구들에게 전달해 주었습니다.
2	배경	오늘 아침 일찍 정원이한테 전화가 왔습니다.
	계기사건	정원이는 초대장에 시간이 적혀 있지 않다고 말했습니다.
	시도	그래서 나는 초대장을 전달한 친구들에게 다시 시간을 알려 주었습니다.
	결과	친구들은 모두 알겠다고 이야기해 주었습니다.
3	배경	친구들은 선물을 준비해서 내게 주었습니다.
	계기사건	정원이의 선물을 풀어 보려는데 상자 안에서 노랫소리가 들렸습니다.
	시도	나는 조심스럽게 상자를 열어 보았습니다.
	결과	그때 피에로 인형이 튀어나왔습니다.
	내적 반응	우리는 크게 웃었습니다.

4	계기사건	가인이는 어머니께서 직접 구워 주신 쿠키를 챙겨 왔습니다.
	시도	우리는 쿠키가 너무 맛있어서 손을 바삐 움직이며 먹었습니다.
	결과	노래도 듣고 쿠키도 먹고 생일 케이크도 먹고 너무 즐거운 하루였습니다.
	내적 반응	오늘은 최고의 날이었습니다.

언어 수준

- 4낱말 조합 이상 문장 표현이 가능한 아동, 복문을 사용할 수는 있으나 주로 단문 위주로 표현하는 아동
- 읽기: 가끔 틀리게 읽는 글자가 있으나 낱말이나 간단한 문장 읽기가 가능한 아동

읽기 전 중재목표	글의 주제에 대한 배경지식을 나누고 내용을 예측하기

언어 목표

- 글의 주제를 파악할 수 있다.
- 주제어와 주제문장을 보고 내용을 적절하게 예측할 수 있다.

사용 카드

- 명사 6(때 · 날씨): 생일

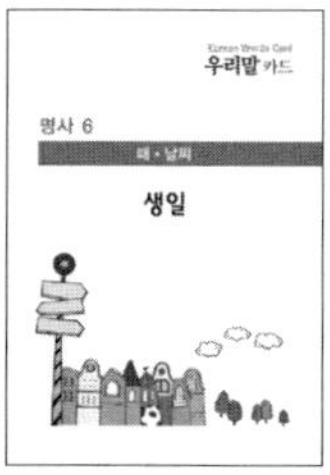

활동절차: 중재 전략 및 유의사항

아동의 언어와 읽기 수준에 따라 '핵심형'과 '확장형' 중 하나를 선택하여 활동을 실시한다.

(1) 글의 주제에 대해 배경지식 나누기 워크북 1-10-1-1 워크북 1-10-2-1

- 선생님은 아동에게 〈읽기 전- 배경지식 나누기〉를 위해 이야기 주제와 관련된 우리말카드를 제시한다.
- 우리말카드를 보면서 간단한 질문으로 글의 주제와 관련된 배경지식을 나눈다.

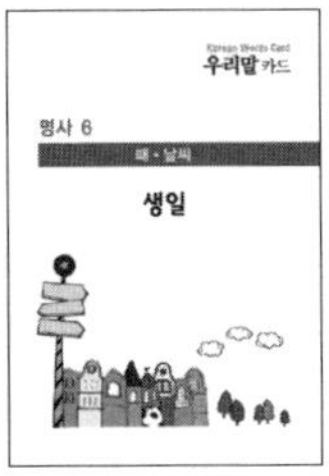

예) "친구들과 함께 생일 파티한 적 있니?"

(2) 내용 예측하기 워크북 1-10-1-1 워크북 1-10-2-1

- 선생님은 아동에게 〈읽기 전- 내용 예측하기〉의 이야기 주제 상황그림과 글자를 제시하여 상황배경을 소개한다.
- 이야기 주제와 관련된 내용을 보고 이야기 내용을 예측하도록 한다.

핵심형 키워드	생일, 초대장, 깜빡하다, 생일 파티
확장형 키워드	생일, 초대장, 깜빡하다, 생일 파티, 굽다

읽기 중 중재목표	소리 내서 유창하게 읽기

언어 목표

- 글을 적절한 의미단위로 끊어 읽을 수 있다.
- 글을 소리 내서 유창하게 읽을 수 있다.

활동절차: 중재 전략 및 유의사항

아동의 언어와 읽기 수준에 따라 '핵심형'과 '확장형' 중 하나를 선택하여 활동을 실시한다.

(1) 소리 내어 읽기 워크북 1-10-1-2 워크북 1-10-2-2

- 아동의 읽기 수행 수준에 따라 3가지 중 읽기 방법을 선택하여 읽도록 한다. 혹은 3가지 방법을 모두 실시할 수 있다.
- 아동의 읽기 수준에 따른 실시 방법은 다음과 같다.

① 선생님이 읽기

틀리게 읽는 글자가 많고 속도가 매우 느린 아동은 선생님이 읽는 부분을 손으로 짚어 가며 읽어 준다. 이때 선생님은 한 글자씩 손가락으로 짚어 주는 것이 아니라 띄어쓰기 단위로 반원을 그리듯이 짚어 주며 조금 느린 속도로 자연스럽게 읽어 준다.

② 선생님과 함께 읽기

틀리게 읽는 글자가 종종 있고 속도가 느린 아동은 ①과 같은 방법으로 손으로 짚어 주며 함께 읽는다. 함께 읽으면서 아동이 틀리게 읽은 경우 바르게 고쳐 읽기를 요구하지 않는다. 혹은 선생님과 교대로 읽기를 한다.

③ 아동이 혼자 읽기

틀리게 읽는 글자가 몇 개 있고 속도가 느리지 않은 아동은 혼자 읽도록 한다. 이때 아동이 너무 급하게 읽어서 생략을 하거나 틀리게 읽거나 수정을 시도하면 ①, ②와 같은 방법으로 도움을 준다.

• 아동이 스스로 읽도록 한다. 이때 선생님은 "글을 보고 정확하고 적절한 속도로 읽어 보세요."라고 말해 주고, 아동이 글을 읽는 동안 소요 시간과 오류를 기록한다. 다 읽은 후 오류를 보인 것을 확인 · 수정해 주고, 다시 정확하게 읽도록 기회를 준다.

시간	
오류 수	
오류 예	
총 음절 수	핵심형 80음절, 확장형 330음절

읽기 후 중재목표	이야기글을 읽고 읽은 내용을 이해하기

언어 목표

• 글의 주제와 관련된 어휘를 이해할 수 있다.
• 이야기를 읽고 이야기 순서를 이해하고 도식판을 완성할 수 있다.
• 이야기를 읽고 이야기 내용과 결속표지에 대한 질문에 답할 수 있다.
• 이야기를 읽고 이야기 내용을 적절하게 회상하여 산출할 수 있다.
• 글의 주제와 관련된 뒷이야기를 예측하고 결말을 각색할 수 있다.

활동절차: 중재 전략 및 유의사항

아동의 언어와 읽기 수준에 따라 '핵심형'과 '확장형' 중 하나를 선택하여 활동을 실시한다.

(1) 어휘 확인 워크북 1-10-1-3 워크북 1-10-2-3

- 아동과 워크북의 〈읽기 후- 이야기 관련 어휘〉를 함께 본다.
- 아동과 함께 목표 어휘가 예시글에서 어떻게 사용되었는지 확인하고, 맥락을 통해 어휘의 뜻을 예측하여 본다. 아동이 어려워할 경우, 예시글의 내용을 구어로 바꾸어 예측할 수 있도록 도와준다. 아동이 계속 어려워할 경우, 선생님이 어휘의 뜻을 알려 준다.
- 어휘의 뜻을 모두 확인한 후에는 글의 핵심어를 중심으로 경험과 연결하여 예문을 말하거나 쓰게 한다. 아동이 쓰기에 어려움이 있는 경우, 선생님이 아동이 말한 것을 워크북에 적어 준다.

(2) 세부내용을 시간적 순서대로 정리하기 워크북 1-10-1-4 워크북 1-10-2-4

- 워크북의 〈읽기 후- 이야기 순서 맞추기〉를 보고 시간적 순서에 따라 번호를 적고 이야기의 흐름을 파악한다.
- 아동이 스스로 하지 못하는 경우 〈읽기 중- 소리 내어 읽기〉를 확인하여 순서를 파악하거나 선생님이 도움을 준다.

핵심형	4	그래서 나는 다시 친구들한테 시간을 알려 주었어요.
	1	오늘은 내 생일.
	5	나는 친구들과 함께 즐거운 생일 파티를 했어요.
	2	나는 친구들한테 초대장을 주었어요.
	3	그런데 그 초대장에 시간 적는 것을 깜빡했어요.
확장형	3	친구들은 선물을 준비해서 내게 주었습니다. 정원이의 선물을 풀어 보려는데 상자 안에서 노랫소리가 들렸습니다. 나는 조심스럽게 상자를 열어 보았습니다. 그때 피에로 인형이 튀어나왔습니다. 우리는 크게 웃었습니다.
	4	가인이는 어머니께서 직접 구워 주신 쿠키를 챙겨 왔습니다. 우리는 쿠키가 너무 맛있어서 손을 바삐 움직이며 먹었습니다. 노래도 듣고 쿠키도 먹고 생일 케이크도 먹고 너무 즐거운 하루였습니다. 오늘은 최고의 날이었습니다.

2	오늘 아침 일찍 정원이한테 전화가 왔습니다. 정원이는 초대장에 시간이 적혀 있지 않다고 말했습니다. 그래서 나는 초대장을 전달한 친구들에게 다시 시간을 알려 주었습니다. 친구들은 모두 알겠다고 이야기해 주었습니다.
1	며칠 후는 나의 생일입니다. 나는 친구들을 초대하고 싶었습니다. 그래서 직접 색종이로 초대장을 만들었습니다. 그리고 친구들에게 전달해 주었습니다.

(3) 이야기 도식판 완성 워크북 1-10-1-4 워크북 1-10-2-4

- 〈읽기 후- 이야기 도식판〉을 보고 이야기와 관련된 내용[등장인물, 장소/시간, 주요 사건(계기 사건), 사건에 따른 해결책(시도), 해결책에 따른 결과(결과), 내적 반응]과 관련된 질문을 듣고 이야기글에서 답에 밑줄을 긋고 답을 적도록 한다.
- 아동이 쓰기에 어려움이 있는 경우, 선생님이 대신 써 준다.

핵심형

제목		생일 파티
등장인물		나, 친구들
장소		집
1	(1) 오늘은 무슨 날인가요? → 내 생일	
	(2) 친구들에게 무엇을 주었나요? → 초대장	
2	(3) 초대장에 무엇이 없었나요? → 시간	
	(4) 친구들에게 다시 무엇을 알려 주었나요? → 시간	
	(5) 친구들과 함께 무엇을 했나요? → 생일 파티를 했어요.	

확장형

제목	생일 파티
등장인물	나, 친구들, 엄마, 정원이와 가인이
장소	집
(1) 며칠 후에는 무슨 날이 있나요? → 나의 생일	
(2) 나는 친구들을 초대하고 싶어 무엇을 만들었나요? → 초대장	
(3) 정원이가 초대장에 무엇이 적혀 있지 않다고 했나요? → 시간	
(4) 정원이의 선물에서 무슨 소리가 났나요? → 노랫소리	
(5) 정원이의 선물은 무엇이었나요? → 피에로 인형	
(6) 가인이는 무엇을 가지고 왔나요? → 가인이 어머니께서 직접 구워 주신 쿠키	
(7) 오늘은 내게 어떤 날이었나요? → 최고의 날	

(4) 읽기 이해 워크북 1-10-1-5 워크북 1-10-2-5

- 아동에게 워크북 〈읽기 후- 이야기글 이해: 이야기 내용〉을 제시한다.
- 아동에게 이야기와 관련된 질문을 하여 대답하거나 쓰게 한다.
- 아동이 질문에 대한 대답에 어려움을 보이는 경우에는 이야기에서 관련된 부분을 다시 읽거나 들려준 뒤 다시 질문하고, 계속 어려워할 경우 답을 알려 준다.

	이야기 이해 질문	아동 반응
핵심형	1. 오늘은 무슨 날인가요?	내 생일이에요.
	2. 친구들에게 무엇을 주었나요?	초대장을 주었어요.
	3. 그런데 초대장에 무엇을 깜빡 잊었나요?	시간 적는 것을 깜빡 잊었어요.
	4. 시간 적는 것을 깜빡 잊어서 어떻게 했나요?	시간을 다시 알려 주었어요.
	5. 나는 친구들과 함께 무엇을 하였나요?	즐거운 생일 파티를 했어요.

	이야기 이해 질문	아동 반응
확장형	1.어떤 날인가요?	내 생일이에요.
	2. 친구들을 생일 파티에 초대하기 위해서 무엇을 주었나요?	친구들에게 초대장을 만들어서 주었어요.
	3. 정원이는 왜 아침 일찍 전화를 했나요?	시간이 적혀 있지 않다며 시간을 물어보았어요.
	4. 정원이의 선물을 왜 조심스럽게 열어 보았나요?	노랫소리가 들렸는데 어떤 선물일지 궁금해하며 조심스럽게 연 것 같아요.
	5. 우리는 쿠키를 먹으면서 왜 손을 바삐 움직였나요?	너무 맛있어서 빠르게 먹었어요.
	6. 오늘은 왜 최고의 날이었나요?	노래도 듣고 선물도 받고 쿠키도 먹고 친구들과 즐거운 시간을 보내서 최고의 날이었어요.

(5) 읽기 이해 워크북 1-10-1-6 워크북 1-10-2-6

- 아동에게 워크북의 〈읽기 후- 이야기글 이해: 결속표지〉를 제시한다.
- 글을 함께 읽고 에피소드나 문장을 이어 주는 접속사, 연결어미, 대명사, 보조사 등을 찾아 적는다. 아동이 혼자하는 데 어려움이 있는 경우, 함께 제시한 보기에서 적절한 답을 찾도록 한다.

핵심형	그런데, 그래서, 다시
확장형	-다고, 그래서, 그때, -서

(6) 이야기 회상하기 워크북 1-10-1-7 워크북 1-10-2-7

• 핵심형의 경우 〈읽기 후- 이야기 내용 쓰기〉에 제공된 주요 단어를 시간의 순서대로 나열하게 한다. 그리고 확장형의 경우 아동에게 주요 단어를 보고 이야기를 써 보도록 한다. 이때 〈이야기 주제 상황그림〉 〈이야기 말하기 그림 4컷〉을 함께 제공하여 이야기를 보다 풍부하게 회상할 수 있도록 한다.

• 아동의 이야기에서 정보가 부족할 경우 선생님은 〈읽기 후- 이야기 도식판〉을 제공하여 자연스럽게 정보를 추가해 주고 다음 내용을 표현할 수 있도록 한다.

핵심형	생일 → 초대장 → 깜빡하다 → 생일 파티
확장형	[생일, 초대장, 깜빡하다, 생일 파티, 굽다]를 넣어 이야기글 쓰기

(7) 뒷이야기 예측하기

• 아동에게 글의 뒷이야기를 예측하게 한다.

• 아동이 예측에 어려움을 보이는 경우에는 선생님이 모델링을 보여 준 후 아동에게 다시 기회를 준다.

예) "생일파티가 끝난 후 부모님은 어떤 선물을 준비했을까?"

(8) 결말 각색하기

• 아동에게 글의 결말을 각색하여 말하도록 한다.

• 아동이 각색에 어려움을 보이는 경우에는 선생님이 모델을 보여 준 후 아동에게 다시 기회를 준다.

예) "만약 친구가 준 선물이 마음에 들지 않는다면 어떻게 해야 할까?"

응용하기

- 이야기 주제에 맞추어 개인경험 이야기를 나눈다.
- 이야기 주제와 관련된 가정 및 학교에서의 활동 과제를 제공한다.

개인경험 이야기	– '생일 파티 경험'에 대해 길게 이야기해 봐요. 누구와 함께 있었던 일인가요? 언제 있었던 일인가요? 어디에서 있었던 일인가요? 가장 기억 남는 것은 어떤 일이 일어났나요? 어떻게 했나요?
가정 및 학교 활동 과제	–생일 파티의 순서를 이야기해 봐요. –선물 포장하는 방법에 대해 이야기해 봐요. –가족과 함께 생일 파티를 해 보아요. –친구들을 생일 파티에 초대해 보아요.

중재목표

'식물 키우기' 이야기글을 읽고 이해하여 적절하게 이야기를 산출할 수 있다

맥락: 가정 / 주제: 식물 키우기		
• 핵심형(언어↓, 읽기↓)		
에피소드	이야기 문법	이야기 내용
1	배경	나는 오래전부터 나무를 키웠어요.
	계기사건	그런데 어느 날 나무가 시들시들해졌어요.
	시도	나는 엄마에게 여쭈어 보았어요.
2	결과, 계기사건	엄마는 거름을 만들자고 했어요.
	시도	그리고 시든 나무에 거름을 부어 주었어요.
	결과	며칠 후, 나무가 다시 싱싱해졌어요.
	내적 반응	나는 엄마에게 감사했어요.

• 확장형(언어↑, 읽기↑)		
에피소드	이야기 문법	이야기 내용
1	배경	나는 오래전부터 푸른색의 로즈마리라는 식물을 키웠습니다.
	계기사건	그런데 어느 날부터 로즈마리가 시들기 시작했습니다.
	시도	그래서 나는 햇볕도 잘 쬐어 주고 물도 잘 주었습니다.
	결과	그런데 예뻤던 로즈마리는 더 시들어만 갔습니다.
2	배경	나는 식물 박사인 엄마에게 다급하게 물어보았습니다.
	계기사건	엄마는 로즈마리를 보시더니 거름을 주어야겠다고 하셨습니다.
	시도	엄마는 음식물 쓰레기와 비료를 함께 섞어 거름을 만들었습니다.
	결과	그리고 로즈마리 화분에 거름을 덮어 주었습니다.
3	계기사건	나는 왜 음식물 쓰레기를 거름으로 뿌리는지 궁금했습니다.
	시도	그래서 엄마에게 여쭈어 보았습니다.
	결과	엄마는 웃으시며 음식물 쓰레기가 식물 성장을 도와준다고 말씀하셨습니다.

4	계기사건	며칠 후, 나는 로즈마리가 어떻게 되었는지 궁금하였습니다.
	시도	그래서 로즈마리를 살펴보았습니다.
	결과	그 로즈마리는 푸른빛을 띤 건강한 모습을 하고 있었습니다.
	내적 반응	나는 기분이 좋았고, 엄마에게 감사하다고 했습니다.

언어 수준

- 4낱말 조합 이상 문장 표현이 가능한 아동, 복문을 사용할 수는 있으나 주로 단문 위주로 표현하는 아동
- 읽기: 가끔 틀리게 읽는 글자가 있으나 낱말이나 간단한 문장 읽기가 가능한 아동

읽기 전 중재목표	글의 주제에 대한 배경지식을 나누고 내용을 예측하기

언어 목표

- 글의 주제를 파악할 수 있다.
- 주제어와 주제문장을 보고 내용을 적절하게 예측할 수 있다.

사용 카드

- 서술어 1(반대말-어려운 어휘): 싱싱하다
- 서술어 1(반대말-어려운 어휘): 시들다

활동절차: 중재 전략 및 유의사항

아동의 언어와 읽기 수준에 따라 '핵심형'과 '확장형' 중 하나를 선택하여 활동을 실시한다.

(1) 글의 주제에 대해 배경지식 나누기 워크북 1-11-1-1 워크북 1-11-2-1

- 선생님은 아동에게 〈읽기 전- 배경지식 나누기〉를 위해 이야기 주제와 관련된 우리말카드를 제시한다.
- 우리말카드를 보면서 간단한 질문으로 글의 주제와 관련된 배경지식을 나눈다.

예) "식물을 키워 본 적 있니?"

"식물이 싱싱했니? 시들었니?"

(2) 내용 예측하기 워크북 1-11-1-1 워크북 1-11-2-1

- 선생님은 아동에게 〈읽기 전- 내용 예측하기〉의 이야기 주제 상황그림과 글자를 제시하여 상황배경을 소개한다.
- 이야기 주제와 관련된 내용을 보고 이야기 내용을 예측하도록 한다.

핵심형 키워드	나무, 키우다, 시들다, 싱싱하다
확장형 키워드	식물, 키우다, 시들다, 거름

읽기 중 중재목표	소리 내서 유창하게 읽기

언어 목표

- 글을 적절한 의미단위로 끊어 읽을 수 있다.
- 글을 소리 내서 유창하게 읽을 수 있다.

활동절차: 중재 전략 및 유의사항

아동의 언어와 읽기 수준에 따라 '핵심형'과 '확장형' 중 하나를 선택하여 활동을 실시한다.

(1) 소리 내어 읽기 워크북 1-11-1-2 워크북 1-11-2-2

- 아동의 읽기 수행 수준에 따라 3가지 중 읽기 방법을 선택하여 읽도록 한다. 혹은 3가지 방법을 모두 실시할 수 있다.
- 아동의 읽기 수준에 따른 실시 방법은 다음과 같다.

① 선생님이 읽기

틀리게 읽는 글자가 많고 속도가 매우 느린 아동은 선생님이 읽는 부분을 손으로 짚어 가며 읽어 준다. 이때 선생님은 한 글자씩 손가락으로 짚어 주는 것이 아니라 띄어쓰기 단위로 반원

을 그리듯이 짚어 주며 조금 느린 속도로 자연스럽게 읽어 준다.

② 선생님과 함께 읽기

틀리게 읽는 글자가 종종 있고 속도가 느린 아동은 ①과 같은 방법으로 손으로 짚어 주며 함께 읽는다. 함께 읽으면서 아동이 틀리게 읽은 경우 바르게 고쳐 읽기를 요구하지 않는다. 혹은 선생님과 교대로 읽기를 한다.

③ 아동이 혼자 읽기

틀리게 읽는 글자가 몇 개 있고 속도가 느리지 않은 아동은 혼자 읽도록 한다. 이때 아동이 너무 급하게 읽어서 생략을 하거나 틀리게 읽거나 수정을 시도하면 ①, ②와 같은 방법으로 도와준다.

- 아동이 스스로 읽도록 한다. 이때 선생님은 "글을 보고 정확하고 적절한 속도로 읽어 보세요."라고 말해 주고, 아동이 글을 읽는 동안 소요 시간과 오류를 기록한다. 다 읽은 후 오류를 보인 것을 확인 · 수정해 주고, 다시 정확하게 읽도록 기회를 준다.

시간	
오류 수	
오류 예	
총 음절 수	핵심형 97음절, 확장형 337음절

언어 목표

- 글의 주제와 관련된 어휘를 이해할 수 있다.
- 이야기를 읽고 이야기 순서를 이해하고 도식판을 완성할 수 있다.
- 이야기를 읽고 이야기 내용과 결속표지에 대한 질문에 답할 수 있다.
- 이야기를 읽고 이야기 내용을 적절하게 회상하여 산출할 수 있다.
- 글의 주제와 관련된 뒷이야기를 예측하고 결말을 각색할 수 있다.

활동절차: 중재 전략 및 유의사항

아동의 언어와 읽기 수준에 따라 '핵심형'과 '확장형' 중 하나를 선택하여 활동을 실시한다.

(1) 어휘 확인 워크북 1-11-1-3 워크북 1-11-2-3

- 아동과 워크북의 〈읽기 후- 이야기 관련 어휘〉를 함께 본다.
- 아동과 함께 목표 어휘가 예시글에서 어떻게 사용되었는지 확인하고, 맥락을 통해 어휘의 뜻을 예측하여 본다. 아동이 어려워할 경우, 예시글의 내용을 구어로 바꾸어 예측할 수 있도록 도와준다. 아동이 계속 어려워할 경우, 선생님이 어휘의 뜻을 알려 준다.
- 어휘의 뜻을 모두 확인한 후에는 글의 핵심어를 중심으로 경험과 연결하여 예문을 말하거나 쓰게 한다. 아동이 쓰기에 어려움이 있는 경우, 선생님이 아동이 말한 것을 워크북에 적어 준다.

(2) 세부내용을 시간적 순서대로 정리하기 워크북 1-11-1-4 워크북 1-11-2-4

- 워크북의 〈읽기 후- 이야기 순서 맞추기〉를 보고 시간적 순서에 따라 번호를 적고 이야기의 흐름을 파악한다.
- 아동이 스스로 하지 못하는 경우 〈읽기 중- 소리 내어 읽기〉를 확인하여 순서를 파악하거

나 선생님이 도움을 준다.

핵심형	2	그런데 어느 날 나무가 시들시들해졌어요.
	3	나는 엄마에게 여쭈어 보았어요.
	6	며칠 후, 나무가 다시 싱싱해졌어요.
	5	그리고 시든 나무에 거름을 부어 주었어요.
	1	나는 오래전부터 나무를 키웠어요.
	4	엄마는 거름을 만들자고 했어요.
	7	나는 엄마에게 감사했어요.
확장형	4	며칠 후, 나는 로즈마리가 어떻게 되었는지 궁금하였습니다. 그래서 로즈마리를 살펴보았습니다. 그 로즈마리는 푸른빛을 띤 건강한 모습을 하고 있었습니다. 나는 기분이 좋았고, 엄마에게 감사하다고 했습니다.
	2	나는 식물 박사인 엄마에게 다급하게 물어보았습니다. 엄마는 로즈마리를 보시더니 거름을 주어야겠다고 하셨습니다. 엄마는 음식물 쓰레기와 비료를 함께 섞어 거름을 만들었습니다. 그리고 로즈마리 화분에 거름을 덮어 주었습니다.
	1	나는 오래전부터 푸른색의 로즈마리라는 식물을 키웠습니다. 그런데 어느 날부터 로즈마리가 시들기 시작했습니다. 그래서 나는 햇볕도 잘 쬐어 주고 물도 잘 주었습니다. 그런데 예뻤던 로즈마리는 더 시들어만 갔습니다.
	3	나는 왜 음식물 쓰레기를 거름으로 뿌리는지 궁금했습니다. 그래서 엄마에게 여쭈어 보았습니다. 엄마는 웃으시며 음식물 쓰레기가 식물 성장을 도와준다고 말씀하셨습니다.

(3) 이야기 도식판 완성 워크북 1-11-1-4 워크북 1-11-2-4

- 〈읽기 후- 이야기 도식판〉을 보고 이야기와 관련된 내용[등장인물, 장소/시간, 주요 사건(계기사건), 사건에 따른 해결책(시도), 해결책에 따른 결과(결과), 내적 반응]과 관련된 질문을 듣고 이야기글에서 답에 밑줄을 긋고 답을 적도록 한다.
- 아동이 쓰기에 어려움이 있는 경우, 선생님이 대신 써 준다.

<table>
<tr><td rowspan="8">핵
심
형</td><td colspan="2">제목</td><td>식물 키우기</td></tr>
<tr><td colspan="2">등장인물</td><td>나, 엄마</td></tr>
<tr><td colspan="2">장소</td><td>집</td></tr>
<tr><td colspan="2" rowspan="3">1</td><td>(1) 나는 무엇을 키웠나요? → 나무</td></tr>
<tr><td>(2) 어느 날 나무가 어땠나요? → 시들시들해졌어요.</td></tr>
<tr><td>(3) 엄마는 무엇을 만들자고 했나요? → 거름</td></tr>
<tr><td colspan="2" rowspan="2">2</td><td>(4) 시든 나무에 거름을 부어 주자 나무는 다시 어떻게 되었나요? → 싱싱해졌어요.</td></tr>
<tr><td>(5) 엄마에게 어떤 마음이 들었나요? → 감사했어요.</td></tr>
<tr><td rowspan="10">확
장
형</td><td colspan="2">제목</td><td>식물 키우기</td></tr>
<tr><td colspan="2">등장인물</td><td>나, 엄마</td></tr>
<tr><td colspan="2">장소</td><td>집</td></tr>
<tr><td colspan="3">(1) 나는 오래전부터 무엇을 키웠나요? → 로즈마리</td></tr>
<tr><td colspan="3">(2) 로즈마리가 시들어 나는 무엇을 했나요? → 햇볕도 잘 쬐어 주고 물도 주었습니다.</td></tr>
<tr><td colspan="3">(3) 더 시들어 가는 로즈마리를 보고 엄마는 무엇을 주어야겠다고 했나요? → 거름</td></tr>
<tr><td colspan="3">(4) 엄마는 비료랑 무엇을 섞어 거름을 만들었나요? → 음식물 쓰레기</td></tr>
<tr><td colspan="3">(5) 엄마에게 음식물 쓰레기를 비료로 뿌리는지 궁금해서 물어보자 엄마는 뭐라고 했나요? → 식물 성장을 도와준다고 말씀하셨습니다.</td></tr>
<tr><td colspan="3">(6) 로즈마리는 어떤 모습이 되었나요? → 푸른빛을 띤 건강한 모습</td></tr>
<tr><td colspan="3">(7) 나는 엄마에게 뭐라고 했나요? → 감사하다고 했습니다.</td></tr>
</table>

(4) 읽기 이해 워크북 1-11-1-5 워크북 1-11-2-5

- 아동에게 워크북 〈읽기 후– 이야기글 이해: 이야기 내용〉을 제시한다.
- 아동에게 이야기와 관련된 질문을 하여 대답하거나 쓰게 한다.
- 아동이 질문에 대한 대답에 어려움을 보이는 경우에는 이야기에서 관련된 부분을 다시 읽거나 들려준 뒤 다시 질문하고, 계속 어려워할 경우 답을 알려 준다.

핵심형	이야기 이해 질문	아동 반응
	1. 나는 무엇을 키우나요?	나무를 키워요.
	2. 나무가 시들어서 어떻게 했나요?	엄마에게 어떻게 해야 하는지 여쭈어 보았어요.
	3. 엄마는 무엇을 만들자고 하나요?	거름을 만들자고 했어요.
	4. 거름을 넣었더니 어떻게 되었나요?	나무가 다시 싱싱해졌어요.
확장형	이야기 이해 질문	아동 반응
	1. 내가 키우는 식물의 이름은 무엇인가요?	로즈마리라는 식물을 키워요.
	2. 로즈마리가 어떻게 되었나요?	시들었어요.
	3. 엄마는 식물에게 무엇을 주어야 한다고 했나요?	거름을 주어야 한다고 했어요.
	4. 엄마는 거름을 만들기 위해 무엇과 무엇을 섞었나요?	음식물 쓰레기와 비료를 섞었어요.
	5. 음식물 쓰레기는 식물의 무엇을 도와준다고 했나요?	식물 성장에 도움을 준다고 하였어요.
	6. 거름을 만들고 나서 어떻게 했나요?	화분에 거름을 주었어요.
	7. 결국 로즈마리는 어떻게 되었나요?	건강하게 되었어요.

(5) 읽기 이해 워크북 1-11-1-6 워크북 1-11-2-6

- 아동에게 워크북의 〈읽기 후- 이야기글 이해: 결속표지〉를 제시한다.
- 글을 함께 읽고 에피소드나 문장을 이어 주는 접속사, 연결어미, 대명사, 보조사 등을 찾아 적는다. 아동이 혼자하는 데 어려움이 있는 경우, 함께 제시한 보기에서 적절한 답을 찾도록 한다.

핵심형	그런데, -자고, 다시
확장형	그런데, 그래서, -만, 그

(6) 이야기 회상하기 워크북 1-11-1-7 워크북 1-11-2-7

- 핵심형의 경우 〈읽기 후- 이야기 내용 쓰기〉에 제공된 주요 단어를 시간의 순서대로 나열하게 한다. 그리고 확장형의 경우 아동에게 주요 단어를 보고 이야기를 써 보도록 한다. 이

때 〈이야기 주제 상황그림〉 〈이야기 만들기 그림 4컷〉을 함께 제공하여 이야기를 보다 풍부하게 회상할 수 있도록 한다.

- 아동의 이야기에서 정보가 부족할 경우 선생님은 〈읽기 후– 이야기 도식판〉을 제공하여 자연스럽게 정보를 추가해 주고 다음 내용을 표현할 수 있도록 한다.

핵심형	나무 → 키우다 → 시들다 → 싱싱하다
확장형	[식물, 키우다, 시들다, 거름]을 넣어 이야기글 쓰기

(7) 뒷이야기 예측하기

- 아동에게 글의 뒷이야기를 예측하게 한다.
- 아동이 예측에 어려움을 보이는 경우에는 선생님이 모델링을 보여 준 후 아동에게 다시 기회를 준다.

예) "나무가 싱싱하게 자란 후 어떤 일이 일어날까?"

(8) 결말 각색하기

- 아동에게 글의 결말을 각색하여 말하도록 한다.
- 아동이 각색에 어려움을 보이는 경우에는 선생님이 모델링을 보여 준 후 아동에게 다시 기회를 준다.

예) "만약 나무가 다시 시들었다면 어땠을까?"

응용하기

- 이야기 주제에 맞추어 개인경험 이야기를 나눈다.
- 이야기 주제와 관련된 가정 및 학교에서의 활동 과제를 제공한다.

개인경험 이야기	–'식물을 키운 경험'에 대해 길게 이야기해 봐요. 누구와 함께 있었던 일인가요? 언제 있었던 일인가요? 어디에서 있었던 일인가요? 가장 기억 남는 것은 어떤 일이 일어났나요? 어떻게 했나요?
가정 및 학교 활동 과제	–씨앗을 심는 방법에 대해 길게 이야기해 봐요. –집에서 씨앗을 심어 보아요.

'여름휴가' 이야기글을 읽고 이해하여 적절하게 이야기를 산출할 수 있다

맥락: 가정 / 주제: 여름휴가		
• 핵심형(언어↓, 읽기↓)		
에피소드	이야기 문법	이야기 내용
1	배경/계기사건	우리 가족은 제주도에 가기로 했어요.
	시도	그래서 우리는 비행기를 타려고 공항에 갔어요.
	결과	그런데 비가 와서 비행기가 안 떴어요.
2	계기사건	우리는 제주도에 갔지만, 비가 계속 와서 방에만 있었어요.
	시도	그러자 아빠는 윷놀이를 하자고 했어요.
	결과 1	너무 즐거웠어요.
	결과 2	다음 날 아침, 날씨가 쨍쨍해서 제주도를 구경했어요.
• 확장형(언어↑, 읽기↑)		
에피소드	이야기 문법	이야기 내용
1	배경 1	오늘은 여름휴가로 제주도에 가기로 한 날입니다.
	배경 2	우리는 비행기를 타려고 공항에 갔습니다.
	계기사건	그런데 태풍으로 인해 비행기가 이륙하지 못했습니다.
	시도	아쉬웠지만 우리는 다음 날 떠나기로 했습니다.
	결과	다음 날 아침 일찍 제주도에 갔습니다.
2	배경	제주도에 도착해서 우리는 제일 먼저 숙소로 향했습니다.
	계기사건	그런데 날씨가 흐려지기 시작했고 비가 억수같이 쏟아졌습니다.
	시도	우리는 우비를 입고 나가려고 했습니다.
	결과	하지만 비가 너무 많이 내려서 우리 가족은 숙소에 들어와야만 했습니다.
3	배경	숙소에 들어온 가족은 계속해서 창문 밖을 보았습니다.
	계기사건	아빠는 실망한 가족에게 윷놀이를 하자고 제안하셨습니다.
	시도	아빠는 얼른 편의점에 가셔서 윷을 사 오셨습니다.
	결과	우리는 시간 가는 줄 모르고 재미있게 숙소에서 지냈습니다.

4	계기사건	다음 날 아침, 아빠는 날씨가 좋아 관광할 수 있다고 하셨습니다.
	시도	우리 가족은 숙소에서 일찍 나왔습니다.
	결과	날씨가 좋아서 제주도 관광을 즐겁게 했습니다.
	내적 반응	윷놀이도 하고 제주도 관광도 하고 이번 여름휴가는 최고였습니다.

언어 수준

- 4낱말 조합 이상 문장 표현이 가능한 아동, 복문을 사용할 수는 있으나 주로 단문 위주로 표현하는 아동
- 읽기: 가끔 틀리게 읽는 글자가 있으나 낱말이나 간단한 문장 읽기가 가능한 아동

읽기 전 중재목표	글의 주제에 대한 배경지식을 나누고 내용을 예측하기

언어 목표

- 글의 주제를 파악할 수 있다.
- 주제어와 주제문장을 보고 내용을 적절하게 예측할 수 있다.

사용 카드

- 명사 6(공공장소): 공항
- 명사 1(교통수단 외): 비행기

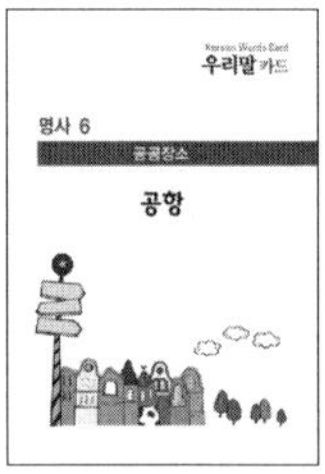

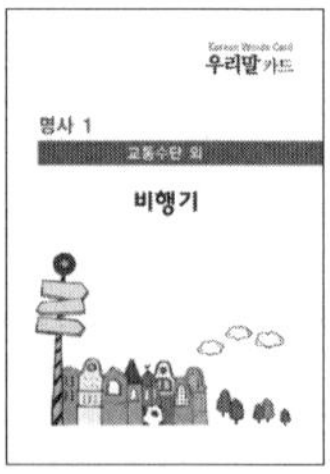

활동절차: 중재 전략 및 유의사항

아동의 언어와 읽기 수준에 따라 '핵심형'과 '확장형' 중 하나를 선택하여 활동을 실시한다.

(1) 글의 주제에 대해 배경지식 나누기 워크북 1-12-1-1 워크북 1-12-2-1

- 선생님은 아동에게 〈읽기 전- 배경지식 나누기〉를 위해 이야기 주제와 관련된 우리말카드를 제시한다.
- 우리말카드를 보면서 간단한 질문으로 글의 주제와 관련된 배경지식을 나눈다.

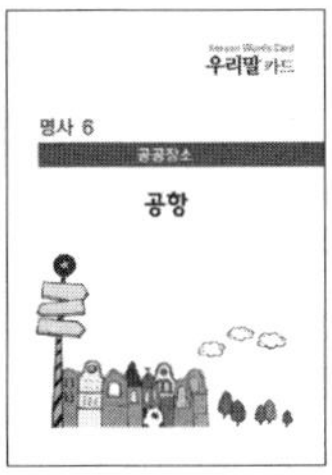

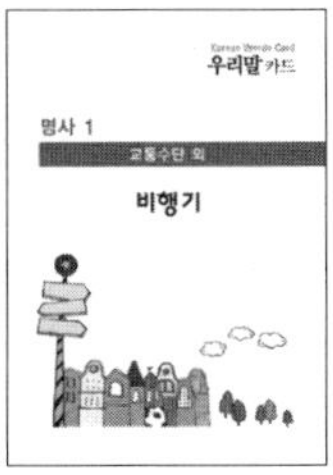

예) "공항에 간 적 있니?"

"비행기를 타고 여행한 적 있니?"

(2) 내용 예측하기 워크북 1-12-1-1 워크북 1-12-2-1

- 선생님은 아동에게 〈읽기 전- 내용 예측하기〉의 이야기 주제 상황그림과 글자를 제시하여 상황배경을 소개한다.
- 이야기 주제와 관련된 내용을 보고 이야기 내용을 예측하도록 한다.

핵심형 키워드	비행기, 공항, 비, 구경하다
확장형 키워드	여름휴가, 공항, 이륙하다, 비, 윷놀이, 관광하다

읽기 중 중재목표	소리 내서 유창하게 읽기

언어 목표

- 글을 적절한 의미단위로 끊어 읽을 수 있다.
- 글을 소리 내서 유창하게 읽을 수 있다.

활동절차: 중재 전략 및 유의사항

아동의 언어와 읽기 수준에 따라 '핵심형'과 '확장형' 중 하나를 선택하여 활동을 실시한다.

(1) 소리 내어 읽기 워크북 1-12-1-2 워크북 1-12-2-2

- 아동의 읽기 수행 수준에 따라 3가지 중 읽기 방법을 선택하여 읽도록 한다. 혹은 3가지 방법을 모두 실시할 수 있다.
- 아동의 읽기 수준에 따른 실시 방법은 다음과 같다.

① 선생님이 읽기

틀리게 읽는 글자가 많고 속도가 매우 느린 아동은 선생님이 읽는 부분을 손으로 짚어 가며 읽어 준다. 이때 선생님은 한 글자씩 손가락으로 짚어 주는 것이 아니라 띄어쓰기 단위로 반원

을 그리듯이 짚어 주며 조금 느린 속도로 자연스럽게 읽어 준다.

② 선생님과 함께 읽기

틀리게 읽는 글자가 종종 있고 속도가 느린 아동은 ①과 같은 방법으로 손으로 짚어 주며 함께 읽는다. 함께 읽으면서 아동이 틀리게 읽은 경우 바르게 고쳐 읽기를 요구하지 않는다. 혹은 선생님과 교대로 읽기를 한다.

③ 아동이 혼자 읽기

틀리게 읽는 글자가 몇 개 있고 속도가 느리지 않은 아동은 혼자 읽도록 한다. 이때 아동이 너무 급하게 읽어서 생략을 하거나 틀리게 읽거나 수정을 시도하면 ①, ②와 같은 방법으로 도움을 준다.

- 아동이 스스로 읽도록 한다. 이때 선생님은 "글을 보고 정확하고 적절한 속도로 읽어 보세요."라고 말해 주고, 아동이 글을 읽는 동안 소요 시간과 오류를 기록한다. 다 읽은 후 오류를 보인 것을 확인 · 수정해 주고, 다시 정확하게 읽도록 기회를 준다.

시간	
오류 수	
오류 예	
총 음절 수	핵심형 114음절, 확장형 364음절

읽기 후 중재목표	이야기글을 읽고 읽은 내용을 이해하기

언어 목표

- 글의 주제와 관련된 어휘를 이해할 수 있다.
- 이야기를 읽고 이야기 순서를 이해하고 도식판을 완성할 수 있다.
- 이야기를 읽고 이야기 내용과 결속표지에 대한 질문에 답할 수 있다.
- 이야기를 읽고 이야기 내용을 적절하게 회상하여 산출할 수 있다.
- 글의 주제와 관련된 뒷이야기를 예측하고 결말을 각색할 수 있다.

활동절차: 중재 전략 및 유의사항

아동의 언어와 읽기 수준에 따라 '핵심형'과 '확장형' 중 하나를 선택하여 활동을 실시한다.

(1) 어휘 확인 워크북 1-12-1-3 워크북 1-12-2-3

- 아동과 워크북의 〈읽기 후- 이야기 관련 어휘〉를 함께 본다.
- 아동과 함께 목표 어휘가 예시글에서 어떻게 사용되었는지 확인하고, 맥락을 통해 어휘의 뜻을 예측하여 본다. 아동이 어려워할 경우, 예시글의 내용을 구어로 바꾸어 예측할 수 있도록 도와준다. 아동이 계속 어려워할 경우, 선생님이 어휘의 뜻을 알려 준다.
- 어휘의 뜻을 모두 확인한 후에는 글의 핵심어를 중심으로 경험과 연결하여 예문을 말하거나 쓰게 한다. 아동이 쓰기에 어려움이 있는 경우, 선생님이 아동이 말한 것을 워크북에 적어 준다.

(2) 세부내용을 시간적 순서대로 정리하기 워크북 1-12-1-4 워크북 1-12-2-4

- 워크북의 〈읽기 후- 이야기 순서 맞추기〉를 보고 시간적 순서에 따라 번호를 적고 이야기의 흐름을 파악한다.
- 아동이 스스로 하지 못하는 경우 〈읽기 중- 소리 내어 읽기〉를 확인하여 순서를 파악하거

나 선생님이 도움을 준다.

핵심형	1	우리 가족은 제주도에 가기로 했어요.
	4	우리는 제주도에 갔지만, 비가 계속 와서 방에만 있었어요.
	6	너무 즐거웠어요.
	2	그래서 우리는 비행기를 타려고 공항에 갔어요.
	3	그런데 비가 와서 비행기가 안 떴어요.
	5	그러자 아빠는 윷놀이를 하자고 했어요.
	7	다음 날 아침, 날씨가 쨍쨍해서 제주도 구경을 했어요.
확장형	3	숙소에 들어온 가족은 계속해서 창문 밖을 보았습니다. 아빠는 실망한 가족에게 윷놀이를 하자고 제안하셨습니다. 아빠는 얼른 편의점에 가셔서 윷을 사 오셨습니다. 우리는 시간 가는 줄 모르고 재미있게 숙소에서 지냈습니다.
	2	제주도에 도착해서 우리는 제일 먼저 숙소로 향했습니다. 그런데 날씨가 흐려지기 시작했고 비가 억수같이 쏟아졌습니다. 우리는 우비를 입고 나가려고 했습니다. 하지만 비가 너무 많이 내려서 우리 가족은 숙소에 들어와야만 했습니다.
	1	오늘은 여름휴가로 제주도에 가기로 한 날입니다. 우리는 비행기를 타려고 공항에 갔습니다. 그런데 태풍으로 인해 비행기가 이륙하지 못했습니다. 아쉬웠지만 우리는 다음 날 떠나기로 했습니다. 다음 날 아침 일찍 제주도에 갔습니다.
	4	다음 날 아침, 아빠는 날씨가 좋아 관광할 수 있다고 하셨습니다. 우리 가족은 숙소에서 일찍 나왔습니다. 날씨가 좋아서 제주도 관광을 즐겁게 했습니다. 윷놀이도 하고 제주도 관광도 하고 이번 여름휴가는 최고였습니다.

(3) 이야기 도식판 완성 워크북 1-12-1-4 워크북 1-12-2-4

- 〈읽기 후- 이야기 도식판〉을 보고 이야기와 관련된 내용[등장인물, 장소/시간, 주요 사건(계기 사건), 사건에 따른 해결책(시도), 해결책에 따른 결과(결과), 내적 반응]과 관련된 질문을 듣고 이야기글에서 답에 밑줄을 긋고 답을 적도록 한다.
- 이때 아동이 쓰기에 어려움이 있는 경우, 선생님이 대신 써 준다.

<table>
<tr><td rowspan="9">핵심형</td><td colspan="2">제목</td><td>여름휴가</td></tr>
<tr><td colspan="2">등장인물</td><td>나, 아빠, 가족</td></tr>
<tr><td colspan="2">장소</td><td>공항, 제주도, 방</td></tr>
<tr><td rowspan="3">1</td><td colspan="2">(1) 우리 가족은 어디에 가기로 했나요? → 제주도</td></tr>
<tr><td colspan="2">(2) 비행기를 타려고 어디에 갔나요? → 공항</td></tr>
<tr><td colspan="2">(3) 무엇이 와서 비행기가 안 떴나요? → 비</td></tr>
<tr><td rowspan="3">2</td><td colspan="2">(4) 비가 계속 와서 우리는 어디에만 있었나요? → 방</td></tr>
<tr><td colspan="2">(5) 아빠는 무엇을 하자고 했나요? → 윷놀이</td></tr>
<tr><td colspan="2">(6) 다음 날 무엇을 했나요? → 제주도 구경</td></tr>
<tr><td rowspan="11">확장형</td><td colspan="2">제목</td><td>여름휴가</td></tr>
<tr><td colspan="2">등장인물</td><td>나, 아빠, 가족</td></tr>
<tr><td colspan="2">장소</td><td>제주도, 공항, 숙소</td></tr>
<tr><td colspan="3">(1) 여름휴가로 어디에 가기로 했나요? → 제주도</td></tr>
<tr><td colspan="3">(2) 무엇 때문에 비행기가 이륙하지 못했나요? → 태풍</td></tr>
<tr><td colspan="3">(3) 우리는 언제 제주도에 가기로 했나요? → 다음 날 아침</td></tr>
<tr><td colspan="3">(4) 제주도의 날씨는 어땠나요? → 흐리고 비가 억수같이 쏟아졌어요.</td></tr>
<tr><td colspan="3">(5) 결국 우리 가족은 어디에 있었나요? → 숙소</td></tr>
<tr><td colspan="3">(6) 아빠는 무엇을 하자고 제안하였나요? → 윷놀이</td></tr>
<tr><td colspan="3">(7) 다음 날 아침, 우리는 날씨가 좋아 무엇을 했나요? → 관광</td></tr>
<tr><td colspan="3">(8) 이번 여름휴가는 어땠나요? → 최고였습니다.</td></tr>
</table>

(4) 읽기 이해 워크북 1-12-1-5 워크북 1-12-2-5

- 아동에게 워크북 〈읽기 후- 이야기글 이해: 이야기 내용〉을 제시한다.
- 아동에게 이야기와 관련된 질문을 하여 대답하거나 쓰게 한다.
- 아동이 질문에 대한 대답에 어려움을 보이는 경우에는 이야기에서 관련된 부분을 다시 읽거나 들려준 뒤 다시 질문하고, 계속 어려워할 경우 답을 알려 준다.

	이야기 이해 질문	아동 반응
핵심형	1. 우리 가족은 어디에 가기로 했나요?	제주도에 가기로 했어요.
	2. 우리는 비행기를 타려고 어디에 갔나요?	공항에 갔어요.
	3. 비행기가 왜 안 떴나요?	비가 와서 비행기가 안 떴어요.
	4. 제주도에 도착해서 비가 계속 왔을 때 어떻게 하였나요?	방에서 윷놀이를 했어요.
	5. 다음 날 아침 날씨가 좋아서 무엇을 하였나요?	날씨가 좋아서 제주도 구경을 했어요.

	이야기 이해 질문	아동 반응
확장형	1. 우리 가족은 여름휴가에 어디로 가기로 했나요?	제주도에 가기로 했어요.
	2. 비행기를 타려고 어디에 갔나요?	공항으로 갔어요.
	3. 왜 비행기가 이륙하지 못했나요?	태풍으로 인해 비가 많이 와서 비행기가 이륙하지 못했어요.
	4. 제주도에 도착해서 아빠는 실망한 가족에게 어떤 놀이를 제안하셨나요?	윷놀이를 하자고 했어요.
	5. 다음 날 날씨가 어땠나요?	날씨가 맑아서 관광할 수 있었어요.
	6. 이번 여름휴가는 어땠나요?	윷놀이도 하고 제주도 관광도 하고 즐거웠어요.

(5) 읽기 이해 워크북 1-12-1-6 워크북 1-12-2-6

- 아동에게 워크북 〈읽기 후- 이야기글 이해: 결속표지〉를 제시한다.
- 글을 함께 읽고 에피소드나 문장을 이어 주는 접속사, 연결어미, 대명사, 보조사 등을 찾아 적는다. 아동이 혼자하는 데 어려움이 있는 경우, 함께 제시한 보기에서 적절한 답을 찾도록 한다.

핵심형	그런데, -서
확장형	그런데, -지만, -서, 계속해서

(6) 이야기 회상하기 워크북 1-12-1-7 워크북 1-12-2-7

- 핵심형의 경우 〈읽기 후- 이야기 내용 쓰기〉에 제공된 주요 단어를 시간의 순서대로 나열하게 한다. 그리고 확장형의 경우 아동에게 주요 단어를 보고 이야기를 써 보도록 한다. 이때 〈이야기 주제 상황그림〉 〈이야기 말하기 그림 4컷〉을 함께 제공하여 이야기를 보다 풍부하게 회상할 수 있도록 한다.
- 아동의 이야기에서 정보가 부족할 경우 선생님은 〈읽기 후- 이야기 도식판〉을 제공하여 자연스럽게 정보를 추가해 주고 다음 내용을 표현할 수 있도록 한다.

핵심형	비행기 → 공항 → 비 → 구경하다
확장형	[여름휴가, 공항, 이륙하다, 비, 윷놀이, 관광하다]를 넣어 이야기글 쓰기

(7) 뒷이야기 예측하기

- 아동에게 글의 뒷이야기를 예측하게 한다.
- 아동이 예측에 어려움을 보이는 경우에는 선생님이 모델링을 보여 준 후 아동에게 다시 기회를 준다.

  예) "날씨가 좋아서 제주도 구경을 한 후 어떤 일이 일어날까요?"

(8) 결말 각색하기

- 아동에게 글의 결말을 각색하여 말하도록 한다.
- 아동이 각색에 어려움을 보이는 경우에는 선생님이 모델링을 보여 준 후 아동에게 다시 기회를 준다.

  예) "만약 윷놀이 말고 다른 놀이를 했다면 어땠을까요?"

응용하기

- 이야기 주제에 맞추어 개인경험 이야기를 나눈다.
- 이야기 주제와 관련된 가정 및 학교에서의 활동 과제를 제공한다.

개인경험 이야기	–'비행기 탄 경험'에 대해 길게 이야기해 봐요. 누구와 함께 있었던 일인가요? 언제 있었던 일인가요? 어디에서 있었던 일인가요? 가장 기억 남는 것은 어떤 일이 일어났나요? 어떻게 했나요?
가정 및 학교 활동 과제	–비행기 타는 방법을 순서대로 이야기해 봐요. –가족과 함께 여행 계획을 짜 보아요.

한국어 해독해 ③ 이야기와 설명 담화 독해

설명 담화 편

제2장

설명/설득 글 이해

중재목표

01

'여러 나라의 전통의상' 설명글을 읽고 이해하여 예시 · 나열의 구조로 설명할 수 있다

설명 구조: 예시 · 나열 / 주제: 여러 나라의 전통의상

• 핵심형(언어↓, 읽기↓)

나라마다 옛날부터 전해져 오는 옷이 다르다. 그 나라의 날씨와 문화의 영향을 받기 때문이다.

우리나라를 대표하는 옷은 한복이다. 한복은 저고리와 치마, 바지 등으로 되어 있다. 사계절에 맞게 여러 가지 옷감으로 만든다.

일본 사람은 기모노를 입는다. 기모노는 길이가 길고 소매가 넓다. 이 옷은 온도가 높고 습기가 많은 날씨에 맞는 옷이다.

중국 사람은 치파오를 입는다. 치파오는 위아래가 하나로 되어 있다. 또 소매가 좁고 움직이기 편하다.

베트남 사람은 아오자이를 입는다. 아오자이는 긴 윗옷과 바지가 있다. 이것은 중국의 영향을 받아 만들어졌다. 하지만 베트남의 날씨에 맞게 얇고 바람이 잘 통하도록 만들었다.

이상으로 여러 나라의 옷에 대해 알아보았다. 이 옷들은 각 나라의 특성에 맞게 만들어지고 전해져 왔다.

• 확장형(언어↑, 읽기↑)

세계 여러 나라에는 각 나라마다 전해 오는 고유의 전통의상이 있다. 이것은 그 나라의 기후나 문화의 영향을 받아 발달해 왔다. 그러면 세계 여러 나라의 전통의상에는 어떤 것들이 있는지 알아보자.

우선, 우리나라의 전통의상은 한복인데, 아름답고 화려한 것이 특징이다. 여자는 소매가 넓고 길이가 짧은 저고리와 길고 풍성한 치마를 주로 입는다. 남자의 경우 소매가 넓고 허리까지 내려오는 저고리와 통이 넓은 바지를 입는다. 또한 사계절이 뚜렷한 기후에 맞게 만들어졌다. 즉, 여름에는 바람이 잘 통하는 삼베나 모시로, 겨울에는 비단으로 만들거나 솜을 넣어 누벼서 한복을 만든다.

다음으로, 일본은 남녀 모두 기모노라는 전통의상을 입는다. 기모노는 발목까지 내려오는 길이에 소매가 넓고 목 부분이 'V'자로 되어 있다. 끈이나 단추가 따로 없고 왼쪽 옷자락으로 오른쪽 옷자락을 덮어서 띠를 둘러 묶어 준다. 기모노는 온도가 높고 습기가 많은 여름과 추운 겨울을 지내기 알맞게 만들어졌다.

중국의 대표적인 전통의상은 치파오이다. 이 옷은 소매가 좁고, 위아래가 하나로 연결된 긴 치마 형태로 옆이 트여 있다. 그래서 말 타기나 활 쏘기 등과 같은 운동을 하기에 편리하다. 요즘은 원피스 형태로 된 여성의 옷을 나타내는 뜻으로 사용되고 있다.

마지막으로, 베트남 여성이 즐겨 입는 전통의상은 아오자이이다. 아오자이는 긴 상의와 통이 넓은 바지가 포함된다. 또한 옆이 길게 트여 있고, 깃이 차이니스 칼라로 되어 있다. 이것은 중국 복식의 영향을 받은 것이라고 한다. 하지만 베트남의 풍토와 기후에 맞게 얇고 통기성이 좋은 형태로 변형되었다. 또한 햇볕을 가리고 비를 피하려는 목적으로 '논'이라고 하는 삿갓 모양의 모자를 같이 쓴다.

이상으로 세계 여러 나라의 전통의상에 대해 알아보았다. 전통의상은 각 나라의 여러 가지 특성에 맞게 변해 왔으며, 단순한 옷의 기능을 넘어 그 나라의 정신을 대표하는 문화로 자리매김하고 있다.

언어 수준

- 4낱말 조합 이상 문장 표현이 가능한 아동, 복문을 사용할 수는 있으나 주로 단문 위주로 표현하는 아동
- 두세 문장 이상의 길이로 연결해서 말할 수 있으나 소주제에 따라 체계를 갖춰 말하기 어려워하는 아동
- 의미: 의복과 나라이름에 관한 어휘를 몇 개 알고 있는 아동
- 읽기: 가끔 틀리게 읽는 글자가 있으나 낱말 읽기가 가능한 아동

읽기 전 중재목표	글의 종류와 배경지식 및 내용 예측하기

언어 목표

- 글의 유형을 파악할 수 있다.
- 글의 주제와 관련된 배경지식을 말할 수 있다.
- 핵심 단어를 통해 글의 내용을 예측할 수 있다.

사용 카드

- 명사 8(의복): 바지, 원피스, 치마

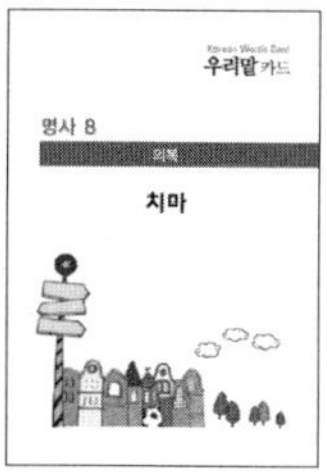

활동절차: 중재 전략 및 유의사항

아동의 언어와 읽기 수준에 따라 '핵심형'과 '확장형' 중 하나를 선택하여 활동을 실시한다.

(1) 글의 유형 알기

- 아동과 함께 설명글이 누군가에게 무엇에 대해 알려 주는 글임을 예를 들어 주면서 대화를 나눈다.

  "○○이는 좋아하는 운동이 있니? 어떤 운동을 좋아해?"

  "선생님은 어떤 운동을 하면 좋을지 잘 모르겠어. ○○이가 어떤 운동이 있는지 알려 주면 좋겠어. 선생님은 어떤 운동을 하면 좋을까? ○○이가 설명해 주면 좋겠다."

- 아동에게 글의 유형에 대해서 구어로 알려 준다.

  "선생님한테 운동을 소개해 주려면 어떻게 해야 할까? 어떻게 설명해야 할까?"

  "어떤 운동이 있는지 먼저 알려 줘야겠지?"

(2) 글의 주제에 대한 배경지식 나누기 워크북 2-1-1-1 워크북 2-1-2-1

- 아동에게 구어로 글의 주제에 관해서 아는 것을 말해 보도록 유도한다.

  "오늘 우리는 여러 나라에서 입는 옷에 대해서 알아 볼 거야. 이제 여러 나라 사람들이 입는 옷에 대해 알려 주는 글을 볼 거야."

  "○○아, 어떤 나라를 알고 있어?

- 아동이 알고 있는 나라의 이름을 생각나는 대로 이야기해 보거나 나라 이름 대기 놀이를 한다.

  "우리 '아이 엠 그라운드 나라 이름 대기 놀이'를 해 보자."

- 아동이 열거한 나라 이름을 빈 카드에 적어 주거나, 아동이 직접 적으려고 하면 스스로 적게 한다.

- 아동에게 전통의상 그림을 보여 주면서 어떤 나라의 옷인지 짝 맞추기 놀이를 한다.

(3) 제목과 단어카드를 보며 글의 내용 예측하기 워크북 2-1-1-1 워크북 2-1-2-1

- 제목 '여러 나라의 전통의상'을 보고 무엇을 알려 주는 글인지 예측해 본다.

"이 글의 제목이 뭐야?"

(아동의 반응을 기다린 후) "그래, 여러 나라의 전통의상이지. 이 글은 무엇에 대해 알려 주는 글일까?"

(아동에게 기회를 주고 반응이 없으면) "선생님은 여러 나라의 옷에 대해 알려 주는 글인 거 같아."

- 나라이름이 적힌 단어카드와 전통의상이 그려진 그림카드 붙이기 활동을 한다. 붙이기 판에 제시된 자료를 보고 글의 주제를 예측해 본다. 아동이 전통의상을 모르면 그림카드를 지적해 주고 알려 준다.

"자, 우리나라의 전통의상은 뭐지?"

"일본의 전통의상은 어떤 거야? 일본 전통의상의 이름을 알고 있니?"

- 그림 및 단어카드를 활용하여 나라별 전통의상 짝짓기 게임을 한다. 그림 및 단어카드를 섞어 양쪽에 놓고 '메모리 게임(카드를 뒤집어서 그림의 짝이 맞으면 가져가는 게임으로 위치 등을 기억하여 단서를 활용할 수 있다. 이때 선생님은 일부러 틀린 짝을 골라 위치에 대한 단서를 제공해 줄 수 있다.)'을 한다.
- 짝을 맞춘 카드로 예측되는 문장을 만들어 본다.

"자, 우리나라-한복, 일본-기모노. 이렇게 짝이 되는구나."

"그러면 이 카드로 '○○사람들은 ○○를 입어요.'라고 말해 보자."

- 이때 단어카드를 연결하여 문장 쓰기 활동을 촉진할 수도 있다.

응용하기

- 여러 나라의 인사법, 인사말을 조사해서 발표하는 활동을 한다.

나라 이름	인사말	인사법
한국	안녕하세요	고개를 숙인다.
미국	헬로	얼굴에 입을 맞춘다.
일본	곤니찌와	손을 배에 대고 허리를 숙인다.
중국	니하오	손을 소매에 넣고 고개를 숙인다.

언어 목표

- 글을 적절한 의미단위로 끊어 읽을 수 있다.
- 글을 소리 내서 유창하게 읽을 수 있다.

활동절차: 중재 전략 및 유의사항

아동의 언어와 읽기 수준에 따라 '핵심형'과 '확장형' 중 하나를 선택하여 활동을 실시한다.

(1) 선생님이 읽어 주기 워크북 2-1-1-2 워크북 2-1-2-2

- 틀리게 읽는 글자가 많고 속도가 매우 느린 아동이나 읽기를 싫어하는 아동의 경우는 다음과 같이 한다.
  - –선생님이 의미덩어리를 중심으로 손가락으로 짚어 가면서 읽어 준다. 이때 한 글자씩 손가락으로 짚어 주지 않도록 유의한다.
  - –읽는 속도는 유창하게 읽는 아동보다 조금 느린 속도로 읽어 준다.
- 아동의 집중을 유도하기 위해 선생님이 아동의 손을 잡고 의미덩어리 단위로 짚어 가면서 읽어 준다.
- 아동의 흥미를 유지하면서 반복해서 읽기를 유도한다.

(2) 함께 읽기

- 종종 틀리게 읽는 글자가 있고, 속도는 조금 느리지만 혼자 읽으려고 하는 아동의 경우는 다음과 같이 한다.
  - –선생님과 아동이 함께 손가락으로 의미덩어리를 짚어 가면서 읽는다.
  - –선생님과 아동이 한 문단씩 또는 한 문장씩 번갈아 가면서 읽는다.
- 집단 활동일 경우 두 명의 아동이 한 문단씩 또는 한 문장씩 번갈아 가면서 읽도록 한다.

• 아동의 흥미를 유지하면서 반복해서 읽고, 읽기 속도가 빨라지는 것을 경험할 수 있도록 한다.

(3) 아동 혼자 읽기

• 아동이 읽는 것을 좋아하고, 가끔 틀리게 읽는 글자가 있긴 해도 속도가 느리지 않은 아동의 경우는 다음과 같이 한다.
  – 아동이 너무 급하게 읽는 경우 선생님이 의미덩어리를 손가락으로 짚어 주면서 아동의 읽기를 따라가 준다.
• 아동의 흥미를 유지하면서 반복해서 읽고, 읽기 속도가 빨라지는 것을 경험할 수 있도록 한다.

응용하기

• 끊어 읽기를 한다.
  – 글을 읽으면서 의미가 통하는 구나 절 단위로 끊기는 부분에 표시한다.
  – 선생님이 먼저 표시된 부분에서 끊어 읽으면서 시범을 보인다.
  – 아동과 함께 표시된 부분에서 끊어 읽기 연습을 한다.
  – 아동이 혼자 표시된 부분에 유의하면서 반복 읽기를 연습한다.

읽기 중 중재목표 2	이해 모니터링 전략 사용하기

언어 목표

• 글을 적절한 의미단위로 끊어 읽을 수 있다.
• 글을 읽으면서 스스로 아는 것과 모르는 것을 확인할 수 있다.

활동절차: 중재 전략 및 유의사항

(1) 말속도 조절하며 읽기

- 선생님이 읽어 줄 때 말속도를 천천히 하여 생각할 시간을 준다.
- 읽으면서 모르는 단어에 밑줄을 긋거나 동그라미를 치면서 읽도록 유도한다.
- 천천히 읽으면서 읽은 내용에 대해 생각하는 과정을 말로 들려준다. 한 문단을 다 읽고 나서 다음과 같이 질문해 본다.

  "일본 사람은 어떤 옷을 입는다고 했지?"

  "기모노는 어떤 옷이야?"

- 읽으면서 알고 있는 것과 모르는 것을 확인한다.

  –잘 모르는 내용이 나왔을 때, 다시 해당 부분을 반복해서 읽도록 유도한다.

  –한 문단을 읽은 후 문단의 주요 내용에 관해 아동에게 질문해 본다.

  –한 문단을 읽은 후 "일본 사람은 기모노를 입는구나."라고 말해 주며 내용을 정리해 준다.

(2) 이해한 내용을 큰 소리로 말하기

- 읽으면서 이해하고 있는 것, 이해가 안 되는 것, 내가 아는 것과 다른 내용이 있는지 말하면서 읽는다.

  "우리나라 전통 옷이 한복인 건 아는 거야. 중국 사람의 옷은 치파오구나. 이건 몰랐네."

- 읽고 있는 내용이 이해가 되는지에 대해 큰 소리로 말하고, 이해되지 않을 경우 어떻게 해결할 것인지를 큰 소리로 말한다.

  "중국 사람의 옷 이름이 뭐였지? 다시 읽어 보자."

응용하기

- 핵심 단어를 표시한다.
  - 읽으면서 중요하다고 생각하는 단어에 밑줄을 긋거나 별표(☆)로 표시하며 읽는다.
  - 반복해서 나오는 단어에 밑줄을 긋거나 별표(☆)로 표시하며 읽는다.
- 어느 정도 숙련된 읽기 이해가 가능한 아동의 경우, 각 단락의 여백을 이용하여 요약하며 읽는다.

읽기 후 중재목표 1	관련 어휘를 이해하고 표현하기

언어 목표

- 모르는 어휘를 확인하고 습득한다.
- 단어의 의미를 파악하기 위해 문맥을 활용할 수 있다.
- 단어를 활용하여 문장 쓰기를 할 수 있다.

활동절차: 중재 전략 및 유의사항

아동의 언어와 읽기 수준에 따라 '핵심형'과 '확장형' 중 하나를 선택하여 활동을 실시한다.

(1) 모르는 단어 확인하기 워크북 2-1-1-3 워크북 2-1-2-3

- 유창하게 읽기를 마친 후 아동에게 모르는 단어가 있는지 물어본다.
- 아동이 모르는 단어에 밑줄을 긋거나 형광펜을 사용해 표시하게 한다.
- 모르는 단어가 들어 있는 문맥을 다시 한 번 읽어 보고 어떤 뜻일지 예측해 본다.
- 아동이 어려워할 경우, 선생님이 구어로 "전통의상이 뭐지? 한복이 우리나라의 전통의상이래."와 같이 단서를 주어 예측해 보도록 한다.

• 아동이 계속 어려워 할 경우, 선생님이 그 뜻을 설명해 주거나 인터넷을 활용하여 사전적 정의를 알아본다.

• 아동이 알고 있는 옷의 종류에 대해서 이야기해 본다.

(2) 어휘 확인하고 특징 정리하기 워크북 2-1-1-3 워크북 2-1-2-3

• 아동에게 나라 단어카드와 전통의상의 종류, 옷의 특징과 관련된 단어카드를 제시한다.

• 단어카드의 어휘가 글의 어느 부분에 있는지 확인하고, 어휘의 뜻을 예측해 본다. 아동이 어휘의 뜻을 모를 경우 "나라마다 전해져 내려오는 옷이 있대, 전통의상이 뭘까?"라고 질문한 후 아동의 반응을 기다린다. 아동이 반응하지 않으면, "우리나라의 전통의상은 한복이래. 전통의상이 뭘까?"와 같이 구어로 단서를 제시한다. 단서 제시에도 어려워하면 어휘의 뜻을 함께 찾아보거나 모델링을 제공한다.

• 전통의상에 관한 단어사전을 직접 만들어 본다.

–각 나라 옷이 그려진 그림카드(그림카드 대신에 아동이 직접 전통의상 그림을 그려 넣어 볼 수도 있다)를 보고 옷의 이름과 옷의 특징을 다음과 같이 정리해 본다.

〈한복〉
–소매가 곡선이고 넓다.
–치마가 길고 풍성하다.

〈기모노〉
–발목까지 길다.
–소매가 넓다.
–목이 'V'자 모양이다.
–단추나 끈이 없다.
–띠로 묶는다.

–빈 종이를 반으로 접어 한쪽 면에 전통의상의 그림을 붙이거나 그리고, 다른 쪽 면에 이름과 특징을 정리한다.

–처음에는 종이를 펼쳐서 설명 내용을 함께 보며 각 전통의상의 특징을 설명한다. 어느 정도 익숙해지면 종이를 반을 접고 그림만 보면서 설명한 후, 종이를 펼쳐 설명한 내용과 대조하여 확인한다.

–나라별 전통의상의 특징을 정리한 후 전체 내용을 하나의 표에 정리해 본다.

나라	전통 옷	모양	옷감 재료	특징(기후, 문화)
		저고리는 소매가 넓고 길이가 짧다. 치마는 길고 풍성하다. 바지는 통이 넓다.	여름에는 모시, 삼베이고 겨울에는 비단, 솜을 넣은 옷감이다.	사계절이 뚜렷하다.
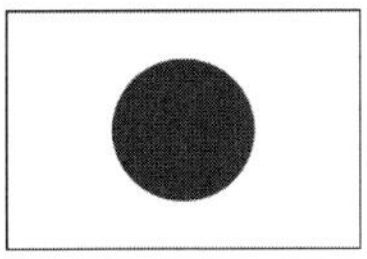		발목까지 길다. 소매가 넓다. 목이 V자 모양이며, 단추나 끈이 없다. 뒤로 묶는다.	-	여름은 온도가 높고 습기가 많으며, 겨울에는 춥다.
		소매가 좁고, 위아래가 하나로 연결되어 있다.	-	운동하기 편리하다.
		긴 상의와 통이 넓은 바지, 옆이 길게 트여 있다. 깃은 차이니스칼라다.	얇고 통기성이 좋은 재료다.	중국복식의 영향을 받았다.

(3) 어휘망 만들기 워크북 2-1-1-3 워크북 2-1-2-3

- 낱말의 뜻을 모두 확인한 후 글의 핵심 어휘를 중심으로 어휘망을 만든다.
- 단어카드에 없는 단어는 빈 카드에 추가해서 만들 수 있다.
- 어휘망에 있는 단어를 보면서 나라 이름, 전통의상의 이름과 특징을 말해 본다.

(4) 단어카드를 연결하여 문장 만들기 워크북 2-1-1-3 워크북 2-1-2-3

- 어휘망을 연결하여 문장을 만들어 본다.

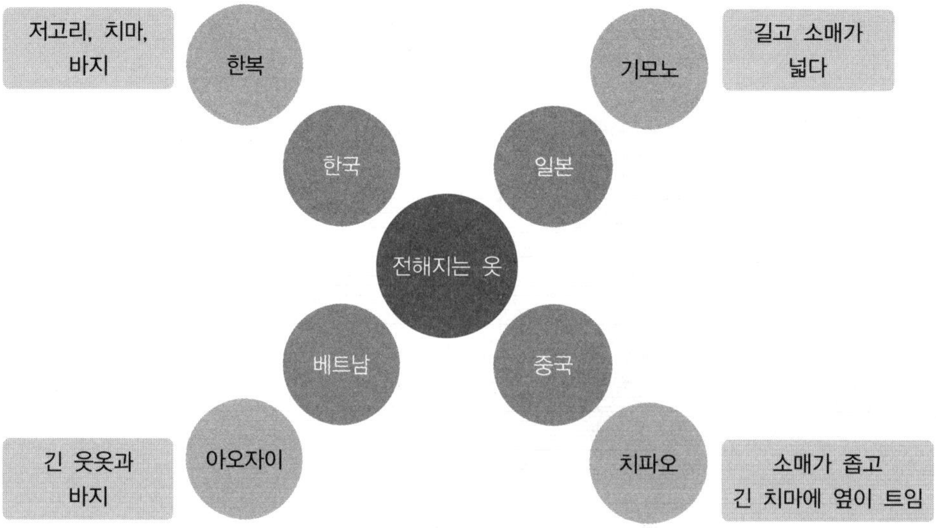

- "한국의 전통의상은 한복이다. 한복은 저고리, 치마, 바지로 되어 있다."라고 길게 말한 후 문장카드에 쓰기 활동으로 연결할 수 있다.
- 문장의 빈칸 채우기 활동을 통해 모르는 단어의 의미를 파악한다.
  - 아동이 모르겠다고 표시한 단어가 들어가는 문장을 만들어서 괄호 넣기 활동을 통해 단어의 의미를 유추해 볼 수 있도록 지도한다.

"한국의 (　　　　　　　)은 한복이다."

응용하기

- 단어카드를 선택하여 문장 만들기 게임을 한다.
  - 아동에게 다음의 표에 제시된 단어카드를 나열해 주고, 카드를 두 개 이상 연결해서 문장 만들기 게임을 한다.
  - 두 개 단어를 연결하면 2점, 세 개의 단어를 연결하면 3점과 같이 점수를 부여하고 점수판에 기록하여 많은 점수를 얻는 사람이 이기는 게임을 한다.

나라	전통 의상	특징
한국	한복	저고리, 치마, 바지
일본	기모노	길다, 넓다, 소매
중국	치파오	치마, 길다, 옆이 트이다
베트남	아오자이	긴 웃옷, 바지

읽기 후 중재목표 2 예시 · 나열의 설명글을 읽고 중심내용과 세부내용 찾기

언어 목표

- 글의 중심내용을 찾을 수 있다.
- 글의 세부내용을 찾을 수 있다.
- 글의 주제문을 찾고, 이를 자신의 문장으로 쓸 수 있다.
- 글의 내용을 요약하여 말하고 쓸 수 있다.

활동절차: 중재 전략 및 유의사항

아동의 언어와 읽기 수준에 따라 '핵심형'과 '확장형' 중 하나를 선택하여 활동을 실시한다.

(1) 어휘망을 보면서 읽은 내용 확인하기 워크북 2-2-1-3 워크북 2-2-2-3

- 어휘 활동을 통해 만든 어휘망을 아동과 함께 다시 한 번 살펴본다.
- 아동과 어휘망을 보면서 아동에게 글의 내용과 관련된 질문을 한다.

  "어떤 나라가 있었니? 전통의상에 어떤 것들이 있었니?"

- 아동이 적절히 반응하지 못하면, 어휘망의 단어를 가리키면서 다시 말할 기회를 준다.

(2) 단어카드로 도식판 만들기 워크북 2-2-1-4 워크북 2-2-2-4

- 단어카드를 활용하여 다음과 같은 도식판을 완성한다.
  - –처음에는 단서를 제시하지 않고 빈칸을 완성시키도록 하고, 아동이 오반응을 하거나 생각해 내기 어려워하면 단서를 제공한다.
- 쓰기가 가능한 아동은 직접 써 볼 수도 있다.

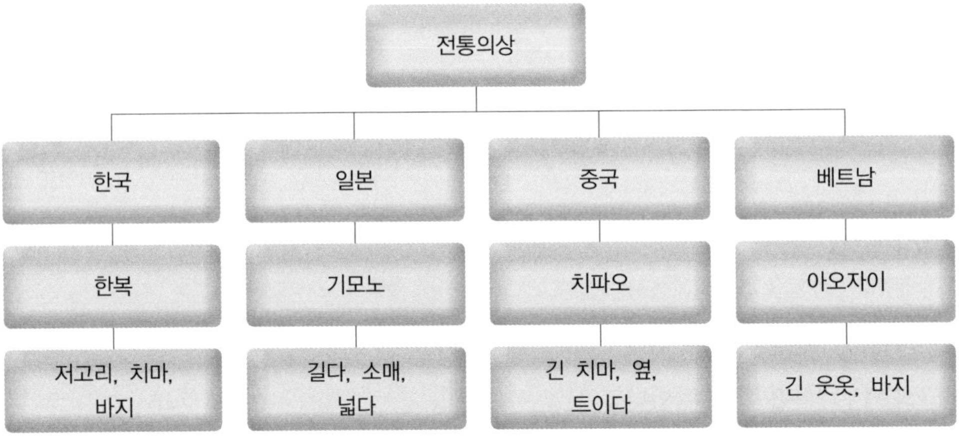

(3) 글의 중심내용 파악하기 워크북 2-2-1-4 워크북 2-2-2-4

- 글을 다시 읽으면서 반복해서 나오는 단어나 중요하다고 생각하는 부분에 밑줄을 긋거나 표시(☆)를 한다.
  - –아동이 스스로 하기 어려워하는 경우 시범을 보여 준다.
- 밑줄을 긋거나 표시한 내용을 중심으로 다시 읽어 본다.
- 각 문장이 '무엇'에 대한 내용인가를 파악한다.

  "이 내용은 무엇을 설명한 내용이지?"
- 각 문단에서 설명하는 주요한 핵심 어휘를 찾고 제시한 문장 구조를 활용하여 내용을 파악해 본다.
  - –"전통의상에 대한 내용이네, 어떤 나라가 나왔니? 그 나라의 전통의상은 무엇이지? 자 각 나라와 전통의상을 연결해서, '( )의 전통의상은 ( )이다.'와 같이 말해 보자."
  - –아동이 말한 내용을 문장카드에 써 주거나, 아동이 직접 쓸 수 있으면 써 보게 한다.

• 중심내용을 표현한 문장을 글에서 찾아 밑줄을 긋고, 자기 말로 다시 표현해 본다.
  – 아동이 스스로 중심 문장을 찾기가 어려운 경우 중심내용을 표현한 문장에 밑줄을 긋는 시범을 보여 준다.
  – 중심 문장을 자기 말로 다시 말해 보게 하고, 글을 안 보고 문장으로 써 보게 한다.
• 각 나라별 핵심 문장을 만들어 본 후 전체를 대표하는 문장을 글에서 찾아 써 보고, 다시 자기 말로 표현해 본다.

나라	전통 의상	특징
우리나라	우리나라를 대표하는 옷은 한복이다.	–저고리, 치마, 바지로 되어 있다. –사계절에 맞게 여러 가지 옷감으로 만든다.
일본	일본 사람은 기모노를 입는다.	–길이가 길고 소매가 넓다 –온도가 높고 습기가 많은 날씨에 맞다
중국	중국 사람은 치파오를 입는다.	–위아래가 하나로 되어 있다 –온도가 높고 습기가 많은 날씨에 맞다.
베트남	베트남 사람은 아오자이를 입는다.	–긴 윗옷과 바지가 있다. –중국의 영향을 받았다. –얇고 바람이 잘 통한다.
이 옷들은 각 나라의 특성에 맞게 만들어지고 전해져 왔다.		

• 중심내용을 문장으로 요약한 위의 표를 활용하여 전체 내용을 연결하여 길게 말해 본다.

(4) 글의 세부내용 파악하기 워크북 2-2-1-4 워크북 2-2-2-4

• 단서가 되는 결속표지에 표시하면서 읽는다.
  – '그래서, ~도, 모두, 우선, 또한, 하지만, ~지만, 그리고, 이처럼'과 같이 글의 구조를 이해하는 데 단서가 되는 단어에 동그라미를 치면서 다시 한 번 읽어 본다.
  – 이 단서 단어들이 문장 내에서 어떻게 사용되는지 이야기를 나눠 본다.
• 읽으면서 표시했던 내용을 다시 정리하고, 몰랐던 내용을 다시 확인한다.
• 중요 표시(☆)한 내용을 중심으로 다시 읽어 보고 다음의 구조도식에 해당 내용을 배치할 수 있도록 촉진한다.

나라	전통의상	특징
한국	우리나라를 대표하는 옷은 한복이다.	–저고리, 치마, 바지로 되어 있다. –사계절에 맞게 여러 가지 옷감으로 만든다.
일본	일본 사람은 기모노를 입는다.	–길이가 길고 소매가 넓다 –온도가 높고 습기가 많은 날씨에 맞다
중국	중국 사람은 치파오를 입는다	–위아래가 하나로 되어 있다 –온도가 높고 습기가 많은 날씨에 맞다.
베트남	베트남 사람은 아오자이를 입는다.	–긴 웃옷과 바지가 있다. –중국의 영향을 받았다. –얇고 바람이 잘 통한다.

정리하는 말	이상으로 여러 나라의 옷에 대해 알아보았다.

- 앞의 표에서 나온 중요 단어를 다시 한 번 확인한다.
- 아동 스스로 글을 읽으면서 "'무엇'에 대한 설명인가?" "그것은 어떠한가?"와 같이 질문을 하며 내용을 파악하여 표시하도록 하고, 아동이 분석한 내용을 이야기한다.
- 아동에게 다음의 도식판을 제시하고, 아동이 파악한 내용을 단어카드 및 문장카드를 이용해 완성하도록 한다.
  –이때 아동에게 "무엇을 설명하고 있지?, 어떤 나라가 있었니? 그 나라 전통의상은 뭐였지? 또 그것은 어떤 특징이 있니?"와 같은 질문을 제시하여 아동이 생각을 정리하도록 돕는다.

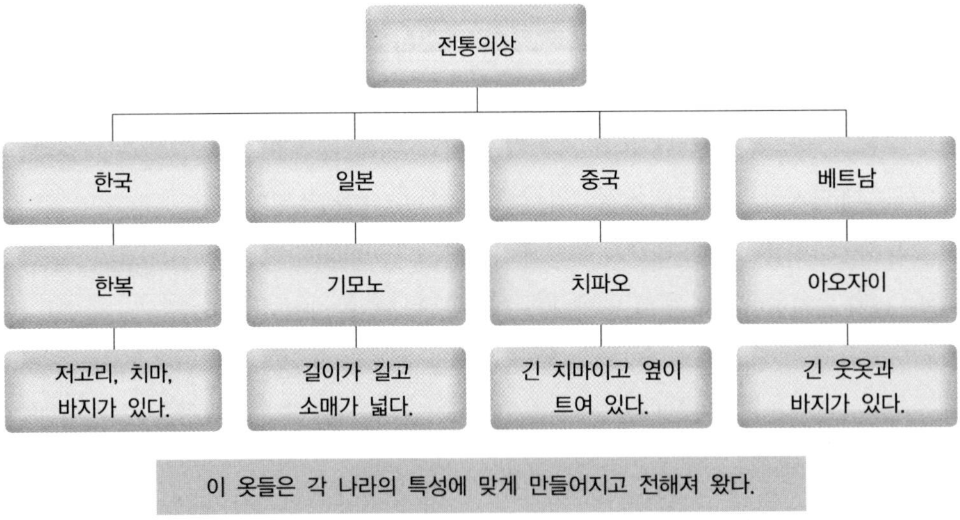

(5) 글의 내용 요약하기 워크북 2-2-1-4 워크북 2-2-2-4

- 중심내용으로 표시해 둔 문장을 다시 자신의 말로 바꿔 쓰도록 한다.
- 중요하다고 생각하는 세부내용에 밑줄을 긋게 하고, 이를 다시 자기 말로 바꿔 써 보도록 한다.
- 중심내용에 관련된 세부내용에 해당하는 문장을 찾은 후 중심내용과 어떻게 관련되는지 이야기 나눈다.
- 세부내용 중에 중심내용과 관련 없는 것은 '=' 표시로 지우고, 문장의 순서에 따라 번호를 표시하고 번호 순서대로 요약문을 완성한다.

(6) 배경지식과 관련하여 추가되는 내용 예측하기

- 아는 나라의 이름을 말하고, 그 나라의 전통의상이 무엇인지, 그 옷의 특징이 무엇인지에 대해 이야기를 나눈다.
- 알고 있는 사실을 해당 도식판에 추가해서 보충해 준다.
- 글에 제시된 정보와 추가되는 정보를 연결하여 전통의상의 종류에 대해 좀 더 길게 말해 본 후에 쓰기 활동을 해 본다.

응용하기

- 중심내용과 세부내용을 표로 만들어 완성한다.

무엇에 대해 설명하고 있는가?	전통의상	
중심내용	나라마다 전해져 오는 옷이 다르다. 이 옷은 각 나라의 특성에 맞게 만들어졌다.	
세부내용	한국을 대표하는 옷은 한복이다.	
	일본 사람은 기모노를 입는다.	
	중국 사람은 치파오를 입는다.	
	베트남 사람은 아오자이를 입는다.	

• 알고 있던 내용과 새로 알게 된 내용을 정리한다.

알고 있던 내용	새로 알게 된 내용
–우리나라 옷은 한복이다. –한복은 치마, 저고리, 바지가 있다. –일본은 기모노이다.	–중국 전통의상은 치파오이다. –베트남 전통의상은 아오자이이다. –전통의상은 각 나라의 날씨와 문화의 영향을 받는다.

읽기 후 중재목표 3	예시 · 나열의 설명글을 읽고 내용을 묻는 질문에 대답하기

언어 목표

• 글의 주요 내용에 대한 질문에 답할 수 있다.

• 글의 주요 내용을 이해하고, 요약하여 말할 수 있다.

• 글의 내용을 토대로 추론적 질문에 대답할 수 있다.

활동절차: 중재 전략 및 유의사항

아동의 언어와 읽기 수준에 따라 '핵심형'과 '확장형' 중 하나를 선택하여 활동을 실시한다.

(1) 글의 도식판을 보며 글의 내용을 요약하여 말하기 워크북 2-1-1-4 워크북 2-1-2-4

• 아동이 도식판을 보면서 글의 내용을 요약하도록 한다.

• 아동이 혼자 말하기 어려워하면 선생님이 모델링을 해 준다.

• 이 글을 요약할 때 '나라'별로 나눠서 말하는 방법으로 말하고, 특징을 대표할 수 있는 핵심 단어로 말해야 함을 강조한다.

• 아동이 스스로 활동을 할 때, 다음 내용을 유도하기 위해 "무엇에 대한 설명이지?" "어떤 나라가 나왔어?" "그 나라의 전통의상은 뭐였지? 그것은 어떤 특징이 있지?" 등의 단서를 제공한다.

• 요약하여 쓰기 활동을 한 경우 요약한 글을 발표해 보도록 한다.

(2) 주요 내용에 대한 질문에 대답하기 워크북 2-1-1-4 워크북 2-1-2-4

• 글의 내용과 관련된 질문지를 다음과 같이 작성해 둔다.

질문 내용
1. 이 글은 무엇을 설명하고 있나요?
2. 우리나라의 전통의상은 무엇인가요?
3. 중국의 대표적 전통의상은 무엇인가요?
4. 여름에 한복을 만드는 재료는 무엇인가요?
5. 아오자이는 어느 나라의 영향을 받은 옷인가요?
6. 솜을 넣어 누빈 한복을 입는 이유는 무엇인가요?
7. 뚱뚱한 사람의 체형을 감추기 좋은 옷은 무엇인가요?
8. 바람이 잘 통하는 천으로 아오자이를 만드는 이유는 무엇인가요?
9. 남극에 사는 사람은 어떤 옷을 입을까요?
10. 운동할 때 입기 좋은 옷은 어느 나라 옷인가요?

• 보드게임판을 이용해 아동과 번갈아 가며 질문을 뽑아 대답하기 게임을 진행한다.

• 아동과 선생님이 질문을 번갈아 가며 한다.

• 아동에게 새로운 질문을 만들어도 좋다고 지시하고, 새로운 질문을 만들어서 대답할 수도 있다.

–질문을 만들 때에는 '어디, 무엇을, 어떻게?'와 같은 단서를 활용할 수 있도록 지도한다.

• 아동이 질문에 대답을 적절히 못하면, 해당하는 부분의 글을 다시 읽고 질문에 답할 수 있도록 한다.

• 다시 읽은 이후에도 질문에 답하기 어려워하면 도식판을 확인한 후 질문에 답하도록 한다.

응용하기

- 요약 내용을 써 본다.
  - 도식판을 보고 구어로 요약한 내용 쓰기 활동으로 연결한다.
  - 각 문단의 중심내용과 세부내용을 자신의 말로 다시 말해 보고, 전체 글을 스스로 요약해서 써 본다.
- POWER 전략을 사용하여 예시 · 나열 구조의 설명글을 써 본다.
  - 글쓰기의 과정에 대한 전략을 사용하는 방법을 선생님이 먼저 시범을 보여 주고, 함께 작성해 본다.
  - 계획하기(Plan): 어떤 나라의 전통의상을 설명할 것인지 나열하기
  - 구성하기(Organize): 선정된 나라와 전통의상 이름, 특징에 해당하는 내용 정리하기 → 중심 문장 만들어 보기 → 중심내용과 관련 있는 세부내용 문장 정하기 → 세부내용과 관련된 문장 추가해서 써 보기 → 작성한 문장을 글을 쓸 순서에 따라 번호 정하기
  - 쓰기(Write): 번호 순서에 따라 글을 쓰고, 앞뒤 문장을 연결하는 말을 끼워 넣기
  - 편집하기(Edit): 문장이 적절하게 쓰였는지 확인하고, 구두점, 띄어쓰기 등을 확인한 후, 문장의 순서가 적절한지, 연결어가 적절한지 체크하기
  - 고치기(Revise): 편집한 내용에 맞게 다시 고쳐 쓰기
- 질문을 만들어 본다.
  - "○○은 누가 입는 옷인가요?"
  - "○○나라의 전통의상은 무엇인가요?" "○○의 특징은 무엇인가요?"
  - "아오자이는 어디서 영향을 받았나요?"

'호랑이와 토끼' 설명글을 읽고 이해하여 비교 · 대조의 구조로 설명할 수 있다

설명 구조: 비교 · 대조 / 주제: 호랑이와 토끼

• 핵심형(언어↓, 읽기↓)

호랑이와 토끼는 이야기에 자주 나오는 동물이다. 그래서 우리와 친한 동물이기도 하다.

호랑이와 토끼는 같은 점이 많다. 먼저, 둘 다 산에 산다. 달리기도 모두 빠르다. 또 새끼들에게 젖을 먹이는 동물이다.

하지만 호랑이와 토끼는 다른 점도 많다. 호랑이는 몸집이 크고 무겁다. 그런데 토끼는 작고 가볍다. 호랑이는 주로 고기를 먹는다. 토끼는 풀을 먹는다. 또 호랑이는 꼬리가 길다. 하지만 토끼는 꼬리가 짧다.

이처럼 호랑이와 토끼는 같은 점과 다른 점이 많다.

• 확장형(언어↑, 읽기↑)

호랑이와 토끼는 전래동화에 자주 등장하는 동물이다. 그래서 아주 오랜 옛날부터 우리에게 친숙한 동물이기도 하다.

호랑이와 토끼는 서식지나 활동 특성, 새끼를 키우는 방식 등 다양한 공통점이 있다. 우선, 두 동물 모두 주 서식지가 산이라는 점이 비슷하다. 호랑이는 깊은 산의 동굴 같은 곳에 살고, 토끼는 굴 속이나 바위 밑에 살거나 땅에 굴을 파고 산다. 또한 모두 달리는 속도가 빠른 편인데, 특히 토끼는 작은 덩치에 비해 빠른 동물로 알려져 있다. 토끼는 앞다리가 짧고 뒷다리가 길어 뛰기에 적합하게 생김새가 발달했다. 또한 둘 다 젖을 먹여 새끼를 키우는 포유류에 속한다는 점도 일치한다.

하지만 호랑이와 토끼는 몸집의 크기, 좋아하는 먹이, 생김새 특성 등에서 차이가 있다. 호랑이는 덩치가 크고 몸무게도 무겁지만, 토끼는 작고 가볍다. 그리고 호랑이는 다른 동물을 잡아먹고 사는 육식동물이지만, 토끼는 주로 풀 종류를 먹고 사는 초식동물이다. 또 두 동물은 생김새도 다른데, 호랑이는 귀는 짧고 꼬리가 길지만 토끼는 귀가 길고 꼬리는 짧은 것이 특징이다.

이상에서 살펴본 바와 같이 호랑이와 토끼는 다양한 공통점과 차이점을 지닌 동물이다.

언어 수준

- 4~5낱말 조합 이상 문장 표현이 가능한 아동, 복문 사용에는 때때로 어려움이 관찰되는 아동
- 두세 문장의 길이로 연결해서 말할 수 있으나 소주제에 따라 체계를 갖춰 말하기 어려워 하는 아동
- 의미: 반대어('같다/다르다' 등) 개념을 이해하는 아동
- 읽기: 가끔 틀리게 읽는 글자가 있으나 낱말 읽기가 가능한 아동

읽기 전 중재목표	글의 종류와 배경지식 및 내용 예측하기

언어 목표

- 글의 유형을 파악할 수 있다.
- 글의 주제와 관련된 배경지식을 말할 수 있다.
- 핵심 단어를 통해 글의 내용을 예측할 수 있다.

사용 카드

- 명사 7(동물–육지동물): 호랑이
- 명사 7(동물–가축 외): 토끼
- 서술어 1(반대말–쉬운어휘): 똑같다, 다르다

활동절차: 중재 전략 및 유의사항

아동의 언어와 읽기 수준에 따라 '핵심형'과 '확장형' 중 하나를 선택하여 활동을 실시한다.

(1) 글의 유형 알기

- 호랑이와 토끼의 그림카드 두 개를 함께 보여 주면서 설명글에 대해 예를 들어 준다.

  "동생이 호랑이와 토끼에 대해 알고 싶어 하면 어떻게 할까?"

  "호랑이랑 토끼에 대해 내가 알고 있는 걸 알려 줘야겠지?"

  "호랑이와 토끼에 대해 설명해 줘야 하지."

(2) 글의 주제에 대한 배경지식 나누기 워크북 2-2-1-1 워크북 2-2-2-1

- 아동에게 구어로 글의 주제와 관련해서 아는 것을 말해 보도록 한다.

  (호랑이 그림카드를 보여 주면서) "이거는 무슨 동물이지?"

  (아동의 반응을 기다린 후) "그래, 호랑이구나. 호랑이에 대해 아는 거 있니?"

- 아동과 호랑이에 이야기를 나눈 후 토끼 그림카드를 보여 주고 같은 절차를 진행한다.
- 아동과 아는 동물 이름을 말해 보기 놀이를 한다.
- 아동과 아는 동물의 특징을 말해 보기 놀이를 한다.
- 나열한 동물을 유형에 따라 분류하기 놀이를 한다.

  –주로 다른 동물을 잡아먹는 동물과 풀을 먹는 동물로 나눠 본다.

  –사는 곳에 따라 동물을 나눠 본다(예: 하늘, 바다, 산).

(3) 제목과 단어카드를 보며 글의 내용 예측하기 워크북 2-2-1-1 워크북 2-2-2-1

- 제목을 보고 무엇을 알려 주는 글인지 예측해 본다.

  "자, 이 글의 제목이 뭐지? 그래, 호랑이와 토끼구나."

  "호랑이와 토끼에 대해 무엇을 알려 주는 글일까?"

- 나란히 놓아 둔 호랑이, 토끼 단어카드를 보면서 글의 세부내용을 예측해 본다.

  "이제 호랑이와 토끼에 대해서 알아볼 거야."

  "호랑이와 토끼의 생김새는 어떨까?"

  "어떻게 다르게 생겼지? 같은 건 없을까?"

- 아동 반응이 없을 경우, 다음과 같이 모델링을 보여 준다.

  "선생님은 호랑이나 토끼의 생김새를 알려 주는 글인 것 같아."

- 나란히 놓아 둔 호랑이, 토끼 단어카드의 아래에 '같다, 다르다' 단어카드를 세로로 놓은 후 카드를 보면서 같은 점과 다른 점에 대해 예측하며 이야기를 나눈다.

  "호랑이와 토끼는 다른 점이 있어. 어떤 게 다를까?

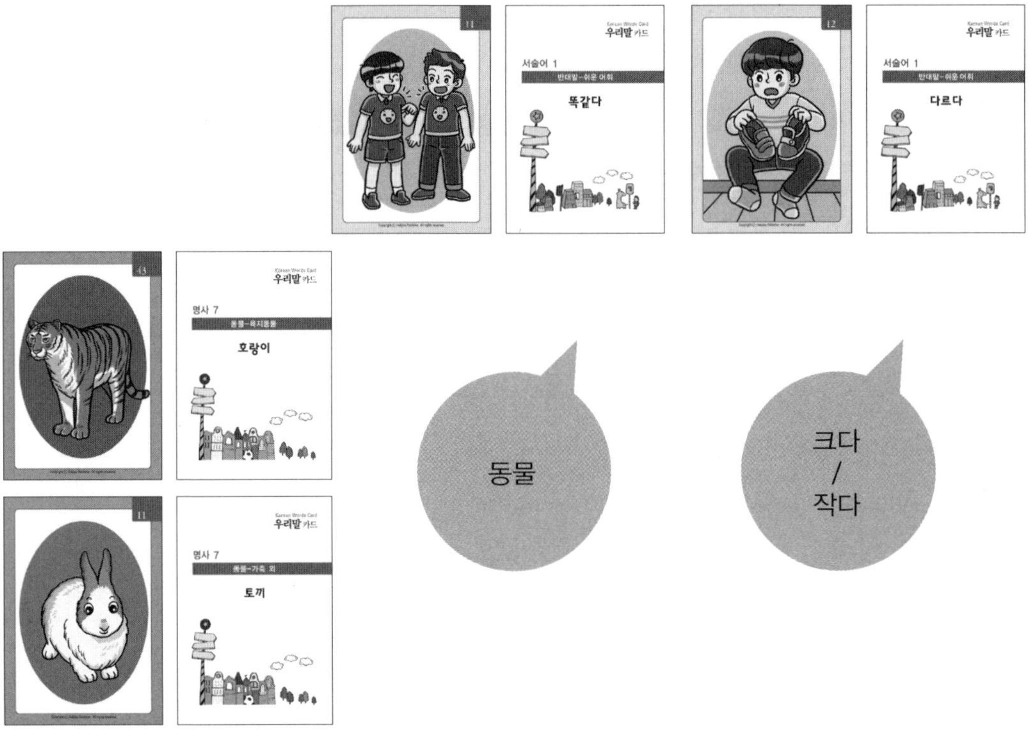

"그런데 호랑이와 토끼가 같은 점은 없을까? 어떤 게 같을까?"

"호랑이는 토끼는 둘 다 동물인 게 똑같네. 그런데 호랑이는 크고, 토끼는 작네. 그렇구나! 호랑이와 토끼는 같은 점도 있고, 다른 점도 있구나!"

- 그림 및 단어카드를 활용하여 예측되는 문장을 만들어 본다.

"자, 이제 카드를 이어서 말해 볼까? 호랑이와 산 글자카드를 이어서 말하면 '호랑이는 산속에 산다'로 만들 수 있겠구나, 그럼 네가 선택한 카드로 길게 이어서 말해 보자."

- 이때 단어카드를 연결하여 문장 쓰기 활동을 촉진할 수도 있다.

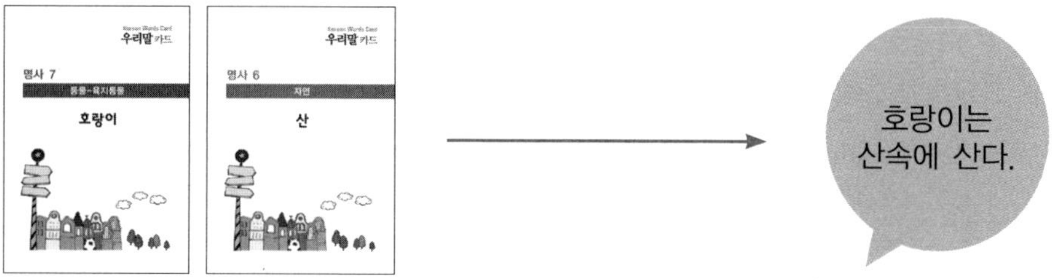

응용하기

- 관련된 동화책을 읽는다.
  –아동과 『토끼와 호랑이』 전래동화를 함께 읽어 본다.

읽기 중 중재목표 1	소리 내서 유창하게 읽기

언어 목표

- 글을 적절한 의미단위로 끊어 읽을 수 있다.
- 글을 소리 내서 유창하게 읽을 수 있다.

활동절차: 중재 전략 및 유의사항

아동의 언어와 읽기 수준에 따라 '핵심형'과 '확장형' 중 하나를 선택하여 활동을 실시한다.

(1) 선생님이 읽어 주기 워크북 2-2-1-2 워크북 2-2-2-2

- 틀리게 읽는 글자가 많고 읽는 속도가 매우 느린 아동이나 읽기를 싫어하는 아동의 경우는 다음과 같이 한다.
  - 선생님이 의미덩어리를 중심으로 손가락으로 짚어 가면서 읽어 준다. 이때 한 글자씩 손가락으로 짚어 주지 않도록 유의한다.
  - 읽는 속도는 유창하게 읽는 아동보다 조금 느린 속도로 읽어 준다.
- 아동의 집중을 유도하기 위해 선생님이 아동의 손을 잡고 의미덩어리 단위로 짚어 가면서 읽어 준다.
- 아동의 흥미를 유지하면서 반복해서 읽기를 유도한다.

(2) 함께 읽기

- 종종 틀리게 읽는 글자가 있고, 읽는 속도는 조금 느리지만 혼자 읽으려고 하는 아동의 경우는 다음과 같이 한다.
  - 선생님과 아동이 함께 손가락으로 의미덩어리를 짚어 가면서 읽는다.
  - 선생님과 아동이 한 문단씩 또는 한 문장씩 번갈아 가면서 읽는다.
- 집단 활동일 경우 두 명의 아동이 한 문단씩 또는 한 문장씩 번갈아 가면서 읽도록 한다.
- 아동의 흥미를 유지하면서 반복해서 읽고, 읽기 속도가 빨라지는 것을 경험할 수 있도록 한다.

(3) 아동 혼자 읽기 워크북 2-2-1-2 워크북 2-2-2-2

- 아동이 읽는 것을 좋아하고, 가끔 틀리게 읽는 글자가 있긴 해도 읽는 속도가 느리지 않은 아동의 경우는 다음과 같이 한다.
  - 아동이 너무 급하게 읽는 경우 선생님이 의미덩어리를 손가락으로 짚어 주면서 아동의 읽

기를 따라가 준다.

• 아동의 홍미를 유지하면서 반복해서 읽고, 읽기 속도가 빨라지는 것을 경험할 수 있도록 한다.

응용하기

• 끊어 읽기를 한다.
  - 글을 읽으면서 의미가 통하는 구나 절 단위로 끊기는 부분에 표시한다.
  - 선생님이 먼저 표시된 부분에서 끊어 읽으면서 시범을 보인다.
  - 아동과 함께 표시된 부분에서 끊어 읽기 연습을 한다.
  - 아동이 혼자 표시된 부분에 유의하면서 반복 읽기를 연습한다.

읽기 중 중재목표 2 이해 모니터링 전략 사용하기

언어 목표

• 글을 적절한 의미단위로 끊어 읽을 수 있다.
• 글을 읽으면서 스스로 아는 것과 모르는 것을 확인할 수 있다.

활동절차: 중재 전략 및 유의사항

(1) 말속도 조절하며 읽기

• 선생님이 읽어 줄 때 말속도를 천천히 하여 생각할 시간을 준다.
• 읽으면서 모르는 단어에 밑줄을 긋거나 동그라미를 치면서 읽도록 유도한다.
• 천천히 읽으면서 읽은 내용에 대해 생각하는 과정을 말로 들려준다. 한 문단을 다 읽고 나서 다음과 같이 질문해 본다.

"지금 호랑이와 토끼의 같은 점에 대해 읽었지?"

"호랑이와 토끼가 다리가 네 개인 거는 알고 있었어. 근데 젖을 먹인다는 것은 몰랐네."

• 읽으면서 알고 있는 것과 모르는 것을 확인한다.

–잘 모르는 내용이 나왔을 때, 다시 해당 부분을 반복해서 읽도록 유도한다.

–한 문단을 읽은 후 문단의 주요 내용에 관해 아동에게 질문해 본다.

–한 문단을 읽은 후 "호랑이와 토끼는 이런 점이 같구나."라고 말해 주며 내용을 정리해 준다.

(2) 이해한 내용을 큰 소리로 말하기

• 읽으면서 이해하고 있는 것, 이해가 안 되는 것, 내가 아는 것과 다른 내용이 있는지 말하면서 읽는다.

"호랑이와 토끼가 다리가 네 개란 것은 알고 있었어. 그런데 젖을 먹인다는 것은 몰랐어."

• 읽고 있는 내용이 이해가 되는지에 대해 큰 소리로 말하고, 이해되지 않을 경우 어떻게 해결할 것인지를 큰 소리로 말한다.

"호랑이와 토끼 다른 점이 뭐였지? 생각이 안 나네. 두 번째 문단부터 다시 읽어 보자."

응용하기

• 핵심 단어를 표시한다.

–읽으면서 중요하다고 생각하는 단어에 밑줄을 긋거나 별표(☆)로 표시하며 읽는다.

–반복해서 나오는 단어에 밑줄을 긋거나 별표(☆)로 표시하며 읽는다.

• 어느 정도 숙련된 읽기 이해가 가능한 아동의 경우, 각 단락의 여백을 이용하여 요약하며 읽는다.

읽기 후 중재목표 1 | 어휘를 확인하고, 반의어 이해하기

언어 목표

- 모르는 어휘를 확인하고 습득한다.
- 반의어 개념을 이해하고, 다른 단어로 개념을 확장하여 적용한다.
- 단어의 의미를 파악하기 위해 문맥을 활용할 수 있다
- 단어를 연관시켜 의미를 유추해 볼 수 있다.

활동절차: 중재 전략 및 유의사항

아동의 언어와 읽기 수준에 따라 '핵심형'과 '확장형' 중 하나를 선택하여 활동을 실시한다.

(1) 모르는 단어 확인하기 워크북 2-2-1-3 워크북 2-2-2-3

- 유창하게 읽기를 마친 후 아동에게 모르는 단어가 있는지 물어본다.
- 아동에게 모르는 단어에 밑줄을 긋거나 형광펜을 사용해 표시하게 한다.
- 모르는 단어가 들어 있는 문맥을 다시 한 번 읽어 보고 어떤 뜻일지 예측해 본다.
- 아동이 어려워할 경우, 선생님이 구어로 "호랑이와 토끼는 우리에게 친숙한 동물이야. 강아지나 고양이도 친숙한 동물이겠구나! 너는 선생님하고 친숙한 사이지?"와 같이 단서를 주어 예측해 보도록 한다.
- 아동이 계속 어려워할 경우, 선생님이 그 뜻을 설명해 주거나 인터넷을 활용하여 사전적 정의를 알아본다.
- 아동이 이미 알고 있는 '친하다'라는 단어와 연결하여 '친숙하다'는 단어를 이해하도록 지도한다.
- 아동이 친숙한 사람이나 사물에 대해 이야기해 본다.

(2) 반의어 개념 이해하기 워크북 2-2-1-3 워크북 2-2-2-3

• 모르는 어휘 뜻을 모두 확인한 후, 반대되는 단어카드를 이용해 반의어 개념을 이해한다.

–'똑같다'와 '다르다' 단어카드를 놓고, 서로 반대되는 의미를 갖고 있음을 설명해 준다.

–'크다/작다, 길다/짧다, 무겁다/가볍다'도 같은 방식으로 반대되는 의미가 있음을 설명하고, 단어카드 짝짓기를 게임을 해 본다.

• 반대 의미로 짝지어지는 다른 단어 대기 게임을 통해 반의어 개념을 확장한다.

(3) 어휘망 만들기 워크북 2-2-1-3 워크북 2-2-2-3

• 단어카드를 중심으로 어휘망을 만들어 본다.

• 카드에 없는 단어는 빈 카드에 추가해서 만들 수 있다.

• 어휘망에 있는 단어를 이용해 호랑이와 토끼의 특징을 다시 한 번 말해 볼 기회를 준다.

• 어휘망에 있는 단어 중에서 같은 점을 큰 동그라미로 묶어 주는 활동을 한 후, 같은 점과 다른 점을 말할 기회를 준다.

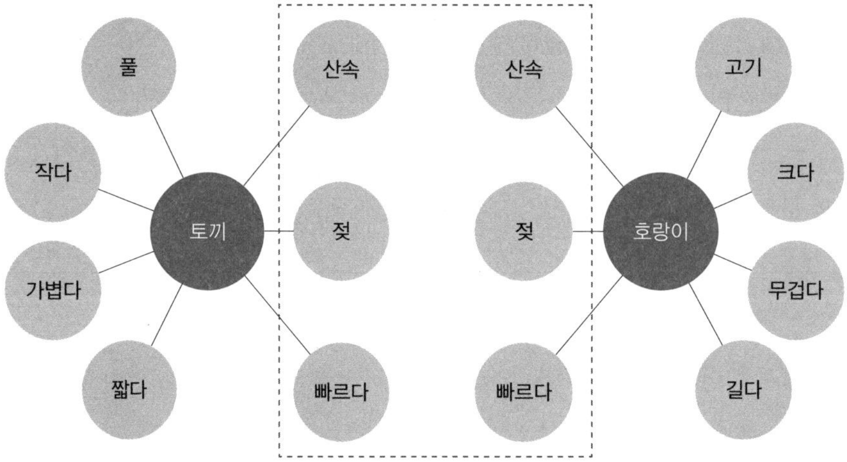

(4) 단어카드를 연결하여 문장 만들기 워크북 2-2-1-3 워크북 2-2-2-3

• (3)의 어휘망을 연결하여 문장을 만들어 본다.

–예를 들어, '호랑이' '무겁다'와 '토끼' '가볍다' 카드를 활용하여 "호랑이는 무겁다. 토끼는 가볍다." 문장을 만들어 본다. 아동의 수준에 따라 두 문장을 연결하여 "호랑이는 무겁지만, 토끼는

가볍다."로 길게 말해 볼 수도 있다.

- 문장의 빈칸 채우기 활동을 통해 모르는 단어의 의미를 파악한다.
  - 아동이 모르겠다고 표시한 단어가 들어가는 문장을 만들어서 괄호 넣기 활동을 통해 단어의 의미를 유추해 볼 수 있도록 지도한다. "토끼는 사람들과 (친숙한/관계없는) 동물이다."

응용하기

- 반의어를 다양한 사물 및 동물과 연결해 본다.
  - 아동이 습득한 '크다/작다, 빠르다/느리다, 길다/짧다, 작다/크다, 무겁다/가볍다' 단어카드를 한 쌍씩 제시한다.
  - 선생님이 "코끼리는 크다. 그런데 생쥐는 ○○."와 같이 문장 완성하기 과제를 주면 아동이 나머지를 넣어 완성할 수 있게 한다.
  - 역할을 바꿔서 아동이 먼저 하고, 선생님이 문장을 채우는 활동으로 반복한다.
  - 나머지 단어도 같은 방법으로 연습한다.

읽기 후 중재목표 2	비교 · 대조의 설명글을 읽고 중심내용과 세부내용 찾기

언어 목표

- 글의 중심내용을 찾을 수 있다.
- 글의 세부내용을 찾을 수 있다.
- 글의 주제문을 찾고, 이를 자기 말로 바꾼 문장으로 쓸 수 있다.
- 글의 내용을 요약하여 말하고 쓸 수 있다.

활동절차: 중재 전략 및 유의사항

아동의 언어와 읽기 수준에 따라 '핵심형'과 '확장형' 중 하나를 선택하여 활동을 실시한다.

(1) 어휘망을 보면서 읽은 내용 확인하기 워크북 2-2-1-3 워크북 2-2-2-3

- 어휘활동을 통해 만든 어휘망을 아동과 함께 다시 한 번 살펴본다.
- 아동과 어휘망을 보면서 아동에게 글의 내용과 관련된 질문을 한다.

  "호랑이와 토끼는 어떤 점이 똑같다고 했니? 어떤 점이 달랐지?"
- 아동이 적절히 반응하지 못하면, 어휘망의 단어를 가리키면서 다시 말할 기회를 준다. 같은 점을 이야기할 때는 공통된 단어를 크게 동그라미로 묶어 준다.

(2) 단어카드로 도식판 만들기 워크북 2-2-1-4 워크북 2-2-2-4

- 단어카드를 활용하여 다음과 같은 도식판을 완성한다.

  –처음에는 단서를 제시하지 않고 빈칸을 완성시키도록 하고, 아동이 오반응을 하거나 생각해 내기 어려워하면 단서를 제공한다.
- 아동이 같거나 다른 점을 완성하면 해당하는 내용을 어떤 정보 범주로 묶을 수 있는지에 대해 이야기를 나눈 후 같은 범주의 정보를 묶어 준다.

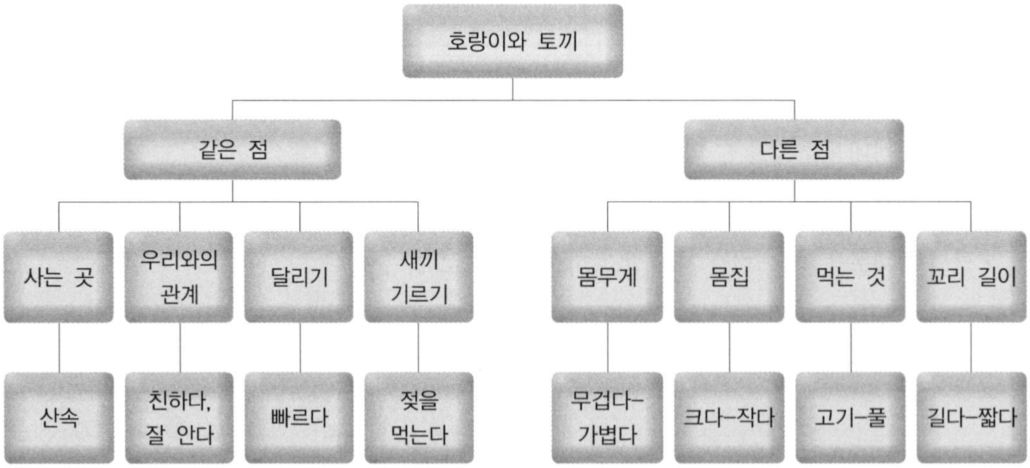

(3) 글의 중심내용 파악하기 워크북 2-2-1-4 워크북 2-2-2-4

- 글을 다시 읽으면서 반복해서 나오는 단어나 중요하다고 생각하는 부분에 밑줄을 긋거나 표시(☆)를 한다.
  –아동이 스스로 하기 어려워하는 경우 시범을 보여 준다.
- 밑줄을 긋거나 표시한 내용을 중심으로 다시 읽어 본다.
- 각 문장이 '무엇'에 대한 내용인가를 파악한다.
  "이 내용은 누구와 누구에 대한 내용이지? 누구와 누구를 비교하고 있니? 무엇이 같은 거니? 또 무엇이 다르지?"
- 각 문장에서 호랑이와 토끼에 대해 말한 중요한 내용을 파악한다.
  "호랑이와 토끼가 같다는 거구나, 호랑이와 토끼가 다른 점이 있네."
- '누구'에 관한 내용인지, '무엇'에 대한 내용인지를 알아보는 과정을 통해서 파악된 내용을 전체 한 문장으로 말해 본다.
  "호랑이와 토끼의 무엇과 무엇에 대해 말하고 있는 내용이지?"
- 중심내용을 표현한 문장을 글에서 찾아 밑줄을 긋고, 자기 말로 다시 표현해 본다.
  –아동이 스스로 중심 문장을 찾기가 어려운 경우 중심내용을 표현한 문장에 밑줄을 긋는 시범을 보여 준다.
  –중심 문장을 자기 말로 다시 말해 보게 하고, 글을 안 보고 문장으로 써 보게 한다.
- 같은 점과 다른 점에 대한 핵심문장을 만들어 본 후 전체를 대표하는 문장을 찾아 써 보고, 다시 자기 말로 표현해 본다.

		호랑이	토끼
같은 점	사는 곳	산속에서 산다.	
	우리와의 관계	우리와 친하다	
	달리기	달리기가 빠르다.	
	새끼 기르기	젖을 먹인다.	
다른 점	몸무게	호랑이는 무겁다.	토끼는 가볍다.
	몸집	호랑이는 크다.	토끼는 작다.
	먹는 것	호랑이는 고기를 먹는다.	토끼는 풀을 먹는다.
	꼬리 길이	호랑이는 꼬리가 길다.	토끼는 꼬리가 짧다.
호랑이와 토끼는 같은 점과 다른 점이 많다.			

• 중심내용을 문장으로 요약한 앞의 표를 활용하여 전체 내용을 연결하여 길게 말해 본다.

(4) 글의 세부내용 파악하기 워크북 2-2-1-4 워크북 2-2-2-4

• 단서가 되는 단어에 표시하면서 읽는다.

–'그래서, ~도, 모두, 우선, 또한, 하지만, ~지만, 그리고, 이처럼'과 같이 글의 구조를 이해하는 데 단서가 되는 단어에 동그라미를 치면서 다시 한 번 읽어 본다.

–이 단서 단어들이 문장 내에서 어떻게 사용되는지 이야기를 나눠 본다.

• 읽으면서 표시했던 내용을 다시 정리하고, 몰랐던 내용을 다시 확인한다.

• 중요 표시(☆)한 내용을 중심으로 다시 읽어 보고 다음의 구조도식에 해당 내용을 배치할 수 있도록 촉진한다.

소개하는 말	호랑이와 토끼에 대해서 알아보자.

사는 곳	산속에서 산다.
우리와의 관계	우리와 친하다.
달리기	달리기가 빠르다.
새끼 기르기	젖을 먹인다.
몸무게	호랑이는 무겁지만 토끼는 가볍다.
몸집	호랑이는 크지만 토끼는 작다.
먹는 것	호랑이는 고기를 먹지만 토끼는 풀을 먹는다.
꼬리 길이	호랑이는 꼬리가 길지만 토끼는 꼬리가 짧다.

정리하는 말	이처럼 호랑이와 토끼는 같은 점과 다른 점이 많다.

• 앞의 표에서 나온 중요 단어를 다시 한 번 확인한다.

• 아동 스스로 글을 읽으면서 아동이 두 동물의 같은 점과 다른 점을 파악하여 표시하도록 하고, 아동이 분석한 내용에 대해 이야기한다.

• 아동에게 다음의 도식판을 제시하고, 아동이 파악한 내용을 단어카드를 이용해 스스로 완성하도록 한다.

–이때 아동에게 "이 글은 무엇을 비교하고 있지? 두 동물은 무엇이 비슷할까? 또 무엇이 다를까?"와 같은 질문을 제시하여 아동이 생각을 정리하도록 돕는다.

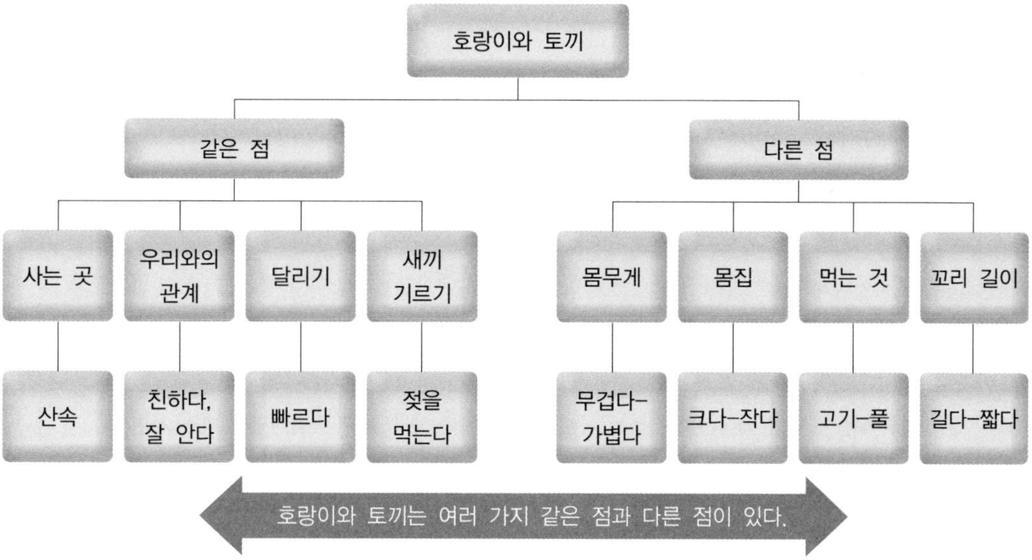

(5) 글의 내용 요약하기 워크북 2-2-1-4 워크북 2-2-2-4

- 중심내용으로 표시해 둔 문장을 다시 자신의 말로 바꿔 쓰도록 한다.
- 중요하다고 생각하는 세부내용에 밑줄을 긋게 하고, 이를 다시 자기 말로 바꿔 써 보도록 한다.
- 중심내용에 관련된 세부내용에 해당하는 문장을 찾은 후 중심내용과 어떻게 관련되는지 이야기 나눈다.
- 세부내용 중에 중심내용과 관련 없는 것은 '=' 표시로 지우고, 문장의 순서에 따라 번호를 표시하고 번호 순서대로 요약문을 완성한다.

(6) 배경지식과 관련하여 추가되는 내용 예측하기

- 토끼와 호랑이의 다른 특성에 대해 알고 있는 사실에 대해 이야기를 나눈다.
- 알고 있는 사실이 토끼와 호랑이의 공통점에 해당하는 것인지 차이점에 해당하는 것인지 이야기를 나눈 후, 도식판에 빈칸을 추가하여 보충해 준다.

• 글에 제시된 정보와 추가되는 정보를 연결하여 토끼와 호랑이의 비교글을 좀 더 길게 말해 본 후에 쓰기 활동을 해 본다.

• 다른 동물들의 같은 점과 다른 점을 비교하는 활동으로 확장해 본다.

응용하기

• 중심내용과 세부내용을 표를 만들어 완성한다.

무엇에 대해 설명하고 있는가?	호랑이와 토끼	
중심내용	호랑이와 토끼는 여러 가지 같은 점과 다른 점이 있다.	
세부내용	같은 점	다른 점
	산속에서 산다.	호랑이는 몸무게가 무겁지만 토끼는 가볍다.
	젖을 먹인다.	호랑이는 꼬리가 길지만 토끼는 짧다.

• 알고 있던 내용과 새로 알게 된 내용을 정리한다.

알고 있던 내용	새로 알게 된 내용
–호랑이와 토끼가 산속에 산다. –호랑이는 크고, 토끼는 작다 –호랑이는 고기를 먹고, 토끼는 풀을 먹는다.	–호랑이와 토끼는 모두 새끼에게 젖을 먹인다.

• 다른 동물들의 특징을 비교해 보는 활동으로 확장해 본다.
  –다음의 표를 완성하면서 아는 동물들끼리 비교해 본다.
  –같은 점과 다른 점을 먼저 제시하고, 어떤 동물을 비교한 것인지 맞추는 수수께끼 놀이로 확장할 수도 있다.

무엇에 대해 설명하고 있는가?			고래와 사자	
중심내용			고래와 사자는 여러 가지 같은 점과 다른 점이 있다.	
세부 내용	같은 점		동물이다. 몸집이 크다.	
	다른 점	사는 곳	바다에 산다.	땅에 산다.
		생김새	지느러미를 이용해 움직인다.	네 발로 기어 다닌다.

읽기 후 중재목표 3	비교 · 대조의 설명글을 읽고 내용을 묻는 질문에 대답하기

언어 목표

- 글의 주요 내용에 대한 질문에 답할 수 있다.
- 글의 주요 내용을 이해하고, 요약하여 말할 수 있다.

활동절차: 중재 전략 및 유의사항

아동의 언어와 읽기 수준에 따라 '핵심형'과 '확장형' 중 하나를 선택하여 활동을 실시한다.

(1) 글의 도식판을 보며 글의 내용을 요약하여 말하기

- 아동이 도식판을 보면서 글의 내용을 요약하도록 한다.
- 아동이 혼자 말하기 어려워하면 선생님이 모델링을 해 준다.
- 이 글을 요약할 때 '같은 점과 다른 점' 말하기 방법으로 말해야 함을 강조한다.
- 아동이 스스로 할 때, 다음 내용을 유도하기 위해 "같은 점은?" "다른 점은?" 등의 힌트가 될 만한 단서를 제공한다.
- 요약하여 쓰기 활동을 한 경우 요약한 글을 발표해 보도록 한다.

(2) 주요 내용에 대한 질문에 대답하기 워크북 2-2-1-4 워크북 2-2-2-4

- 글의 내용과 관련된 질문지를 다음과 같이 작성해 둔다.

질문 내용
1. 이 글은 무엇과 무엇을 설명하고 있나요?
2. 호랑이와 토끼는 어디서 생활하나요?
3. 호랑이와 토끼는 새끼에게 무엇을 먹이나요?
4. 호랑이와 토끼는 어떤 점에서 같은가요?
5. 토끼는 무엇을 먹고 사나요?

6. 호랑이가 토끼보다 긴 것은 무엇인가요?
7. 호랑이와 토끼의 다른 점은 무엇인가요?
8. 토끼보다 몸집이 작은 동물은 무엇인가요?
9. 호랑이와 같은 먹이를 먹은 동물은 무엇인가요?
10. 호랑이나 토끼와 다른 곳에 사는 동물은 무엇이 있나요?

- 보드게임판을 이용해 아동과 번갈아 가며 질문을 뽑아 대답하기 게임을 진행한다.
- 아동과 선생님이 질문을 번갈아 가며 한다.
- 아동에게 새로운 질문을 만들어도 좋다고 지시하고, 새로운 질문을 만들어서 대답할 수도 있다. 질문을 만들 때에는 '누가, 무엇을, 어떻게?'와 같은 단서를 활용할 수 있도록 지도한다.
- 아동이 질문에 대답을 적절히 못하면, 해당 부분의 글을 다시 읽고 질문에 답할 수 있도록 한다.
- 글을 다시 읽은 이후에도 질문에 답하기 어려워하면 도식판을 확인하여 질문에 답하도록 한다.

응용하기

- 요약 내용을 써 본다.
  - 도식판을 보고 구어로 요약한 내용 쓰기 활동으로 연결한다.
  - 각 문단의 중심내용과 세부내용을 자기 말로 바꿔 다시 써 보고, 최종적으로 자기 말로 요약해서 글을 써 본다.
- POWER 전략을 사용하여 비교 · 대조 구조의 설명글을 써 본다.
  - 글쓰기의 과정에 대한 전략을 사용하는 방법을 선생님이 먼저 시범을 보여 주고, 함께 작성해 본다.
  - 계획하기(Plan): 무엇을 비교할 것인가를 정하기
  - 구성하기(Organize): 같은 점과 다른 점에 해당하는 내용을 작성하기 → 중심 문장 만들어 보기 → 중심내용과 관련 있는 세부내용 문장 정하기 → 세부내용과 관련된 문장 추가해서 써 보기→ 작성한 문장을 글을 쓸 순서에 따라 번호 정하기
  - 쓰기(Write): 번호 순서에 따라 글을 쓰고, 앞뒤 문장을 연결하는 말을 끼워 넣기

- 편집하기(Edit): 문장이 적절하게 쓰였는지 확인하고, 구두점, 띄어쓰기 등을 확인한 후, 문장의 순서가 적절한지, 연결어가 적절한지 체크하기
- 고치기(Revise): 편집한 내용에 맞게 다시 고쳐 쓰기

• 질문을 만들어 본다.

- "누구와 누구를 비교하나요?"
- "무엇이 같은가요?" "무엇이 다른가요?"
- "어떻게 새끼를 키우나요?"
- "어디에 사나요?"

'음식 만들기' 설명글을 읽고 이해하여 과정의 구조로 설명할 수 있다

설명 구조: 과정 / 주제: 음식 만들기

• 핵심형(언어↓, 읽기↓): 바나나 우유 만들기

-준비물: 바나나, 우유, 꿀

바나나 우유를 만들자.
먼저 바나나, 우유, 꿀을 준비한다.
바나나 껍질을 깐다.
그리고 바나나를 칼로 자른다.
바나나를 믹서기에 넣는다.
우유도 믹서기에 넣는다.
여기에 꿀을 조금 넣는다.
그다음에 함께 갈아 준다.
컵에 따른다.
완성된 바나나 우유를 마신다.

• 확장형(언어↑, 읽기↑): 떡볶이 만들기

-준비물: 가래떡, 어묵, 파, 양배추, 양파, 당근, 고추장, 고춧가루, 간장, 설탕, 물엿, 물, 통깨

매콤하고 맛있는 떡볶이를 만들어 보자.
우선, 가래떡을 냉수에 잠깐 담갔다가 깨끗이 씻어 소쿠리에 건져 둔다.
어묵은 한 입 크기로 썰고 양배추는 굵직하게 채를 썰어 둔다.
당근과 양파도 적당한 크기로 채 썰고, 파는 어슷하게 잘라 놓는다.
오목한 프라이팬에 물을 적당히 담아 준비해 둔다.
그다음, 물에 고추장과 간장, 설탕을 넣은 후 바글바글 끓인다.
양념장이 끓어오르면 가래떡과 어묵을 넣고 중간불로 줄인 후 잠시 졸여 준다.
떡에 간이 배이면 당근, 양배추 등의 각종 채소를 넣고, 어슷 썬 파는 가장 나중에 넣는다.
마지막으로, 떡이 눌어붙지 않게 잘 저어 준 후, 좀 더 달콤하고 매콤한 맛을 내려면 고춧가루와 물엿을 더 첨가한다.
완성된 떡볶이를 그릇에 담고, 통깨를 솔솔 뿌려서 맛있게 먹는다.

언어 수준

- 두세 문장의 이상의 길이로 연결해서 말할 수 있으나 순서에 따라 절차를 조리 있게 말하기 어려워하는 아동
- 4~5낱말 조합 이상 문장 표현에는 어려움이 때때로 관찰되는 아동(두세 낱말 이상의 조합으로 문장 표현이 가능한 아동)
- 의미: 음식과 관련된 어휘를 이해하고 표현할 수 있는 아동
- 읽기: 가끔 틀리게 읽는 글자가 있으나 낱말 읽기가 가능한 아동

읽기 전 중재목표	글의 종류와 배경지식 및 내용 예측하기

언어 목표

- 글의 유형을 파악할 수 있다.
- 글의 주제와 관련된 배경지식을 말할 수 있다.
- 핵심 단어를 통해 글의 내용을 예측할 수 있다.

사용 카드

- 명사 4(주방): 칼, 컵, 후라이팬
- 명사 9(과일 · 열매): 바나나
- 명사 9(채소): 당근, 양배추, 양파, 파
- 명사 9(음식): 떡, 떡볶이, 물
- 서술어 3(가정생활-요리): 까다, 마시다, 섞다, 젓다, 씻다

Korean Words Card
우리말 카드
명사 4
주방
칼

Korean Words Card
우리말 카드
명사 4
주방
컵

Korean Words Card
우리말 카드
명사 4
주방
후라이팬

Korean Words Card
우리말 카드
명사 9
과일・열매
바나나

Korean Words Card
우리말 카드
명사 9
채소
당근

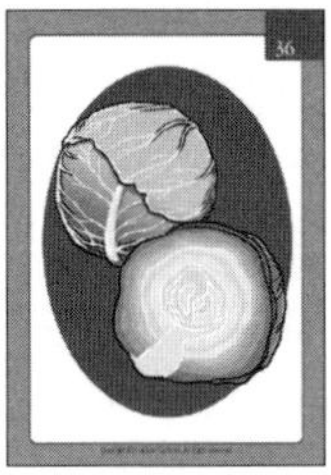

Korean Words Card
우리말 카드
명사 9
채소
양배추

Korean Words Card
우리말 카드
명사 9
채소
양파

Korean Words Card
우리말 카드
명사 9
채소
파

Korean Words Card
우리말 카드
명사 9
음식
떡

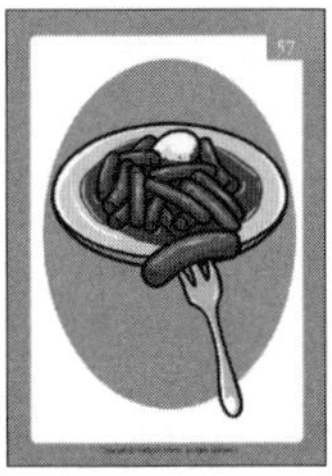

Korean Words Card
우리말 카드
명사 9
음식
떡볶이

Korean Words Card
우리말 카드
명사 9
음식
물

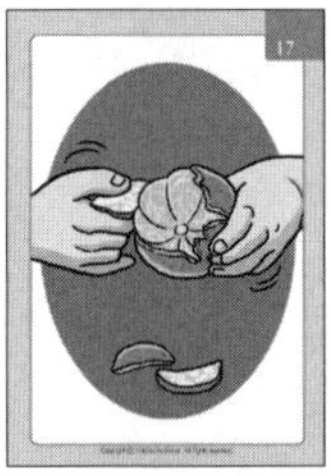

Korean Words Card
우리말 카드
서술어 3
가정생활-요리
까다

Korean Words Card
우리말 카드
서술어 3
가정생활-요리
마시다

Korean Words Card
우리말 카드
서술어 3
가정생활-요리
섞다

Korean Words Card
우리말 카드
서술어 3
가정생활-요리
젓다

Korean Words Card
우리말 카드
서술어 3
가정생활-씻기 외
씻다

활동절차: 중재 전략 및 유의사항

아동의 언어와 읽기 수준에 따라 '핵심형'과 '확장형' 중 하나를 선택하여 활동을 실시한다.

(1) 글의 유형 알기

- 그림카드를 보여 주면서 설명글에 대해 예를 들어 준다.

"선생님은 바나나 우유를 만들고 싶어. 바나나 우유를 어떻게 만들까?"

"바나나 우유 만드는 방법을 어떻게 알려 주는 것이 좋을까?"

"바나나 우유 만드는 방법을 어떻게 설명해 줘야 할까?"

(2) 글의 주제에 대한 배경지식 나누기 워크북 2-3-1-1 워크북 2-3-2-1

- 아동에게 구어로 글의 주제와 관련해서 아는 것을 말해 본다.

(바나나와 우유 그림카드를 보여 주며) "이거는 뭐지?"

(아동의 반응을 기다린 후) "그래, 바나나와 우유구나. 바나나 먹어 봤니? 어땠어? 우유는 좋아하니?"

- 아동과 좋아하는 우유 종류에 대해 이야기를 나눈다.

"우유는 어떤 종류가 있지? ○○이는 어떤 우유를 좋아하니?"

- 아동과 좋아하는 음식 이름 대기 놀이를 하면서 만들어 봤거나, 엄마가 만드는 것을 본 음식이 있는지 이야기 나눈다.

(3) 제목과 단어카드를 보며 글의 내용 예측하기

- 제목을 보며 무엇을 알려 주는 글인지를 예측해 본다.

"자! 우리 이 글의 제목을 한 번 읽어 보자. 제목이 뭐지?"

"제목이 '바나나 우유 만들기'네. 이 글은 무엇을 알려 주는 글일까?"

"그래, 바나나 우유를 어떻게 만드는 지 알려 주는 글인 거 같아."

응용하기

- 생일 파티하는 순서에 따라 말해 본다. 워크북 2-3-1-1
  - 생일 파티 순서에 따라 번호를 표시해 순서대로 길게 말해 본다.
    ① 케이크 꺼내기
    ② 초 꽂기
    ③ 촛불 붙이기
    ④ 촛불 끄기
    ⑤ 케이크 자르기
    ⑥ 접시에 담기
    ⑦ 먹기
- 햄버거 주문하기 놀이를 해 본다.
  - 아동과 햄버기 주문하기 과정을 순서대로 말하기 활동을 한다.
    ① 햄버거 가게에 간다.
    ② 메뉴판을 보고 먹고 싶은 것을 고른다.
    ③ 점원에게 가서 원하는 햄버거를 말한다.
    ④ 돈을 내고 거스름돈을 받는다.
    ⑤ 주문한 햄버거가 나올 때까지 기다린다.
    ⑥ 햄버거가 나오면 자리에 가서 먹는다.
    ⑦ 다 먹은 후 쟁반과 쓰레기를 제거한다.
- 순서에 따라 말할 수 있는 여러 가지 활동을 활용할 수 있다.

읽기 중 중재목표 1	소리 내서 유창하게 읽기

언어 목표

- 글을 적절한 의미단위로 끊어 읽을 수 있다.
- 글을 소리 내서 유창하게 읽을 수 있다.

활동절차: 중재 전략 및 유의사항

아동의 언어와 읽기 수준에 따라 '핵심형'과 '확장형' 중 하나를 선택하여 활동을 실시한다.

(1) 선생님이 읽어 주기 워크북 2-3-1-2 워크북 2-3-2-2

• 틀리게 읽는 글자가 많고 읽는 속도가 매우 느린 아동이나 읽기를 싫어하는 아동의 경우는 다음과 같이 한다.
  –선생님이 의미덩어리를 중심으로 손가락으로 짚어 가면서 읽어 준다. 이때 한 글자씩 손가락으로 짚어 주지 않도록 유의한다.
  –읽는 속도는 유창하게 읽는 아동보다 조금 느린 속도로 읽어 준다.
• 아동의 집중을 유도하기 위해 선생님이 아동 손을 잡고 의미덩어리 단위로 짚어 가면서 읽어 준다.
• 아동의 흥미를 유지하면서 반복해서 읽기를 유도한다.

(2) 함께 읽기 워크북 2-3-1-2 워크북 2-3-2-2

• 종종 틀리게 읽는 글자가 있고, 읽는 속도는 조금 느리지만 혼자 읽으려고 하는 아동의 경우는 다음과 같이 한다.
  –선생님과 아동이 함께 손가락으로 의미덩어리를 짚어 가면서 읽는다.
  –선생님과 아동이 한 문단씩 또는 한 문장씩 번갈아 가면서 읽는다.
• 집단 활동일 경우 두 명의 아동이 한 문단씩 또는 한 문장씩 번갈아 가면서 읽도록 한다.
• 아동의 흥미를 유지하면서 반복해서 읽고, 읽기 속도가 빨라지는 것을 경험할 수 있도록 한다.

(3) 아동 혼자 읽기 워크북 2-3-1-2 워크북 2-3-2-2

• 아동이 읽는 것을 좋아하고, 가끔 틀리게 읽는 글자가 있긴 해도 읽는 속도가 느리지 않은 아동의 경우는 다음과 같이 한다.
  –아동이 너무 급하게 읽는 경우 선생님이 의미덩어리를 손가락으로 짚어 주면서 아동의 읽

기를 따라가 준다.

• 아동의 흥미를 유지하면서 반복해서 읽고, 읽기 속도가 빨라지는 것을 경험할 수 있도록 한다.

응용하기

• 끊어 읽기를 한다.
 –글을 읽으면서 의미가 통하는 구나 절 단위로 끊기는 부분에 표시한다.
 –선생님이 먼저 표시된 부분에서 끊어 읽으면서 시범을 보인다.
 –아동과 함께 표시된 부분에서 끊어 읽기 연습을 한다.
 –아동이 혼자 표시된 부분에 유의하면서 반복 읽기를 연습한다.

읽기 중 중재목표 2	이해 모니터링 전략 사용하기

언어 목표

• 글을 적절한 의미단위로 끊어 읽을 수 있다.

• 글을 읽으면서 스스로 아는 것과 모르는 것을 확인할 수 있다.

활동절차: 중재 전략 및 유의사항

(1) 말속도 조절하며 읽기

• 선생님이 읽어 줄 때 말속도를 천천히 하여 생각할 시간을 준다.

• 읽으면서 모르는 단어에 밑줄을 긋거나 동그라미를 치면서 읽는다.

• 천천히 읽으면서 읽은 내용에 대해 생각하는 과정을 말로 들려준다. 한 문단을 다 읽고 나서

다음과 같이 이야기한다.

"바나나와 우유, 꿀을 준비해야 하네."

"맨 처음 순서는 바나나를 까서 자르는 거야. 그다음 순서는 뭐였지?"

- 읽으면서 알고 있는 것과 모르는 것을 확인한다.
  - 잘 모르는 내용이 나왔을 때, 다시 해당 부분을 반복해서 읽도록 유도한다.
  - 한 문단을 읽은 후 주요 내용에 관해 아동에게 질문해 본다.
  - 한 문단을 읽은 후 "바나나를 자른 다음에는 어디에 넣어야 하지?"라고 말해 주며 내용을 정리해 준다.

(2) 이해한 내용을 큰 소리로 말하기

- 읽으면서 이해하고 있는 것, 이해가 안 되는 것, 내가 아는 것과 다른 내용이 있는지 말하면서 읽는다.

  "바나나 우유에 바나나가 들어가는 것은 알고 있지. 그런데 꿀을 넣어야 하는 건 몰랐어."

- 읽고 있는 내용이 이해가 되는지에 대해 큰 소리로 말하고, 이해되지 않을 경우 어떻게 해결할 것인지를 큰 소리로 말한다.

  "바나나를 자른 다음 순서는 뭐였지? 생각이 안 나네. 다시 읽어 보자."

응용하기

- 핵심 단어를 표시한다.
  - 읽으면서 중요하다고 생각하는 단어에 밑줄을 긋거나 별표(★)로 표시하며 읽는다.
  - 반복해서 나오는 단어에 밑줄을 긋거나 별표(★)로 표시하며 읽는다.
- 어느 정도 숙련된 읽기 이해가 가능한 아동의 경우, 각 단락의 여백을 이용하여 요약하며 읽는다.

언어 목표

- 모르는 어휘를 확인하고 습득한다.
- 단어의 의미를 파악하기 위해 문맥을 활용할 수 있다.
- 단어를 연관시켜 의미를 유추해 볼 수 있다.
- 단어를 활용하여 문장 쓰기를 할 수 있다.

활동절차: 중재 전략 및 유의사항

아동의 언어와 읽기 수준에 따라 '핵심형'과 '확장형' 중 하나를 선택하여 활동을 실시한다.

(1) 모르는 단어 확인하기 워크북 2-3-1-3 워크북 2-3-2-3

- 유창하게 읽기를 마친 후 아동에게 모르는 단어가 있는지 물어본다.
- 아동이 모르는 단어에 밑줄을 긋거나 형광펜을 사용해 표시하게 한다.
- 모르는 단어가 들어 있는 문맥을 다시 한 번 읽어 보고 어떤 뜻일지 예측해 본다.
- 아동이 어려워할 경우, 선생님이 구어로 "먼저 바나나, 우유, 꿀을 준비해야 한대. 필요한 걸 가져와야 해. 준비가 뭘까?"와 같이 단서를 주어 예측해 보도록 한다.
- 아동이 계속 어려워할 경우, 선생님이 그 뜻을 설명해 주거나 인터넷을 활용하여 사전적 정의를 알아본다.
- 아동이 이미 알고 있는 '준비물'라는 단어와 연결하여 '준비하다'라는 단어를 이해하도록 지도한다.
- 학교에 어떤 준비물을 가져갔는지 그리고 왜 준비물이 필요한지 이야기해 본다.

(2) 어휘망 만들기 워크북 2-3-1-3 워크북 2-3-2-3

- 낱말의 뜻을 모두 알려 주고, 단어카드를 보고 어휘 뜻을 다시 확인한다.

• 낱말의 뜻을 모두 확인한 후 글의 핵심 어휘를 중심으로 어휘망을 만든다.
• 카드에 없는 단어는 빈 카드에 추가해서 만들 수 있다.
• 아동과 어휘망을 보면서 아동에게 글의 내용과 관련된 질문을 한다.
  "무엇을 알려 주는 글이지? 처음에는 무엇을 했지? 다음에는?"
• 아동이 적절히 반응하지 못하면, 어휘망의 단어를 가리키면서 다시 말할 기회를 준다.

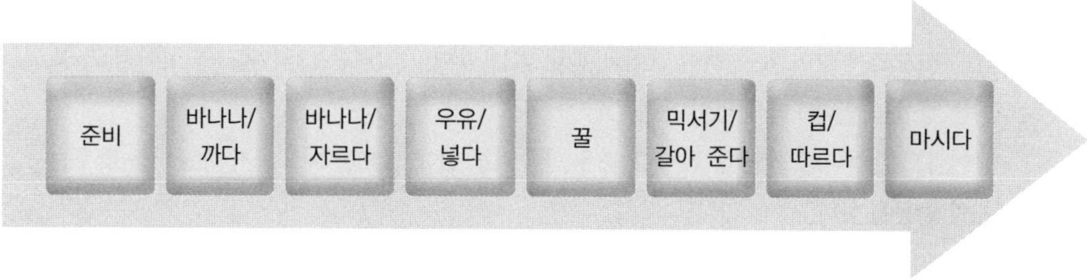

• 어휘망이 화살표의 순서대로 놓여 있음을 다시 한 번 환기시키면서 핵심 어휘가 일정한 순서에 따라 놓여 있음을 강조해 준다.
• 단어카드의 순서를 바꾸거나 첫 순서나 마지막 순서의 카드를 뒤집어 놓은 후 어떤 낱말이 들어가는지 확인하는 게임을 할 수 있다.

(3) 단어 분류하기 워크북 2-3-2-2

• 음식과 관련된 단어를 나열해 본다.
• 나열한 단어를 같은 종류의 단어로 모은다.
• 같은 종류로 분류된 단어를 범주어로 써 본다.

(4) 단어카드를 연결하여 문장 만들기 워크북 2-3-1-3

• 어휘망을 연결하여 문장을 만들어 본다.
  – 예를 들어, '바나나' '껍질' '까다' '자르다' '칼' 단어카드를 활용하여 아이의 수준에 따라 "바나나를 까. 바나나 껍질을 까." "바나나를 잘라." "바나나를 칼로 잘라." 또는 두 문장을 연결하여 "바나나 껍질을 까고 칼로 잘라."로 길게 말하게 하고 이를 빈 카드에 써 보도록 한다.
• 문장의 빈칸 채우기 활동을 통해 모르는 단어의 의미를 파악한다.

-아동이 모르겠다고 표시한 단어가 들어가는 문장을 만들어서 괄호 넣기 활동을 통해 단어의 의미를 유추해 볼 수 있도록 지도한다. "먼저 바나나를 (준비한다/먹는다)."

응용하기

- 호기심 항아리 게임을 한다.
  - 글을 읽으면서 들어 있는 핵심 단어와 관련 없는 단어카드(또는 그림카드)를 섞어서 안 보이는 항아리(빈 통) 안에 넣어 둔다.
  - 단어카드를 하나씩 꺼낸 후 바나나 우유 만들기를 위해 필요한 재료인지 아닌지를 맞추는 게임 활동을 한다.
  - 필요한 재료인 경우 어떻게 사용되는지 말해 본다.

  예) 바나나: 껍질을 까고 잘라서 갈아 준다.

  믹서기: 재료를 넣고 갈 때 사용한다.

읽기 후 중재목표 2	글의 순서에 따라 세부내용 파악하기

언어 목표

- 글의 세부내용을 파악할 수 있다.
- 만들기 과정을 순서에 따라 도식을 만들 수 있다.
- 글의 내용을 정리하여 말하고 쓸 수 있다.

활동절차: 중재 전략 및 유의사항

아동의 언어와 읽기 수준에 따라 '핵심형'과 '확장형' 중 하나를 선택하여 활동을 실시한다.

(1) 어휘망을 보면서 읽은 내용 확인하기 워크북 2-3-1-3 워크북 2-3-2-3

- 어휘 활동을 통해 만든 어휘망을 아동과 함께 다시 한 번 살펴본다.
- 아동과 어휘망을 보면서 아동에게 글의 내용과 관련된 질문을 한다.

  "무엇을 알려 주는 글이지? 처음에는 무엇을 했지? 다음에는?"
- 아동이 적절히 반응하지 못하면, 어휘망의 단어를 가리키면서 다시 말할 기회를 준다.

(2) 단어카드로 도식판 만들기

- 단어카드를 활용하여 다음과 같은 도식판을 완성한다.

  –처음에는 단서를 제시하지 않고 빈칸을 완성하게 하고, 아동이 오반응을 하거나 생각해 내기 어려워하면 단서를 제공한다.
- 쓰기가 가능한 아동은 직접 써 볼 수도 있다.

준비하다 → 바나나/까다 → 바나나/자르다 → 우유/꿀/넣다 → 믹서기/갈다 → 컵/따르다 → 마시다

(3) 글의 중심내용 파악하기 워크북 2-3-1-4 워크북 2-3-2-4

- 글을 다시 읽으면서 반복해서 나오는 단어나 중요하다고 생각하는 부분에 밑줄을 긋거나 표시(☆)를 한다.

  –아동이 스스로 하기 어려워하는 경우 시범을 보여 준다.
- 밑줄을 긋거나 표시한 내용을 다시 읽어 본다.
- 각 문장이 '무엇'에 대한 내용인가를 파악한 후, 아동 스스로가 한 문장으로 말해 본다.

  "이 내용은 무엇을 하는 내용이지?" "그래 바나나를 잘라야 되는 구나." "○○이가 한 번 무엇을 하는 건지 말해 보자." "바나나를 잘라요." "그래, 잘했어."
- 아동이 한 말을 문장으로 빈 카드에 써 주거나 아동 스스로 쓰기가 가능한 경우 문장으로 써 본다.
- 문장을 만드는 순서에 따라 나열하여 다음의 표를 완성해 본다.

바나나 우유 만들기	
1	바나나, 우유, 꿀을 준비한다.
2	바나나 껍질을 깐다.
3	바나나를 칼로 자른다.
4	우유, 꿀, 바나나를 믹서기에 넣는다.
5	믹서기에서 갈아 준다.
6	컵에 따른다.
7	바나나 우유를 마신다.

–처음에는 단서를 제시하지 않고 빈칸을 완성시키도록 하고, 아동이 오반응을 하거나 생각해 내기 어려워하면 단서를 제공한다.

(4) 글의 세부내용 파악하기 워크북 2-3-1-4 워크북 2-3-2-4

- 단서가 되는 단어(결속표지)에 표시하면서 읽는다.
  - –'먼저, ~도 그 다음에, 마지막으로'와 같이 글의 구조를 이해하는 데 단서가 되는 단어에 동그라미를 치면서 다시 한 번 읽어 본다.
  - –이 단서 단어들이 문장 내에서 어떻게 사용되는지 이야기를 나눠 본다.
- 워크북의 어휘망에서 나온 중요 단어를 다시 한 번 확인한다.
- 아동 스스로 글을 읽으면서 바나나 우유 만드는 과정에 따라 순서를 표시해 본다.
- 표시한 순서에 따라 바나나 우유 만드는 절차를 이야기해 본다.

(5) 순서도를 보며 과정에 따라 순서대로 말하기 워크북 2-3-1-4 워크북 2-3-2-4

- 아동이 순서도를 보면서 순서에 따라 말하도록 한다.
- 아동이 혼자 말하기 어려워하면 선생님이 모델링을 해 준다.
- 이 글을 요약할 때 '만드는 순서 절차에 따라' 말하기 방법으로 말해야 함을 강조한다.
- 아동이 스스로 할 때, 다음 내용을 유도하기 위해 "맨 처음에는?" "그다음에는?" 등의 힌트가 될 만한 단서를 제공한다.

응용하기

• 레시피 꾸미기 활동을 해 본다.
 –순서에 따라 요리하기 활동을 한다.
 –각 요리 단계를 사진을 찍어 순서대로 배열한다.
 –사진으로 꾸민 순서도를 보며 만드는 과정을 설명한다.
 –각 요리 단계의 사진을 붙이고 순서대로 만드는 과정을 기록하여 레시피 노트를 작성한다.

읽기 후 중재목표 3	과정의 설명글을 읽고 내용을 묻는 질문에 대답하기

언어 목표

• 글의 주요 내용에 대한 질문에 답할 수 있다.
• 글의 주요 내용을 이해하고, 요약하여 말할 수 있다.

활동절차: 중재 전략 및 유의사항

아동의 언어와 읽기 수준에 따라 '핵심형'과 '확장형' 중 하나를 선택하여 활동을 실시한다.

(1) 글의 도식판을 보며 글의 내용을 요약하여 말하기 워크북 2-3-1-4 워크북 2-3-2-4

• 아동이 도식판을 보면서 글의 내용을 요약하도록 한다.
• 아동이 혼자 말하기 어려워하면 선생님이 모델링을 해 준다.
• 이 글을 요약할 때 순서에 따라 말하기 방법으로 말해야 함을 강조한다.
• 아동이 스스로 할 때, 다음 내용을 유도하기 위해 "그다음에는 뭘 해야 하지?" 등의 단서를 제공한다.
• 요약하여 쓰기 활동을 한 경우 요약한 글을 발표해 보도록 한다.

(2) 주요 내용에 대한 질문에 대답하기 워크북 2-3-1-4 워크북 2-3-2-4

• 글의 내용과 관련된 질문지를 다음과 같이 작성해 둔다.

유형	질문 내용
핵심형	1. 이 글은 무엇을 설명하고 있나요?
	2. 먼저 준비해야 하는 것은 무엇인가요?
	3. 바나나를 믹서기에 넣기 전에 무엇을 하나요?
	4. 바나나 우유를 달게 먹으려면 무엇을 넣어야 하나요?
	5. 믹서기는 무엇을 하는 도구인가요?
확장형	1. 이 글은 무엇을 설명하고 있나요?
	2. 가장 먼저 준비해야 하는 것은 무엇인가요?
	3. 파는 어떤 방법으로 썰어야 하나요?
	4. 양념장이 끓을 때 중간불로 줄이는 이유는 무엇인가요?
	5. 가장 나중에 넣어야 하는 재료는 무엇인가요?
	6. 잘 저어 주지 않으면 어떤 문제가 생길까요?
	7. 매운 음식을 잘 못 먹는다면 어떻게 해야 할까요?

• 보드게임판을 이용해 아동과 번갈아 가며 질문을 뽑아 대답하기 게임을 진행한다.
• 아동과 선생님이 질문을 번갈아 가며 한다.
• 아동에게 새로운 질문을 만들어도 좋다고 지시하고, 새로운 질문을 만들어서 대답할 수도 있다.
• 아동이 질문에 대답을 적절히 못하면, 해당 글을 다시 읽고 질문에 답할 수 있도록 한다.
• 글 읽기 이후에도 질문에 답하기 어려워하면 도식판을 확인한 후 질문에 답하도록 한다.

응용하기

• 요약 내용을 써 본다.

-도식판을 보고 구어로 요약한 내용을 써 본다.

중재목표

04 '동물의 종류' 설명글을 읽고 이해하여 분류의 구조로 설명할 수 있다

설명 구조: 분류 / 주제: 동물의 종류
• 핵심형(언어↓, 읽기↓)
이 세상에는 많은 동물이 있다. 그런데 동물들은 사는 곳이 다르다. 새들은 하늘을 날아다닌다. 독수리, 부엉이는 큰 새다. 참새나 제비는 작은 새이다. 땅에 사는 동물도 있다. 호랑이, 사슴은 산에 산다. 사자, 얼룩말, 기린은 들판에서 산다. 또 원숭이나 코알라는 나무에서 산다. 바다에서 사는 동물도 많다. 상어, 고등어, 오징어는 물고기 종류이다. 딱딱한 껍질을 가진 소라, 조개도 바다에 산다. 이렇게 사는 곳에 따라 동물을 여러 가지로 나눌 수 있다.
• 확장형(언어↑, 읽기↑)
동물은 서식지에 따라 생김새나 생활방식이 다르다. 주변 환경에 적응하여 살기 알맞은 모습으로 진화해 왔기 때문이다. 하늘에서 주로 활동하는 동물은 조류인데, 날개와 부리가 있고 몸이 깃털로 덮여 있는 게 특징이다. 새들은 크기나 생김새의 특징 등에 따라 다시 나눌 수 있다. 독수리, 부엉이, 매 등은 몸집이 크고 사나운 육식성 조류이다. 이 새들은 날카로운 부리와 발톱을 갖고 있고, 눈과 귀가 예민하며 성질이 용맹한 게 특징이다. 반면에 참새나 제비는 몸집이 작고 날렵하며, 곤충이나 곡식을 주로 먹는다. 산이나 들판 등에서 서식하는 동물은 육지동물이라고 한다. 육지동물은 걷거나 뛰는 데 유리하게 다리가 잘 발달되어 있는 게 특징이다. 청각, 후각, 시각이 골고루 잘 발달되어 있으며 몸이 털로 덮여 있는 경우가 많다. 육지동물들도 주로 활동하는 장소에 따라 다시 나눌 수 있다. 호랑이나 곰 등은 산속 동굴에서 주로 활동하고, 사슴 등도 낙엽이 많은 산속에 산다. 사자나 기린, 얼룩말은 넓게 초원이 펼쳐져 있는 들판에서 주로 활동한다. 기린이나 얼룩말 등은 풀이나 나무 열매 등을 먹지만, 사자는 초원을 누비며 다니다 약한 동물을 사냥해서 생활한다. 원숭이나 코알라와 같이 주로 나무에서 생활하면서 나뭇잎이나 나무 열매를 먹고 사는 동물들도 있다. 바다에서 사는 해양동물은 종류가 매우 다양한데 대표적인 것이 어류이다. 어류는 등뼈가 있고, 몸이 유선형이며 지느러미가 있고, 아가미가 있다. 이러한 생김새의 특징은 물속에서 살아가기에 알맞게 발달된 것으로 상어와 고등어 등이 대표적이다. 등뼈가 없이 딱딱한 껍질을 갖고 있는 소라나 조개 종류도 바다에 사는 생물이다. 이처럼 서식지에 따라 여러 가지 유형의 동물이 있으며 그 특징도 다양하다.

언어 수준

- 4낱말 조합 이상 문장 표현이 가능한 아동, 복문을 사용할 수는 있으나 주로 단문 위주로 표현하는 아동
- 두세 문장의 길이로 연결해서 말할 수 있으나 소주제에 따라 체계를 갖춰 말하기 어려워하는 아동
- 의미: 동물 범주어를 이해하고, 동물 관련 어휘를 10개 이상 알고 있는 아동
- 읽기: 가끔 틀리게 읽는 글자가 있으나 낱말 읽기가 가능한 아동

읽기 전 중재목표	글의 종류와 배경지식 및 내용 예측하기

언어 목표

- 글의 유형을 파악할 수 있다.
- 글의 주제와 관련된 배경지식을 말할 수 있다.
- 핵심 단어를 통해 글의 내용을 예측할 수 있다.

사용 카드

- 명사 6(자연): 산, 하늘, 바다, 땅, 숲
- 명사 7(동물-조류): 독수리, 부엉이, 참새, 제비
- 명사 7(동물-육지동물): 호랑이, 사슴, 사자, 얼룩말, 기린, 원숭이, 코알라
- 명사 7(동물-바다생물): 상어, 오징어, 소라, 조개

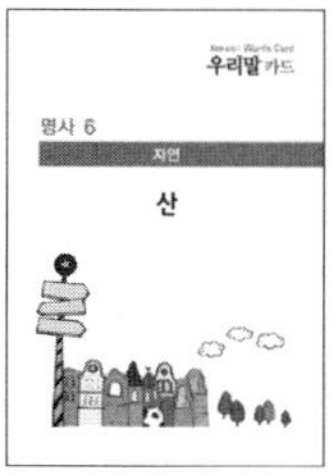

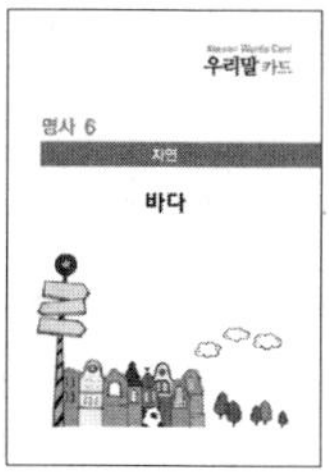

Korean Words Card
우리말 카드

명사 6

자연

땅

Korean Words Card
우리말 카드

명사 6

자연

숲

Korean Words Card
우리말 카드

명사 7

동물-조류

독수리

Korean Words Card
우리말 카드

명사 7

동물-조류

부엉이

Korean Words Card
우리말 카드

명사 7

동물-조류

참새

Korean Words Card
우리말 카드

명사 7

동물-조류

제비

Korean Words Card
우리말 카드

명사 7

동물-육지동물

호랑이

Korean Words Card
우리말 카드

명사 7

동물-육지동물

사슴

Korean Words Card
우리말 카드

명사 7

동물-육지동물

사자

Korean Words Card
우리말 카드

명사 7

동물-육지동물

얼룩말

Korean Words Card
우리말 카드

명사 7

동물-육지동물

기린

Korean Words Card
우리말 카드

명사 7

동물-육지동물

원숭이

Korean Words Card
우리말 카드

명사 7

동물-육지동물

코알라

Korean Words Card
우리말 카드

명사 7

동물-바다생물

상어

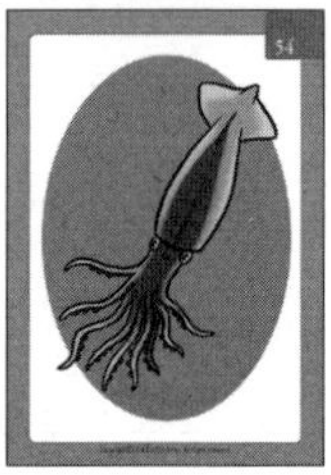

Korean Words Card
우리말 카드

명사 7

동물-바다생물

오징어

Korean Words Card
우리말 카드

명사 7

동물-바다생물

소라

Korean Words Card
우리말 카드

명사 7

동물-바다생물

조개

활동절차: 중재 전략 및 유의사항

아동의 언어와 읽기 수준에 따라 '핵심형'과 '확장형' 중 하나를 선택하여 활동을 실시한다.

(1) 글의 유형 알기

- 아동과 함께 설명글에 대해 예를 들면서 누군가에서 무엇에 대해 알려 주는 글임을 보여 준다.

  "○○이는 좋아하는 운동이 있니? 어떤 종류의 운동을 좋아해?"

  "선생님은 어떤 운동을 하면 좋을지 잘 모르겠어. ○○이가 어떤 운동이 있는지 알려 주면 좋겠어. 선생님은 어떤 종류의 운동을 하면 좋을까? ○○이가 설명해 주면 좋겠다."

- 아동에게 글의 유형에 대해서 구어로 알려 준다.

  "선생님한테 운동을 소개해 주려면 어떻게 해야 할까? 어떻게 설명해야 할까?"

  "어떤 종류의 운동이 있는지 먼저 알려 줘야겠지?"

(2) 글의 주제에 대한 배경지식 나누기 워크북 2-4-1-1 워크북 2-4-2-1

- 아동에게 구어로 글의 주제와 관련해서 아는 것을 말해 본다.

  "오늘 우리는 동물에 대해서 알아볼 거야. 우리 주변에 어떤 동물들이 있는지 알려 주는 글을 볼 거야."

  "어떤 동물이 있지?"

  (아동의 반응을 기다린 후) "그래. 사자도 있고, 상어도 있지."

- 아동이 알고 있는 동물의 이름을 생각나는 대로 이야기해 보거나 동물 이름 대기 놀이를 한다.

  "우리 '아이 엠 그라운드 동물 이름 대기놀이'를 해 보자."

- 아동이 열거한 동물 이름을 빈 카드에 적어 주거나, 아동이 직접 적으려고 하면 스스로 적게 한다.

- 아동이 말한 동물 이름카드를 보면서 아동과 동물의 특징에 대해서 이야기를 나눈다.

  "와, 사자는 다리가 네 개구나. 상어는 다리가 없네. 다리가 두 개인 동물도 있니? 그래 오리는 다리가 두 개구나."

- 아동이 이야기 나눈 동물의 특징에 따라 동물을 나눠 보는 활동을 연결해 준다.

  "○○아! 다리가 네 개인 동물은 이 중에 어떤 거지? 다리 네 개인 거만 모아 볼까?"

(3) 제목과 단어카드를 보며 글의 내용 예측하기 워크북 2-4-1-1 워크북 2-4-2-1

- 제목 '동물의 종류'를 보고 무엇을 알려 주는 글인지 예측해 본다.

  "이 글의 제목이 뭐야?"

  (아동의 반응을 기다린 후) "그래, 동물의 종류라고 되어 있네. 이 글은 무엇에 대해 알려 주는 글일까?"

  (아동에게 기회를 주고 반응이 없으면) "선생님은 동물에 대해 알려 주는 글인 거 같아."

- 동물과 장소에 대한 그림 및 단어카드를 보고 짝짓기 활동을 한다.

  "자, 여기 '사자, 제비, 상어'라는 단어가 있네. 이건 동물 이름들이야. '하늘, 바다, 땅'은 무슨 단어지? 장소를 말해 주는 단어야. '사자'는 어떤 장소와 짝이 될까? 사자가 사는 곳이 어딜까?"

  (아동의 반응을 기다린 후) "그래 사자는 땅에 사니까 사자와 땅을 짝지으면 되겠구나."

  "다른 카드로 사는 곳에 따라 짝을 지어 보자."

- 그림 및 글자카드를 활용하여 예측되는 문장을 만들어 본다.

  "자, '사자-땅, 상어-바다, 제비-하늘' 이렇게 짝이 되는 구나."

  "그러면 이 카드로 '○○은 ○○에 살아요.'와 같이 말해 보자."

- 이때 글자카드를 연결하여 문장 쓰기 활동을 촉진할 수도 있다.

사자	+	땅	→	사자는 땅에 살아요.

(4) 여러 가지 동물이 사는 곳 찾기 워크북 2-4-2-1

- 아동과 동물그림카드나 단어카드를 보면서 사는 곳이 어디인지 맞추기 놀이를 하면서, 하늘, 땅, 바다가 그려진 배경 그림판에 동물을 붙이는 활동을 한다.

  "사자는 어디서 살지?"

  (아동의 반응을 기다린 후) "그래. 사자는 땅에서 사네. 그럼 사자 집은 땅에 있구나. 자, 여기 땅 위에 사자를 붙여 보자."

- 배경 그림판에 붙어 있는 동물들을 보면서 동물의 종류 말해 보기 활동으로 연결한다.

  "자, 이제 바다에 사는 동물들은 어떤 것들이 있는지 말해 볼까?"와 같은 질문을 하며, 아동이 동물의 하위 범주를 말해 보도록 촉진한다.

• 각 장소에 사는 동물을 일컫는 상위어를 만든다.

"바다에는 상어, 고등어, 오징어, 소라, 새우, 조개가 사는구나. 그럼 바다에 사는 이 동물들을 모두 뭐라고 부르면 좋을까?"

(아동의 반응을 기다린 후) "선생님은 바다 동물이라고 부르면 좋을 거 같아."

"바다, 땅, 하늘에 사는 동물들을 모두 한꺼번에 부를 때는 뭐라고 부를까?"

(아동의 반응을 기다린 후) "그래, 맞아! 동물이라고 부르면 되겠구나!"

응용하기

• 추운 곳, 더운 곳 등 날씨와 관련된 장소에 사는 동물 이름 대기 활동을 해 본다.
  예) 추운 지방에 사는 동물: 북극곰, 펭귄
      사막에 사는 동물: 낙타, 도마뱀

• 관련 동화책을 읽는다.
  -장수하늘소, 김미경(2007). 엄마가 콕콕 짚어 주는 동물 이야기. 해솔.

읽기 중 중재목표 1	소리 내서 유창하게 읽기

언어 목표

• 글을 적절한 의미단위로 끊어 읽을 수 있다.

• 글을 소리 내서 유창하게 읽을 수 있다.

활동절차: 중재 전략 및 유의사항

아동의 언어와 읽기 수준에 따라 '핵심형'과 '확장형' 중 하나를 선택하여 활동을 실시한다.

(1) 선생님이 읽어 주기 워크북 2-4-1-2 워크북 2-4-2-2

• 틀리게 읽는 글자가 많고 읽는 속도가 매우 느린 아동이나 읽기를 싫어하는 아동의 경우는 다음과 같이 한다.

–선생님이 의미덩어리를 중심으로 손가락으로 짚어 가면서 읽어 준다. 이때 한 글자씩 손으로 짚어 주지 않도록 유의한다.

–읽는 속도는 유창하게 읽는 아동보다 조금 느린 속도로 읽어 준다.

• 아동의 집중을 유도하기 위해 선생님이 아동의 손을 잡고 의미덩어리 단위로 짚어 가면서 읽어 준다.

• 아동의 흥미를 유지하면서 반복해서 읽기를 유도한다.

(2) 함께 읽기

• 종종 틀리게 읽는 글자가 있고, 읽는 속도는 조금 느리지만 혼자 읽으려고 하는 아동의 경우는 다음과 같이 한다.

–선생님과 아동이 함께 손가락으로 의미덩어리를 짚어 가면서 읽는다.

–선생님과 아동이 한 문단씩 또는 한 문장씩 번갈아 가면서 읽는다.

• 집단 활동일 경우 두 명의 아동이 한 문단씩 또는 한 문장씩 번갈아 가면서 읽도록 한다.

• 아동의 흥미를 유지하면서 반복해서 읽고, 읽기 속도가 빨라지는 것을 경험할 수 있도록 한다.

(3) 아동 혼자 읽기 워크북 2-4-1-2 워크북 2-4-2-2

• 아동이 읽는 것을 좋아하고, 가끔 틀리게 읽는 글자가 있긴 해도 읽는 속도가 느리지 않은 아동의 경우는 다음과 같이 한다.

–아동이 너무 급하게 읽는 경우 선생님이 의미덩어리를 손가락으로 짚어 주면서 아동의 읽기를 따라가 준다.

• 아동의 흥미를 유지하면서 반복해서 읽고, 읽기 속도가 빨라지는 것을 경험할 수 있도록 한다.

응용하기

- 끊어 읽기를 한다.
  - 글을 읽으면서 의미가 통하는 구나 절 단위로 끊기는 부분에 표시한다.
  - 선생님이 먼저 표시된 부분에서 끊어 읽으면서 시범을 보인다.
  - 아동과 함께 표시된 부분에서 끊어 읽기 연습을 한다.
  - 아동이 혼자 표시된 부분에 유의하면서 반복 읽기를 연습한다.

읽기 중 중재목표 2	이해 모니터링 전략 사용하기

언어 목표

- 글을 적절한 의미단위로 끊어 읽을 수 있다.
- 글을 읽으면서 스스로 아는 것과 모르는 것을 확인할 수 있다.

활동절차: 중재 전략 및 유의사항

(1) 말속도 조절하며 읽기

- 선생님이 읽어 줄 때 말속도를 천천히 하여 생각할 시간을 준다.
- 읽으면서 모르는 단어에 밑줄을 긋거나 동그라미를 치면서 읽도록 유도한다.
- 천천히 읽으면서 읽은 내용에 대해 생각하는 과정을 말로 들려 준다. 한 문단을 다 읽고 나서 다음과 같이 이야기한다.

  "하늘에 사는 동물은 뭐라고 하지?"

  "하늘에는 어떤 동물이 살지? 독수리, 부엉이가 사는구나."
- 읽으면서 알고 있는 것과 모르는 것을 확인한다.

–잘 모르는 내용이 나왔을 때, 다시 해당 부분을 반복해서 읽도록 유도한다.

–한 문단을 읽은 후 주요 내용에 관해 아동에게 질문해 본다.

–한 문단을 읽은 후 "하늘에 사는 동물은 독수리, 부엉이, 참새, 제비가 있구나."라고 말해 주며 내용을 정리해 준다.

(2) 이해한 내용을 큰 소리로 말하기

- 읽으면서 이해하고 있는 것, 이해가 안 되는 것, 내가 아는 것과 다른 내용이 있는지 말하면서 읽는다.

  "상어가 바다에 사는 건 알고 있어. 그런데 조개가 바다에 사는 동물인 걸 몰랐네."

- 읽고 있는 내용이 이해가 되는지에 대해 큰 소리로 말하고, 이해되지 않을 경우 어떻게 해결할 것인지를 큰 소리로 말한다.

  "바다에는 어떤 동물이 산다고 했지? 잘 모르겠네. 다시 한 번 마지막 문단을 읽어 보자."

응용하기

- 핵심 단어를 표시한다.
  –읽으면서 중요하다고 생각하는 단어에 밑줄을 긋거나 별표(☆)로 표시하며 읽는다.
  –반복해서 나오는 단어에 밑줄을 긋거나 별표(☆)로 표시하며 읽는다.
- 어느 정도 숙련된 읽기 이해가 가능한 아동의 경우, 각 단락의 여백을 이용하여 요약하며 읽는다.

읽기 후 중재목표 1	어휘 확인 및 상의어와 하의어 이해하고 표현하기

언어 목표

- 모르는 어휘를 확인하고 습득한다.
- 상의어와 하의어를 이해하고 범주에 따라 어휘를 분류할 수 있다.
- 단어의 의미를 파악하기 위해 문맥을 활용할 수 있다
- 단어를 활용하여 문장 쓰기를 할 수 있다.

활동절차: 중재 전략 및 유의사항

아동의 언어와 읽기 수준에 따라 '핵심형'과 '확장형' 중 하나를 선택하여 활동을 실시한다.

(1) 모르는 단어 확인하기

- 유창하게 읽기를 마친 후 아동에게 모르는 단어가 있는지 물어본다.
- 아동이 모르는 단어에 밑줄을 긋거나 형광펜을 사용해 표시하게 한다.
- 모르는 단어가 들어 있는 문맥을 다시 한 번 읽어 보고 어떤 뜻일지 예측해 본다.
- 아동이 어려워할 경우, 선생님이 구어로 "조류가 뭐지? 하늘에서 주로 활동하는 동물이 조류래. 하늘에서 사는 동물은 어떤 게 있을까?"와 같이 단서를 주어 예측해 보도록 한다.
- 아동이 계속 어려워할 경우, 선생님이 그 뜻을 설명해 주거나 인터넷을 활용하여 사전적 정의를 알아본다.
- 아동이 알고 있는 조류의 종류에 대해서 이야기해 본다.

(2) 상의어와 하의어 이해하기 워크북 2-4-1-3 워크북 2-4-2-3

- 모르는 어휘 뜻을 모두 확인한 후, 단어카드를 동물이 사는 곳에 따라 분류하기 활동을 한다.

바다

상어
조개
고래
새우

숲

호랑이
사자
사슴
원숭이

하늘

독수리
부엉이
참새
제비

- 글에 있는 동물의 종류를 모두 찾아 분류해 놓고, 그 이외에 알고 있는 동물 이름도 빈 카드에 써 넣고 사는 곳에 따라 나눠본다.
- 각 사는 곳에 배치된 동물 이름을 말하고, 해당 동물을 모두 합해서 뭐라고 부르는지에 대해서 반복적으로 이야기를 나눈다.

"새의 종류에는 독수리, 부엉이, 참새, 제비 등이 있구나. 독수리, 부엉이, 참새, 제비를 한꺼번에 부르면 뭐라고 하지?"

(아동의 반응을 기다린 후) "그래, 새(조류)야. 그러면 새의 종류에는 어떤 것이 있었지? ○○이가 말해 볼래?"

예시 단어	같은 종류 단어	범주어
호랑이, 고등어, 사자, 독수리, 얼룩말, 상어, 새우, 부엉이, 참새, 사슴, 기린, 원숭이, 소라, 제비	호랑이, 사자, 얼룩말, 사슴, 기린, 원숭이	육지동물
	독수리, 부엉이, 참새, 제비	조류
	상어, 새우, 고등어, 소라	바다생물

- 각 장소에 배치된 동물의 특징을 말해 보고, 같은 점이 무엇인지를 찾아본다.

"새의 종류에는 독수리, 부엉이, 참새, 제비 등이 있구나. 독수리는 어떻게 생겼어? 참새는 어떻게 생겼어? 이 동물들은 모두 날개를 갖고 있구나. 하늘에 사는 동물들은 모두 날개가 있네."

(3) 어휘망 만들기 워크북 2-4-1-3 워크북 2-4-2-3

- 단어카드를 중심으로 어휘망을 만들어 본다.
- 카드에 없는 단어는 빈 카드에 추가해서 만들 수 있다.
- 어휘망에 있는 단어를 보면서 각 장소에서 사는 동물 종류를 다시 말해 본다.

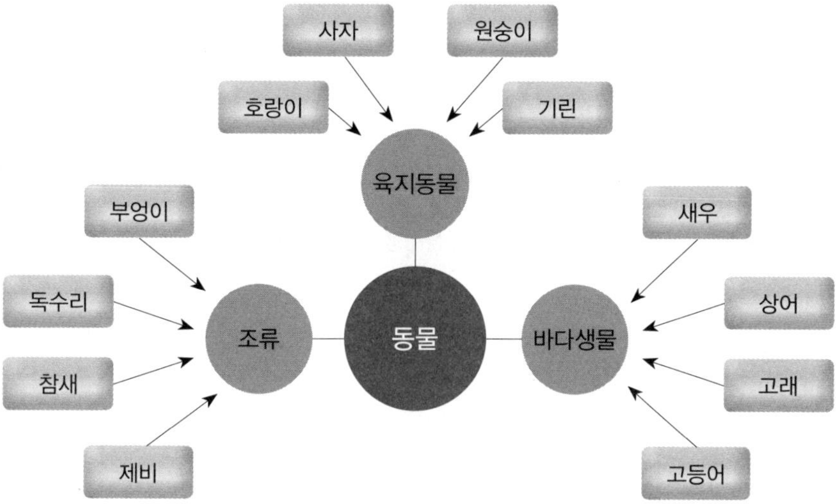

(4) 단어카드를 연결하여 문장 만들기 워크북 2-4-1-3 워크북 2-4-2-3

- 어휘망의 단어를 연결하여 문장을 만들어 본다.

  "바다생물에는 고래, 상어, 새우, 조개가 있다."라고 길게 말한 후 문장으로 쓰기 활동으로 연결할 수 있다.

- 문장의 빈칸 채우기 활동을 통해 모르는 단어의 의미를 파악한다.

  –아동이 모르겠다고 표시한 단어가 들어가는 문장을 만들어서 괄호 넣기 활동을 통해 단어의 의미를 유추해 볼 수 있도록 지도한다.

  "고래, 상어, 새우, 조개는 모두 (바다생물/조류/육지동물)이다."

응용하기

• 다양한 기준을 적용하여 분류하기 활동을 해 본다.

기준	초식동물	육식동물	잡식동물
먹이	토끼, 기린, 사슴	호랑이, 사자, 표범	돼지, 개

읽기 후 중재목표 2	분류의 설명글을 읽고 중심내용과 세부내용 찾기

언어 목표

• 글의 중심내용을 찾을 수 있다.
• 글의 세부내용을 찾을 수 있다.
• 글의 주제문을 찾고, 이를 자기 말로 바꾼 문장으로 쓸 수 있다.
• 글의 내용을 요약하여 말하고 쓸 수 있다.

활동절차: 중재 전략 및 유의사항

아동의 언어와 읽기 수준에 따라 '핵심형'과 '확장형' 중 하나를 선택하여 활동을 실시한다.

(1) 어휘망을 보면서 읽은 내용 확인하기 워크북 2-4-1-4 워크북 2-4-2-4

• 어휘 활동을 통해 만든 어휘망을 아동과 함께 다시 한 번 살펴본다.
• 아동과 어휘망을 보면서 아동에게 글의 내용과 관련된 질문을 한다.

"바다생물에는 어떤 종류가 있다고 했지? 바다생물들의 모습에는 어떤 특징이 있니?"

• 아동이 적절히 반응하지 못하면, 어휘망의 단어를 가리키면서 다시 말할 기회를 준다.

(2) 단어카드로 도식판 만들기 워크북 2-4-1-4 워크북 2-4-2-4

- '조류, 육지동물, 바다생물'등의 단어카드를 활용하여 다음과 같은 표를 완성한다.
  - 처음에는 단서를 제시하지 않고 빈칸을 완성하도록 지도하고, 아동이 오반응을 하거나 생각해 내기 어려워하면 단서를 제공한다.
- 쓰기가 가능한 아동은 직접 써 볼 수도 있다.

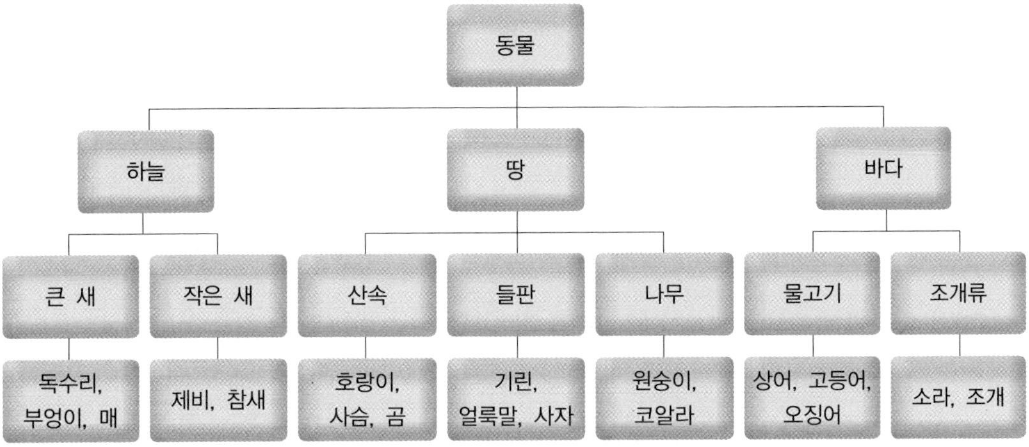

(3) 글의 중심내용 파악하기 워크북 2-4-1-4 워크북 2-4-1-4

- 글을 다시 읽으면서 반복해서 나오는 단어나 중요하다고 생각하는 부분에 밑줄을 긋거나 표시(☆)를 한다.
  - 아동이 스스로 하기 어려워하는 경우 시범을 보여 준다.
- 밑줄을 긋거나 표시한 내용을 중심으로 다시 읽어 본다.
- 각 문장이 '무엇'에 대한 내용인가를 파악한다.

  "이 내용은 무엇을 설명한 내용이지?"
- 각 문단에서 설명하는 내용에 대하여 사는 곳이 같은 동물의 종류는 '무엇, 무엇'이 있는지 생각하면서 중심내용을 문장으로 말해 본다.

  "육지에 사는 동물은 호랑이, 사자, 기린, 원숭이 등이 있네, 자 이 내용을 '육지에 사는 동물은 ○○이 있다'처럼 말해 보자."
- 앞에서 언급한 동물들이 어떤 특징이 있는지에 대해 생각하면서 중심내용을 문장으로 말해

본다.

"육지에 사는 동물은 다리가 튼튼하구나, 자 이 내용을 '육지에 사는 동물은 ○○하다'처럼 말해 보자."

–아동이 말한 문장을 문장카드에 써 주거나, 아동이 직접 써서 다음의 표를 완성하게 해 본다.

사는 곳	종류	특징
하늘	독수리, 부엉이, 참새, 제비, 매	날개가 있다. 깃털이 있다.
육지	호랑이, 사자, 원숭이, 곰, 사슴, 기린, 얼룩말, 코알라	다리가 튼튼하다 몸이 털로 덮여 있다.
바다	상어, 고등어	아가미가 있다. 청각 · 후각 · 시각이 골고루 발달되어 있다.

• 앞의 내용에 범주어를 넣어서 [육지동물에는 '무엇'이 있다] [육지동물은 '어떠하다']의 문장 구조를 활용하여 글의 중심내용을 파악해 본다.

–아동이 말한 내용을 문장카드에 써 주거나, 아동이 직접 쓸 수 있으면 써 보게 한다.

• 중심 생각을 표현한 문장을 글에서 찾아 밑줄을 긋고, 자기 말로 다시 표현하도록 한다.

–아동이 스스로 중심 문장을 찾기가 어려운 경우 중심 생각을 표현한 문장에 밑줄을 긋는 시범을 보여 준다.

–중심 문장을 자기 말로 다시 말해 보게 하고, 글을 안 보고 문장으로 써 보게 한다.

사는 곳	종류: ( )에는 ( )이 있다.	특징: ( )은 ( )하다(또는 있다).
하늘	조류에는 독수리, 부엉이, 참새, 제비, 매가 있다.	날개가 있다. 깃털이 있다.
육지	육지동물에는 호랑이, 사자, 원숭이, 곰, 사슴, 기린, 얼룩말, 코알라가 있다.	다리가 튼튼하다 몸이 털로 덮여 있다.
바다	바다생물에는 상어, 고등어가 있다.	아가미가 있다. 청각 · 후각 · 시각이 골고루 발달되어 있다.

• 각 장소별로 중심 문장 만들기를 한 후 제목과 장소를 활용하여 전체 중심 문장을 만들어 본다.

–"○○아, 이 글은 무엇을 설명한 글이지. 그래 동물의 종류에 대해 설명한 글이었어. 동물은 어떻게 나눌 수 있지? 자 이제 제목과 동물들이 사는 곳을 이용해서 전체 내용을 한 문장으로 말해 보자."

–아동이 자발적으로 문장을 구성하면 긍정 피드백을 제공하고, 어려워하면 '○○의 종류에는 ○○가 있다.'와 같은 문장 구조를 제공해 준다.

–문장 구조로 촉진을 해줘도 어려워하면 단어카드를 나열한 후 위의 문장 구조로 시범을 보여 준다.

('조류, 독수리, 부엉이, 참새'카드를 제시하며) "자, 여기 카드를 보고 문장으로 말해 보자."

"조류에는 독수리, 부엉이 참새가 있다."

–말한 문장을 문장카드에 글로 쓰게 한 후 전체 요약 칸에 붙인다.

(4) 글의 세부내용 파악하기 워크북 2-4-1-4 워크북 2-4-1-4

• 단서가 되는 단어(결속표지)에 표시하면서 읽기

–'그래서, ~도, 모두, 우선, 또한, 하지만, ~지만, 그리고, 이처럼'과 같이 글의 구조를 이해하는 데 단서가 되는 단어에 동그라미를 치면서 다시 한 번 읽어 본다.

–이 단서 단어들이 문장 내에서 어떻게 사용되는지 이야기를 나눠 본다.

• 읽으면서 표시했던 내용을 다시 정리하고 몰랐던 내용을 다시 확인한다.

• 중요 표시(☆)한 내용을 중심으로 다시 읽어 보고 다음의 구조도식에 해당하는 내용을 배치할 수 있도록 촉진한다.

소개하는 말	사는 곳이 다른 동물들에 대해 알아보자

사는 곳	종류	특징
하늘	조류에는 독수리 부엉이, 참새가 있다.	조류는 날개와 깃털이 있다.
육지	육지동물에는 사자, 호랑이, 기린 등이 있다.	육지동물은 다리가 튼튼하고, 몸이 털로 덮여 있다.

바다	바다생물에는 상어, 고등어가 있다.	바다생물은 아가미가 있고, 청각 · 후각 · 시각이 골고루 발달되어 있다.

정리하는 말	이처럼 사는 곳에 따라 여러 가지 동물이 있고, 특징도 다양하다.

- 앞의 표에서 나온 중요 단어를 다시 한 번 확인한다.
- 제목과 장소 단어카드를 이용해서 전체 문장을 만들어서 도식의 맨 윗 칸에 붙인다.
- 아동 스스로 글을 읽으면서 "'어디'에 대한 설명인가?" "'무엇'이 있나?" "'무엇'을 하나?"와 같이 질문을 하며 내용을 파악하여 표시하도록 하고, 아동이 분석한 내용을 이야기한다.
- 아동에게 도식판을 제시하고, 아동이 파악한 내용을 단어카드를 이용해 완성하도록 한다.
  - 이때 아동에게 "무엇을 설명하고 있지? 그것의 종류는 어떤 게 있니? 또 그것은 어떤 특징이 있니?"와 같은 질문을 제시하여 아동이 생각을 정리하도록 돕는다.

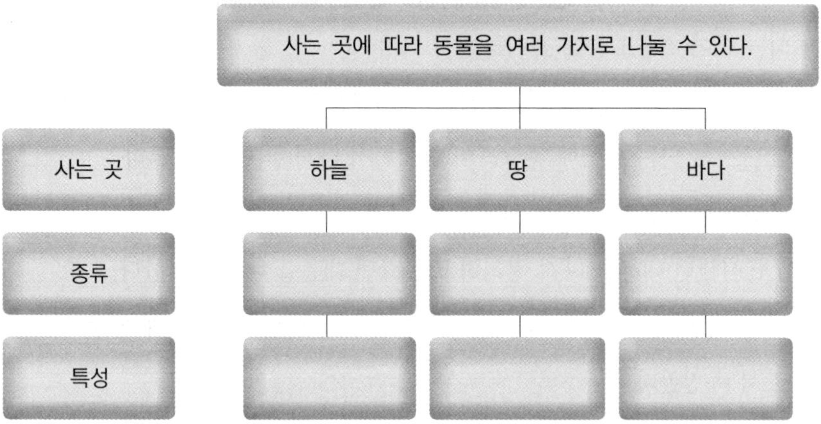

- 사는 곳에 따라 분류한 큰 범주를 다시 작은 범주로 나눠서 세부 분류하기 활동을 해본다.

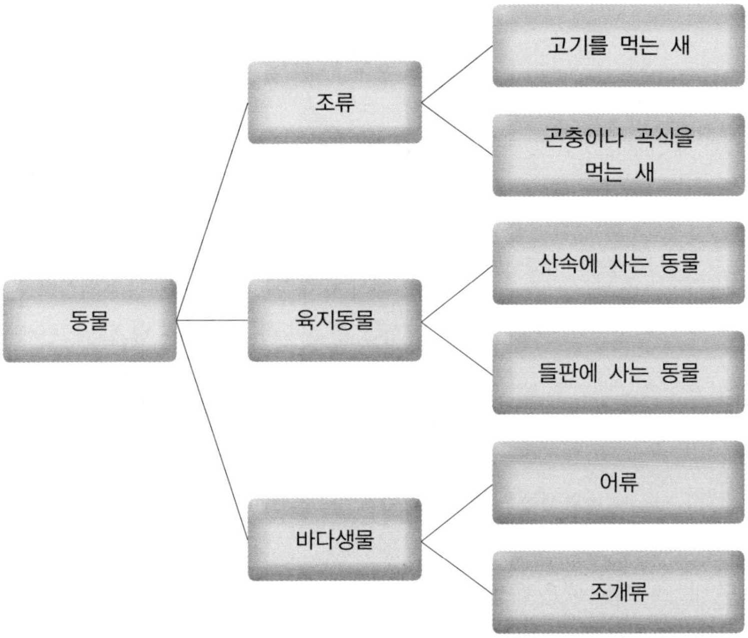

(5) 글의 내용 요약하기

- 중심내용으로 표시해 둔 문장을 다시 자신의 말로 바꿔 쓰도록 한다.
- 중요하다고 생각하는 세부내용에 밑줄을 긋게 하고, 이를 다시 자기 말로 바꿔 써 보도록 한다.
- 중심내용에 관련된 세부내용에 해당하는 문장을 찾은 후 중심내용과 어떻게 관련되는지 이야기 나눈다.
- 세부내용 중에 중심내용과 관련 없는 것은 '=' 표시로 지우고, 문장의 순서에 따라 번호를 표시하고, 번호 순서대로 요약문을 완성한다.

(6) 배경지식과 관련하여 추가되는 내용 예측하기

- 아는 동물의 이름을 말하고, 그 동물이 사는 곳과 특징에 대해 이야기를 나눈다.
- 알고 있는 사실을 해당 도식판에 추가해서 보충해 준다.
- 글의 정보와 추가되는 정보를 연결하여 동물의 종류에 대해 좀 더 길게 말하고, 쓰기 활동을 해 본다.

응용하기

• 중심내용과 세부내용을 표로 만들어 완성한다.

무엇에 대해 설명하고 있는가?	동물의 종류
중심내용	사는 곳에 따라 여러 가지 동물이 있고, 특징도 다양하다.
세부내용	조류에는 독수리 부엉이, 참새가 있다. 조류는 날개와 깃털이 있다.
	육지동물에는 사자, 호랑이, 기린 등이 있다. 육지동물은 다리가 튼튼하고, 몸이 털로 덮여 있다.
	바다생물에는 상어, 고등어가 있다. 바다생물은 아가미가 있고 청각 · 후각 · 시각이 골고루 발달되어 있다.

• 알고 있던 내용과 새로 배운 내용을 정리한다.

알고 있던 내용	새로 알게 된 내용
–독수리, 부엉이, 참새는 하늘을 난다. –사자, 호랑이 기린은 육지동물이다.	–독수리, 부엉이를 조류라고 한다. –상어, 고등어를 바다생물이라고 한다.

• 다른 기준을 정해서 동물을 분류할 수 있다.

읽기 후 중재목표 3 분류의 설명글을 읽고 내용을 묻는 질문에 대답하기

언어 목표

• 글의 주요 내용에 대한 질문에 답할 수 있다.

• 글의 주요 내용을 이해하고, 요약하여 말할 수 있다.

• 글의 내용을 토대로 추론적 질문에 대답할 수 있다.

활동절차: 중재 전략 및 유의사항

아동의 언어와 읽기 수준에 따라 '핵심형'과 '확장형' 중 하나를 선택하여 활동을 실시한다.

(1) 글의 도식판을 보며 글의 내용을 요약하여 말하기 워크북 2-4-1-4 워크북 2-4-2-4

- 아동이 도식판을 보면서 글의 내용을 요약하도록 한다.
- 아동이 혼자 말하기 어려워하면 선생님이 모델링을 해 준다.
- 이 글을 요약할 때 '사는 곳'별로 나눠서 말하는 방법으로 말하고, 대표할 수 있는 단어(범주어)로 말해야 함을 강조한다.
- 아동이 스스로 할 때, 다음 내용을 유도하기 위해 "무엇에 대한 설명이지?" "그 종류에는 뭐가 있어?" "그 종류의 동물들은 어떤 특징이 있지?" 등의 단서를 제공한다.
- 요약하여 쓰기 활동을 한 경우 요약한 글을 발표해 보도록 한다.

(2) 주요 내용에 대한 질문에 대답하기 워크북 2-4-1-4 워크북 2-4-2-4

- 글의 내용과 관련된 질문지를 다음과 같이 작성해 둔다.

질문 내용
1. 이 글은 무엇을 설명하고 있나요?
2. 이 글에서 동물을 무엇에 따라 나누었나요?
3. 육지동물에는 어떤 종류가 있나요?
4. 독수리, 부엉이, 참새, 제비는 모두 어떤 종류인가요?
5. 해양동물을 두 가지 종류로 나누면 어떤 종류가 있나요?
6. 독수리, 부엉이, 참새, 제비는 모두 어떤 특징이 있나요?
7. 육지동물의 특징은 어떤 것이 있나요?
8. 어류의 특징은 무엇인가요?
9. 사는 곳에 따라 동물이 다른 특징이 있는 이유는 무엇인가요?
10. 동물의 종류를 나누는 기준은 또 무엇이 있을까요?

- 보드게임판을 이용해 아동과 번갈아 가며 질문을 뽑아 대답하기 게임을 진행한다.

- 아동과 선생님이 질문을 번갈아 가며 한다.
- 아동에게 새로운 질문을 만들어도 좋다고 지시하고, 새로운 질문을 만들어서 대답할 수도 있다. 질문을 만들 때에는 '누가, 무엇을, 어떻게?'와 같은 단서를 활용할 수 있도록 지도한다.
- 아동이 질문에 대답을 적절히 못하면, 해당 글을 다시 읽고 질문에 답할 수 있도록 한다.
- 글을 읽은 후에도 질문에 답하기 어려워하면 도식판을 확인한 후 질문에 답하도록 한다.

응용하기

- 요약 내용을 써 본다.
  - –도식판을 보고 구어로 요약한 내용 쓰기 활동으로 연결한다.
  - –각 문단의 중심내용과 세부내용을 자기 말로 바꿔 다시 써 보고, 최종적으로 자기 말로 요약해서 전체 글을 써 본다.
- POWER 전략을 사용하여 분류 구조의 설명글을 써 본다.
  - –글쓰기의 과정에 대한 전략을 사용하는 방법을 선생님이 먼저 시범을 보여 주고, 함께 작성해 본다.
  - –계획하기(Plan): 어떤 종류로 나눠서 설명할 것인가 정하기
  - –구성하기(Organize): 같은 점과 다른 점에 해당하는 내용을 작성하기 → 중심 문장 만들어 보기 → 중심내용과 관련 있는 세부내용 문장 정하기 → 세부내용과 관련된 문장 추가해서 써보기 → 작성한 문장을 글을 쓸 순서에 따라 번호 정하기
  - –쓰기(Write): 번호 순서에 따라 글을 쓰고, 앞뒤 문장을 연결하는 말을 끼워 넣기
  - –편집하기(Edit): 문장이 적절하게 쓰였는지 확인하고, 구두점, 띄어쓰기 등을 확인한 후, 문장의 순서가 적절한지, 연결어가 적절한지 체크하기
  - –고치기(Revise): 편집한 내용에 맞게 다시 고쳐 쓰기
- 질문을 만들어 본다.
  - –"동물의 종류에는 무엇과 무엇이 있는가?"
  - –"이 종류의 동물들은 어디서 사는가?"
  - –"이 종류의 동물들의 특징은 무엇인가?"

중재목표

05

'우리 집 소개하기' 설명글을 읽고 이해하여 분석의 구조로 설명할 수 있다

설명 구조: 분석 / 주제: 우리 집 소개하기
• 핵심형(언어↓, 읽기↓)
우리 집은 아파트이다. 우리 집에는 거실, 부엌, 화장실, 방이 있다. 거실에는 소파와 텔레비전이 있다. 우리 식구들은 거실에서 텔레비전을 함께 본다. 부엌에는 식탁과 냉장고, 싱크대가 있다. 엄마는 여기서 음식을 만든다. 화장실에는 세면대와 욕조가 있다. 여기에서 우리는 칫솔로 이를 닦는다. 세수도 하고 목욕도 한다. 우리 집에는 방이 세 개이다. 엄마와 아빠 방, 오빠 방 그리고 내 방이다. 방에는 침대와 옷장, 책상 등이 있다. 우리 가족은 모두 우리 집을 좋아한다.
• 확장형(언어↑, 읽기↑)
우리 가족이 살고 있는 집을 소개하겠습니다. 우리는 여러 세대가 함께 거주하는 아파트에 살고 있습니다. 집 안의 구조는 거실, 부엌, 화장실, 방으로 구성되어 있습니다. 우선, 현관문에 들어서서 가장 먼저 보이는 넓은 장소가 거실입니다. 거실에는 소파와 탁자와 같은 가구와 텔레비전이 놓여 있습니다. 우리 가족은 거실에 있는 소파에 앉아서 함께 텔레비전을 시청하거나 즐거운 대화를 나눕니다. 다음으로, 엄마가 맛있는 음식을 만들어 주는 곳은 부엌입니다. 부엌에는 싱크대와 식탁, 의자 등이 있고, 가스레인지, 냉장고와 같은 다양한 가전제품이 있습니다. 우리는 식탁에 둘러앉아 여러 가지 대화를 나누면서 함께 식사를 합니다. 가끔씩 아빠와 우리 남매는 엄마 일을 돕기 위해 싱크대에서 설거지를 하기도 합니다. 가족 모두가 이용하는 또 다른 장소는 화장실입니다. 화장실 문을 열고 들어가면 오른쪽에 큰 욕조가 있고, 문 맞은편에 세면대와 변기가 놓여 있습니다. 우리 가족은 아침, 저녁으로 세면대에서 세수를 하고, 치약과 칫솔로 양치질을 하거나 욕조에서 목욕을 하기도 합니다. 마지막으로, 우리 집에는 잠을 자거나 휴식을 취할 수 있는 방이 세 개 있습니다. 엄마와 아빠가 함께 쓰시는 방에는 침대와 옷장, 화장대와 같은 가구가 있습니다. 오빠 방과 내 방에도 엄마 방처럼 침대와 옷장이 있고, 공부를 할 때 사용하는 책상과 의자도 있습니다. 우리 방 책상에는 각종 학용품이 정리되어 있고, 책꽂이에 책도 많습니다. 우리 가족은 주말을 이용하여 함께 대청소를 하면서 집을 깨끗하게 가꾸려고 모두가 함께 노력을 하고 있습니다. 우리 모두 생활하기 편리하고 행복이 넘치는 우리 집을 매우 좋아합니다.

언어 수준

- 4낱말 조합 이상 문장 표현이 가능한 아동, 복문을 사용할 수는 있으나 주로 단문 위주로 표현하는 아동
- 두세 문장 이상의 길이로 연결해서 말할 수 있으나 소주제에 따라 체계를 갖춰 말하기 어려워하는 아동
- 의미: 집에서 사용하는 가구, 가전제품의 이름을 이해하고 표현할 수 있는 아동
- 읽기: 가끔 틀리게 읽는 글자가 있으나 낱말 읽기가 가능한 아동

읽기 전 중재목표	글의 종류와 배경지식 및 내용 예측하기

언어 목표

- 글의 유형을 파악할 수 있다.
- 글의 주제와 관련된 배경지식을 말할 수 있다.
- 핵심 단어를 통해 글의 내용을 예측할 수 있다.

사용 카드

- 명사 4(가구): 소파, 식탁, 침대, 옷장
- 명사 4(주거공간): 거실, 부엌, 화장실, 싱크대
- 명사 4(주방): 냉장고
- 명사 4(전자제품): 텔레비전
- 명사 4(욕실용품): 세면대, 욕조

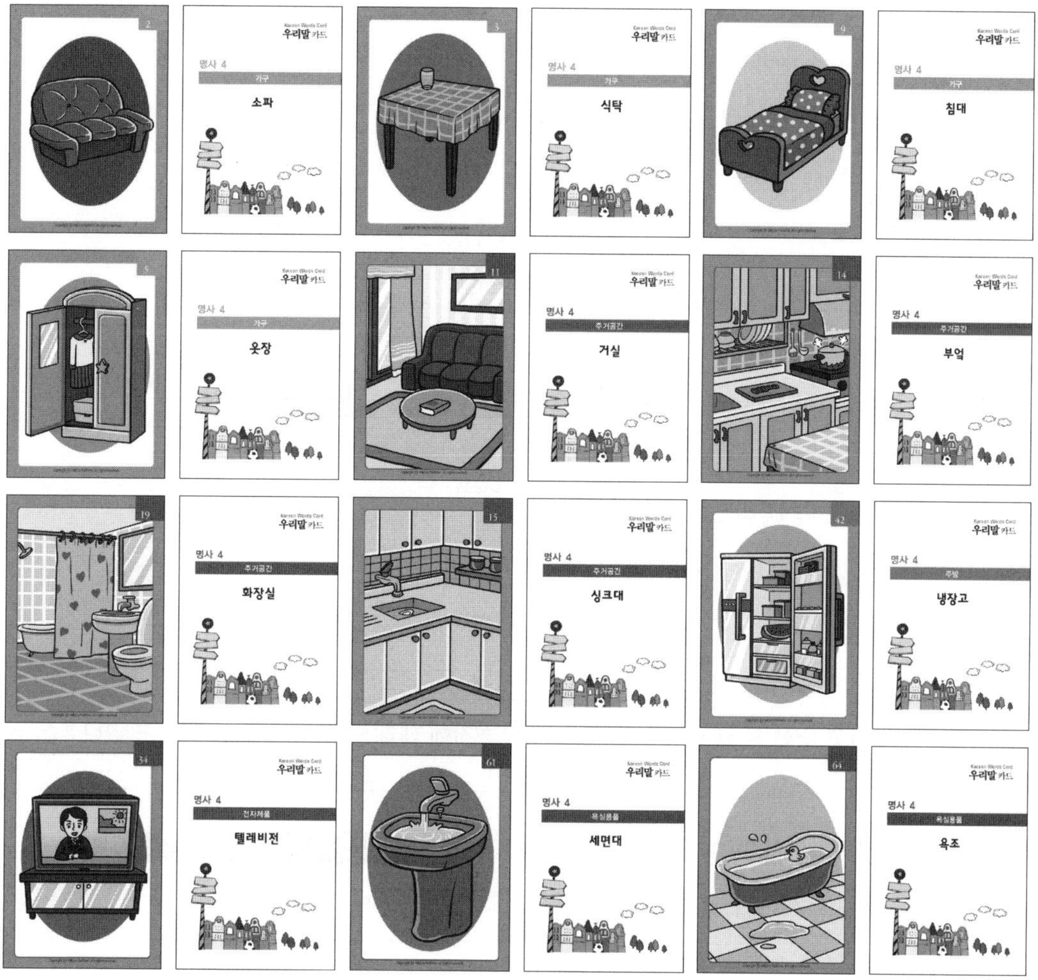

활동절차: 중재 전략 및 유의사항

아동의 언어와 읽기 수준에 따라 '핵심형'과 '확장형' 중 하나를 선택하여 활동을 실시한다.

(1) 글의 유형 알기

• 아동과 함께 설명글에 대해 예를 들면서 누군가에게 무엇에 대해 알려 주는 글임을 보여 준다.

"○○이는 어느 학교에 다니니? 너희 학교는 어떻게 생겼어?"

"선생님은 너희 학교가 어떻게 생겼는지 알고 싶어. 그러면 ◯◯이가 너희 학교에 대해 알려 줘야 해. 설명해 줘야 하는 거지."

• 아동에게 글의 유형에 대해서 구어로 알려 준다.

"너희 학교를 소개해 주려면 어떻게 말하는 게 좋을까? 어떻게 설명해야 할까?"

"학교 안의 장소들은 나눠서 말해 주면 어떨까? 교실이 어디 있는지, 화장실은 어디 있는지."

"이제 우리는 우리 집에 대해서 알려 주는 글을 볼 거야."

(2) 글의 주제에 대한 배경지식 나누기 워크북 2-5-1-1 워크북 2-5-2-1

• 아동에게 구어로 글의 주제와 관련해서 아는 것을 말해 본다.

"집 안에는 어떤 장소들이 있지?"

(아동의 반응을 기다린 후) "그래, 방이 있어. 부엌도 있어?"

• 아동과 집 안에 있는 다른 장소들에 대해서도 이야기를 나눈다.

• 아파트 말고 아동이 가 본 집이 있는지 물어보고, 있다면 어떻게 생겼는지 이야기를 나눈다.

• 아동이 다니고 있는 학교에는 어떤 장소가 있는지에 대해서도 이야기를 나눌 수 있다.

(3) 제목과 단어카드를 보며 글의 내용 예측하기 워크북 2-5-1-1 워크북 2-5-2-1

• 제목 '우리 집 소개하기'를 보고 무엇을 알려 주는 글인지 예측해 본다.

"이 글의 제목이 뭐야?"

(아동의 반응을 기다린 후) "그래, 우리 집 소개구나. 이 글은 우리 집에 대한 어떤 내용일까?"

(아동에게 기회를 주고 반응이 없으면) "선생님은 우리 집을 소개하는 글인 것 같아."

• 그림 및 단어카드를 활용하여 예측되는 문장을 만들어 본다.

"자, 여기에 '거실, 소파, 텔레비전' 단어카드가 있네. 이제 단어를 이어서 말해 볼까? '거실'과 '텔레비전' '소파' 단어카드로 이렇게 말해 볼 수 있겠다. 그럼 이번에 네가 선택한 단어카드로 길게 이어서 말해 보자."

• 이때 글자카드를 연결하여 문장 쓰기 활동을 촉진할 수도 있다.

텔레비전
거실
소파

→ 거실에는 소파와 텔레비전이 있어요

(4) 우리 집 꾸미기 활동 워크북 2-5-1-1 워크북 2-5-2-1

- 아동과 함께 집에 어떤 장소가 있는지 이야기를 나눈다.
  "○○이 집은 어떻게 생겼니? 방이 몇 개야? 부엌과 화장실은 어디에 있지?"와 같은 질문을 하면서 아동과 함께 집에 어떤 공간들이 있는지에 대해 이야기를 나눈다.
- 워크북에 우리 집의 구조를 그리고 꾸미기 활동을 한다.
  "거실은 어디에 있니? 거실 옆에는 어떤 곳이야?"와 같은 질문을 하며, 아동이 집의 구조를 떠올릴 수 있도록 촉진한다.

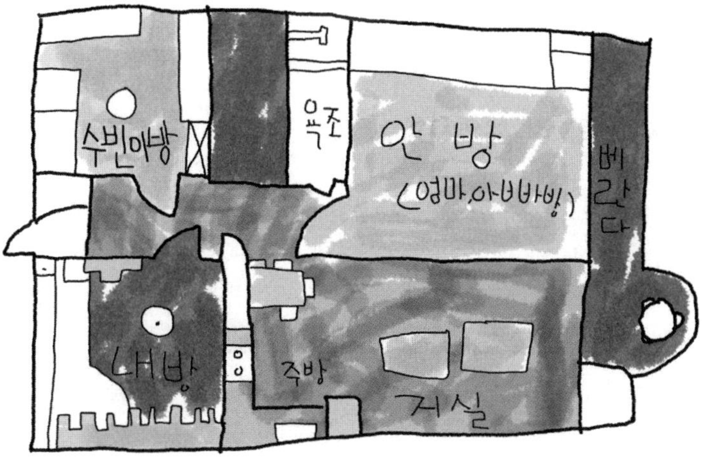

- 각 장소에 가구와 가전제품 단어카드를 배치하면서, 장소의 특징에 대해 이야기를 나눈다.
  "거실에는 어떤 게 있지? 그래, 소파와 텔레비전이 있구나! 거실은 뭐하는 곳이야? 가족은 거실에서 주로 무엇을 하지?"

응용하기

• 집에서 쓰는 물건 이름 대기 활동을 한다.
  – 집에서 쓰는 물건과 집에 없는 물건을 나눈다.
  – 집에서 쓰는 가전제품 이름을 대 본다.

읽기 중 중재목표 1	소리 내서 유창하게 읽기

언어 목표

• 글을 적절한 의미단위로 끊어 읽을 수 있다.
• 글을 소리 내서 유창하게 읽을 수 있다.

활동절차: 중재 전략 및 유의사항

아동의 언어와 읽기 수준에 따라 '핵심형'과 '확장형' 중 하나를 선택하여 활동을 실시한다.

(1) 선생님이 읽어 주기 워크북 2-5-1-2 워크북 2-5-2-2

• 틀리게 읽는 글자가 많고 읽는 속도가 매우 느린 아동이나 읽기를 싫어하는 아동의 경우는 다음과 같이 한다.
  – 선생님이 의미덩어리를 중심으로 손가락으로 짚어 가면서 읽어 준다. 이때 한 글자씩 손으로 짚어 주지 않도록 유의한다.
  – 읽는 속도는 유창하게 읽는 아동보다 조금 느린 속도로 읽어 준다.
• 아동의 집중을 유도하기 위해 선생님이 아동의 손을 잡고 의미덩어리 단위로 짚어 가면서 읽어 준다.

• 아동의 흥미를 유지하면서 반복해서 읽기를 유도한다.

(2) 함께 읽기

• 종종 틀리게 읽는 글자가 있고, 읽는 속도는 조금 느리지만 혼자 읽으려고 하는 아동의 경우는 다음과 같이 한다.
  – 선생님과 아동이 함께 손가락으로 의미덩어리를 짚어 가면서 읽는다.
  – 선생님과 아동이 한 문단씩 또는 한 문장씩 번갈아 가면서 읽는다.
• 집단 활동일 경우 두 명의 아동이 한 문단씩 또는 한 문장씩 번갈아 가면서 읽도록 한다.
• 아동의 흥미를 유지하면서 반복해서 읽고, 읽기 속도가 빨라지는 것을 경험할 수 있도록 한다.

(3) 아동 혼자 읽기 워크북 2-5-1-2 워크북 2-5-2-2

• 아동이 읽는 것을 좋아하고, 가끔 틀리게 읽는 글자가 있긴 해도 읽는 속도가 느리지 않은 아동의 경우는 다음과 같이 한다.
  – 아동이 너무 급하게 읽는 경우 선생님이 의미덩어리를 손가락으로 짚어 주면서 아동의 읽기를 따라가 준다.
• 아동의 흥미를 유지하면서 반복해서 읽고, 읽기 속도가 빨라지는 것을 경험할 수 있도록 한다.

응용하기

• 끊어 읽기를 한다.
  – 글을 읽으면서 의미가 통하는 구나 절 단위로 끊기는 부분에 표시한다.
  – 선생님이 먼저 표시된 부분에서 끊어 읽으면서 시범을 보인다.
  – 아동과 함께 표시된 부분에서 끊어 읽기 연습을 한다.
  – 아동이 혼자 표시된 부분에 유의하면서 반복 읽기를 연습한다.

읽기 중 중재목표 2	이해 모니터링 전략 사용하기

언어 목표

- 글을 적절한 의미단위로 끊어 읽을 수 있다.
- 글을 읽으면서 스스로 아는 것과 모르는 것을 확인할 수 있다.

활동절차: 중재 전략 및 유의사항

(1) 말속도 조절하며 읽기

- 선생님이 읽어 줄 때 말속도를 천천히 하여 생각할 시간을 준다.
- 읽으면서 모르는 단어에 밑줄을 긋거나 동그라미를 치면서 읽는다.
- 천천히 읽으면서 읽은 내용에 대해 생각하는 과정을 말로 들려준다. 한 문단을 다 읽고 나서 다음과 같이 질문해 본다.

  "가구가 뭐지?"

  "거실에 뭐가 있었지? 그렇지 소파와 탁자, 텔레비전이 있지."
- 읽으면서 알고 있는 것과 모르는 것을 확인한다.
  - 잘 모르는 내용이 나왔을 때, 다시 해당 부분을 반복해서 읽도록 유도한다.
  - 한 문단을 읽은 후 주요 내용에 관해 아동에게 질문해 본다.
  - 한 문단을 읽은 후 "거실에는 소파와 탁자, 그리고 텔레비전이 있구나."라고 말해 주며 내용을 정리해 준다.

(2) 이해한 내용을 큰 소리로 말하기

- 읽으면서 이해하고 있는 것, 이해가 안 되는 것, 내가 아는 것과 다른 내용이 있는지 말하면서 읽는다.

  "집은 거실과 부엌, 화장실, 방으로 이루어져 있구나."
- 읽고 있는 내용이 이해가 되는지에 대해 큰 소리로 말하고, 이해되지 않을 경우 어떻게 해결

할 것인지를 큰 소리로 말한다.

"거실에는 뭐가 있다고 했지? 소파하고... 다시 읽어 보자."

응용하기

- 핵심 단어를 표시한다.
  - 읽으면서 중요하다고 생각하는 단어에 밑줄을 긋거나 별표(☆)로 표시하며 읽는다.
  - 반복해서 나오는 단어에 밑줄을 긋거나 별표(☆)로 표시하며 읽는다.
- 어느 정도 숙련된 읽기 이해가 가능한 아동의 경우, 각 단락의 여백을 이용하여 요약하며 읽는다.

읽기 후 중재목표 1	어휘 확인 및 상의어, 하의어 이해하고 표현하기

언어 목표

- 모르는 어휘를 확인하고 습득한다.
- 상의어와 하의어를 이해하고 범주에 따라 어휘를 분류할 수 있다.
- 단어의 의미를 파악하기 위해 문맥을 활용할 수 있다
- 단어를 활용하여 문장 쓰기를 할 수 있다.

활동절차: 중재 전략 및 유의사항

아동의 언어와 읽기 수준에 따라 '핵심형'과 '확장형' 중 하나를 선택하여 활동을 실시한다.

(1) 모르는 단어 확인하기 워크북 2-5-2-3

- 유창하게 읽기를 마친 후 아동에게 모르는 단어가 있는지 물어본다.

• 아동에게 모르는 단어에 밑줄을 긋거나 형광펜을 사용해 표시하게 한다.

• 모르는 단어가 들어 있는 문맥을 다시 한 번 읽어 보고 어떤 뜻일지 예측해 본다.

• 아동이 어려워할 경우, 선생님이 구어로 "부엌에는 뭐가 있었지? 냉장고, 가스레인지 같은 가전제품이 있구나. 냉장고나 가스레인지를 가전제품이라고 하는 구나. 거실에는 어떤 가전제품이 있는지 볼까?"와 같이 단서를 주어 예측해 보도록 한다.

• 아동이 계속 어려워 할 경우, 선생님이 그 뜻을 설명해 주거나 인터넷을 활용하여 사전적 정의를 알아본다.

• 아동이 알고 있는 가전제품에 대해서 이야기해 본다.

(2) 상의어, 하의어 이해하기 워크북 2-5-1-3 워크북 2-5-2-3

• 모르는 어휘 뜻을 모두 확인한 후, 단어카드를 가구와 가전제품으로 분류하기 활동을 한다.

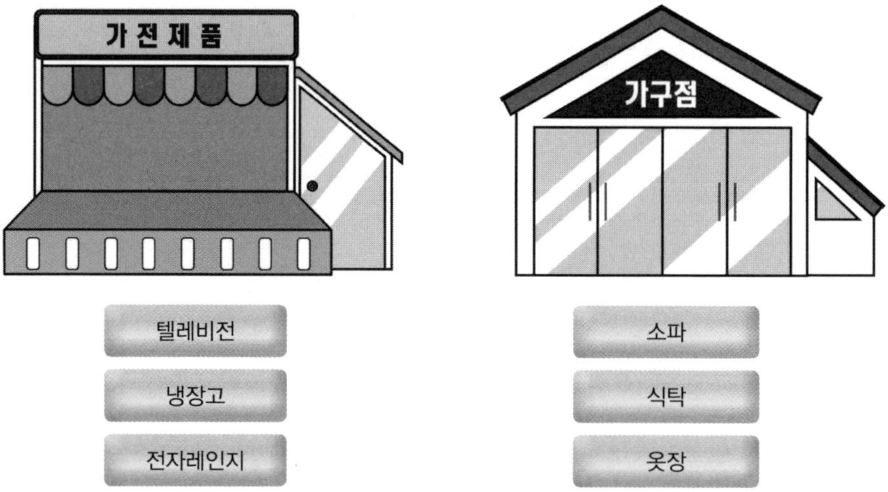

• 글에 있는 가전제품과 가구의 종류를 모두 찾아 분류해 놓고, 그 이외에 알고 있는 가전제품과 가구를 빈 카드에 써서 추가해 놓는다.

• 가전제품(또는 가구)에 어떤 것이 있는지 가전제품의 종류를 말하고, 이런 것을 모두 뭐라고 하는지를 반복해서 이야기 나눈다.

"가전제품 가게에는 텔레비전, 냉장고, 전자레인지, 전기밥솥이 있구나. 텔레비전, 냉장고, 전자레인지,

전기밥솥을 한꺼번에 말하면 뭐라고 하지?

(아동의 반응을 기다린 후) "그래, 가전제품이지. 그러면 가전제품에는 어떤 것이 있었지? ○○이가 말해볼래?"

(3) 어휘망 만들기 워크북 2-5-1-3 워크북 2-5-2-3

- 핵심 어휘를 중심으로 어휘망을 만들어 본다.

- 카드에 없는 단어는 빈 카드에 추가해서 만들 수 있다.
- 어휘망에 있는 단어를 보면서 각 장소에 있는 물건들을 다시 말해 본다.

(4) 단어카드를 연결하여 문장 만들기 워크북 2-5-1-3 워크북 2-5-2-3

- 어휘망을 연결하여 문장을 만들어 본다. 예를 들어, '거실' '소파' '탁자' '텔레비전' 카드를 활용하여 "거실에는 소파, 탁자, 텔레비전이 있다."라고 길게 말한 후 문장 쓰기 활동으로 연결할 수 있다.

• 문장의 빈칸 채우기 활동을 통해 모르는 단어의 의미를 파악한다.

–아동이 모르겠다고 표시한 단어가 들어가는 문장을 만들어서 괄호 넣기 활동을 통해 단어의 의미를 유추해 볼 수 있도록 지도한다. "소파, 탁자, 텔레비전이 있는 곳은 (거실/부엌)이다."

응용하기

• 빙고 게임을 해 본다. 워크북 2-5-1-3 워크북 2-5-2-3

–가구(또는 가전제품) 이름을 이용해 빙고게임을 한다.

책상	옷장	의자
식탁	소파	탁자
화장대	침대	책꽂이

읽기 후 중재목표 2 분석의 설명글을 읽고 중심내용과 세부내용 찾기

언어 목표

• 글의 중심내용을 찾을 수 있다.
• 글의 세부내용을 찾을 수 있다.
• 글의 주제문을 찾고, 이를 자기 말로 바꾼 문장으로 쓸 수 있다.
• 글의 내용을 요약하여 말하고 쓸 수 있다.

활동절차: 중재 전략 및 유의사항

아동의 언어와 읽기 수준에 따라 '핵심형'과 '확장형' 중 하나를 선택하여 활동을 실시한다.

(1) 어휘망을 보면서 읽은 내용 확인하기 워크북 2-5-1-4 워크북 2-5-2-4

- 어휘활동을 통해 만든 어휘망을 아동과 함께 다시 한 번 살펴본다.
- 아동과 어휘망을 보면서 아동에게 글의 내용과 관련된 질문을 한다.

"우리 집에는 어떤 장소가 있다고 했지? 거실에는 어떤 것들이 있었어? 거실에서는 주로 뭐하지?"

- 아동이 적절히 반응하지 못하면, 어휘망의 단어를 가리키면서 다시 말할 기회를 준다.

(2) 단어카드로 도식판 만들기 워크북 2-5-1-4 워크북 2-5-2-4

- '거실, 부엌, 화장실, 방' 단어카드를 활용하여 다음과 같은 표를 완성한다.
  - 처음에는 단서를 제시하지 않고 빈칸을 완성하도록 지도하고, 아동이 오반응을 하거나 생각해 내기 어려워하면 단서를 제공한다.
- 쓰기가 가능한 아동은 직접 써 볼 수도 있다.

(3) 글의 중심내용 파악하기 워크북 2-5-1-4 워크북 2-5-2-4

- 글을 다시 읽으면서 반복해서 나오는 단어나 중요하다고 생각하는 부분에 밑줄을 긋거나 표시(✩)를 한다.
  - 아동이 스스로 하기 어려워하는 경우 시범을 보여 준다.

• 밑줄을 긋거나 표시한 내용을 중심으로 다시 읽어본 후 다음의 표에 주요 단어나 문장을 적어 본다.

장소	속해 있는 물건	하는 일
거실	소파, 탁자, 텔레비전	식구들이 텔레비전을 함께 본다.
부엌	식탁, 냉장고, 싱크대	엄마가 음식을 만든다.
화장실	세면대, 욕조	이를 닦는다. 세수하고 목욕한다.
방	침대, 옷장, 책상	잠을 잔다.

• 각 문장이 '어디'에 대한 내용인가를 파악한다.

"이 내용은 어디를 설명한 내용이지?"

• 각 문단에서 설명하는 장소에 대하여 "어디에 '무엇'이 있다."는 문장 구조를 활용하여 내용을 파악해 본다.

–"거실에 대한 내용이네, 소파와 텔레비전, 탁자가 있구나. 자 이 내용을 '○○에는 ○○이 있다'처럼 말해 보자."

–아동이 말한 내용을 문장카드에 써 주거나, 아동이 직접 쓸 수 있으면 써 보게 한다.

• 각 문단에서 설명하는 장소에 대하여 "우리 가족은 '어디'에서 '무엇'을 한다."의 문장 구조를 활용하여 내용을 파악해 본다.

–"거실에 대한 내용이네, 거실에서는 식구들이 모여 텔레비전을 보고 대화를 하는 구나. 자 이 내용을 '우리 식구는 ○○에서 ○○을 해요'처럼 말해 보자."

–아동이 말한 내용을 문장카드에 써 주거나, 아동이 직접 쓸 수 있으면 써 보게 한다.

• 어디에서 무엇을 하는지에 관해 파악된 내용을 전체 한 문장으로 말해 본다.

"거실에는 무엇이 있고, 식구들이 무엇을 하는 곳이지?"

• 중심내용을 표현한 문장을 글에서 찾아 밑줄을 긋고, 자기 말로 다시 표현해 본다.

–아동이 스스로 중심 문장을 찾기가 어려운 경우 중심내용을 표현한 문장에 밑줄을 긋는 시범을 보여 준다.

–중심 문장을 자기 말로 다시 말해 보게 하고, 글을 안 보고 문장으로 써 보게 한다.

장소	( )에는 ( )이 있다.	우리 식구는 ( )에서 ( )을 한다.
거실	거실에는 소파, 탁자, 텔레비전이 있다.	우리 식구들은 거실에서 텔레비전을 함께 본다.
부엌	부엌에는 식탁, 냉장고, 싱크대가 있다.	엄마가 부엌에서 음식을 만든다.
화장실	화장실에는 세면대, 욕조가 있다.	우리 식구들은 화장실에서 이를 닦는다. 그리고 세수하고 목욕한다.
방	화장실에는 침대, 옷장, 책상이 있다.	우리 식구들은 방에서 잠을 잔다.

• 각 장소별로 중심 문장 만들기를 한 후 제목과 장소를 활용하여 전체 중심문장을 만들어 본다.

–"아, 이 글은 무엇을 설명한 글이지. 그래 우리 집에 대해 설명한 글이었어, 우리 집은 어떤 장소로 이루어져 있지? 자 이제 제목과 우리 집에 있는 장소를 이용해서 전체 내용을 대표하는 문장을 만들어 보자."

–아동이 자발적으로 문장을 구성하면 긍정 피드백을 제공하고, 어려워하면 "○○은 ○○로 이루어져 있다"와 같은 문장 구조를 제공해 준다.

–문장 구조로 촉진을 해줘도 어려워하면 단어카드를 나열한 후 시범을 보여 준다.

우리 집 ➡ 거실 | 부엌 | 화장실 | 방

–"자, 여기 카드를 보고 문장으로 말해 보자."

–"우리 집은 거실, 부엌, 화장실, 방으로 이루어져 있다."

–말한 내용을 문장카드에 글로 쓰게 한 후 전체 요약 칸에 붙인다.

(4) 글의 세부내용 파악하기 워크북 2-5-1-4 워크북 2-5-2-4

• 단서가 되는 단어(결속표지)에 표시하면서 읽는다.

–'그래서, ~도, 모두, 우선, 또한, 하지만, ~지만, 그리고, 이처럼'과 같이 글의 구조를 이해하는 데 단서가 되는 단어에 동그라미를 치면서 다시 한 번 읽어 본다.

–이 단서 단어들이 문장 내에서 어떻게 사용되는지 이야기를 나눠 본다.

〈우리 집 소개하기〉

우리 가족이 살고 있는 집을 소개하겠습니다.

우리는 여러 세대가 함께 거주하는 아파트에 살고 있습니다. 집안의 구조는 거실, 부엌, 화장실, 방으로 구성되어 있습니다.

우선, 현관문에 들어서서 가장 먼저 보이는 넓은 장소가 거실입니다. 거실에는 소파와 탁자와 같은 가구와 텔레비전이 놓여 있습니다. 우리 가족은 거실에 있는 소파에 앉아서 함께 텔레비전을 시청하거나, 즐거운 대화를 나눕니다.

다음으로, 엄마가 맛있고 영양가 높은 음식을 만들어 주는 곳은 부엌입니다. 부엌에는 싱크대와 식탁, 의자 등이 있고, 전자레인지, 전기밥솥, 냉장고와 같은 다양한 가전제품이 있습니다. 우리는 식탁에 둘러앉아 여러 가지 대화를 나누면서 함께 식사를 합니다. 가끔씩 아빠와 우리 남매는 엄마 일을 돕기 위해 싱크대에서 설거지를 하기도 합니다.

가족 모두가 이용하는 또 다른 장소는 화장실입니다. 화장실 문을 열고 들어가면 오른쪽에 큰 욕조가 있고, 문 맞은편에 세면대와 변기가 놓여 있습니다. 우리 가족은 아침 저녁으로 세면대에서 세수를 하고, 치약과 칫솔로 양치질을 하거나 욕조에서 목욕을 하기도 합니다.

마지막으로, 우리 집에는 잠을 자거나 휴식을 취할 수 있는 방이 세 개 있습니다. 엄마와 아빠가 함께 쓰시는 방에는 침대와 옷장, 화장대와 같은 가구가 있습니다. 오빠방과 내 방에도 엄마 방처럼 침대와 옷장이 있고, 공부를 할 때 사용하는 책상과 의자도 있습니다. 우리 방 책상에는 각종 학용품이 정리되어 있고, 책꽂이에 책도 많습니다.

우리 가족은 주말을 이용하여 함께 대청소를 하면서 집을 깨끗하게 가꾸려고 모두가 함께 노력을 하고 있습니다. 우리 모두 생활하기 편리하고 행복이 넘치는 우리 집을 매우 좋아합니다.

• 읽으면서 표기한 기호를 다시 정리하고, 몰랐던 내용을 다시 확인한다.

• 중요 표시(☆)한 내용을 중심으로 다시 읽어 보고 다음의 도식판에 해당 내용을 배치할 수 있도록 촉진한다.

• 다음의 표를 활용하여 다음과 같은 설명 구조를 갖춰서 '우리 집 구조 소개하기'를 제목으로 길게 말해 본다.

소개하는 말	우리 집의 구조를 소개하겠습니다.	
장소	속한 물건	특징
거실	거실에는 소파, 탁자, 텔레비전이 있다.	우리 식구들은 거실에서 텔레비전을 함께 본다.
부엌	부엌에는 식탁, 냉장고, 싱크대가 있다.	엄마가 부엌에서 음식을 만든다.
화장실	화장실에는 세면대, 욕조가 있다.	우리 식구들은 화장실에서 이를 닦는다. 그리고 세수하고 목욕한다.
방	방에는 침대, 옷장, 책상이 있다.	우리 식구들은 방에서 잠을 잔다.
정리하는 말	우리 식구들은 모두 우리 집을 좋아합니다.	

• 아동에게 도식판을 제시하고, 아동이 파악한 내용을 단어 및 문장카드를 이용해 완성하도록 한다.

– 이때 아동에게 "어디를 설명하고 있지? 거기에 무엇이 있니? 또 거기서 무엇을 할까?"와 같은 질문을 제시하여 아동이 생각을 정리하도록 돕는다.

(5) 글의 내용 요약하기

• 중심내용으로 표시해 둔 문장을 다시 자기 말로 바꿔 쓰도록 한다.

• 중요하다고 생각하는 세부내용에 밑줄을 긋게 하고, 이를 다시 자기 말로 바꿔 써 보도록 한다.

• 중심내용에 관련된 세부내용에 해당하는 문장을 찾은 후 중심내용과 어떻게 관련되는지 이야기 나눈다.

• 세부내용 중에 중심내용과 관련 없는 것은 '=' 표시로 지우고, 문장의 순서에 따라 표시하고 번호 순서대로 요약문을 완성한다.

	우리 집은 거실, 부엌, 화장실, 방으로 이루어져 있다.			
'어디' 인가?	거실	부엌	화장실	방
'무엇' 이 있나?	소파, 텔레비전, 탁자	싱크대, 냉장고, 식탁	욕조, 세면대	침대, 옷장, 책상
'무엇' 을 하나?	텔레비전을 함께 본다.	음식을 만든다.	이를 닦고 세수하고 목욕한다.	잠을 잔다.

(6) 배경지식과 관련하여 추가되는 내용 예측하기

- 집의 구조에 대해 더 아는 장소와 집안에 있는 물건이 있는지에 대해 이야기를 나눈다.
- 알고 있는 사실이 집안의 장소에 해당하는 것인지, 속한 물건에 대한 것인지 의견을 나눈 후 해당 도식판에 추가되는 내용을 보충해 준다.
- 글의 정보와 추가되는 정보를 연결하여 우리 집 소개하기의 내용을 좀 더 길게 말해 본 후에 쓰기 활동을 해 본다.
- 우리 집과 친구 집의 구조를 비교해 보는 활동으로 확장할 수 있다.

응용하기

- 중심내용과 세부내용을 표로 만들어 완성한다.

무엇에 대해 설명하고 있는가?	우리 집 구조	
중심내용	우리 집은 거실, 부엌, 화장실, 방으로 이루어져 있다.	
세부내용	거실에는 소파, 탁자, 텔레비전이 있다.	우리 식구들은 거실에서 텔레비전을 보고 대화를 나눈다.
	부엌에는 식탁, 냉장고, 싱크대가 있다.	엄마가 부엌에서 음식을 만든다.

	화장실에는 세면대, 욕조가 있다.	우리 식구들은 화장실에서 이를 닦는다. 그리고 세수하고 목욕한다.
	방에는 침대, 옷장, 책상이 있다.	우리 식구들은 방에서 잠을 잔다.

- 알고 있던 내용과 새로 알게 된 내용을 정리해 본다.

알고 있던 내용	새로 알게 된 내용
−식탁, 냉장고, 싱크대는 부엌에 있다. −방에 침대, 옷장, 책상이 있다	−우리 집이 거실, 부엌, 화장실, 방으로 되어 있다. −싱크대가 부엌에 있다. −세면대는 화장실에 있다.

- 우리 동네 지도 만들기 활동을 한다.
  - 장소 관련 단어카드를 이용해 우리 동네에 있는 공공기관, 상점, 여가 시설 등에 대해 이야기하고, 동네 지도 만들기 활동을 한다.
  - 동네 지도를 보면서 우리 동네를 소개하는 말하기 활동을 한다.
- 우리 학교 소개하기 등으로 주제를 확장할 수 있다.

읽기 후 중재목표 3	분석의 설명글을 읽고 내용을 묻는 질문에 대답하기

언어 목표

- 글의 주요 내용에 대한 질문에 답할 수 있다.
- 글의 주요 내용을 이해하고, 요약하여 말할 수 있다.
- 글의 내용을 토대로 추론적 질문에 대답할 수 있다.

활동절차: 중재 전략 및 유의사항

아동의 언어와 읽기 수준에 따라 '핵심형'과 '확장형' 중 하나를 선택하여 활동을 실시한다.

(1) 글의 도식판을 보며 글의 내용을 요약하여 말하기 워크북 2-5-1-4 워크북 2-5-2-4

- 아동이 도식판을 보면서 글의 내용을 요약하도록 한다.
- 아동이 혼자 말하기 어려워하면 선생님이 모델링을 해 준다.
- 이 글을 요약할 때 '장소' 별로 나눠서 말하는 방법으로 말해야 함을 강조한다.
- 아동이 스스로 할 때, 다음 내용을 유도하기 위해 "어디에 대한 설명이지?" "거기에 뭐가 있어?" "거기서 식구들이 무엇을 하지?" 등의 단서를 제공한다.
- 요약하여 쓰기 활동을 한 경우 요약한 글을 발표해 보도록 한다.

(2) 주요 내용에 대한 질문에 대답하기 워크북 2-5-1-4 워크북 2-5-2-4

- 글의 내용과 관련된 질문지를 다음과 같이 작성해 둔다.

질문 내용
1. 이 글은 무엇을 설명하고 있나요?
2. 우리 집에는 어떤 장소들이 있나요?
3. 거실은 무엇을 하는 곳인가요?
4. 부엌에는 어떤 물건들이 있나요?
5. 화장실에서는 무엇을 하나요?
6. 우리 집에 방은 몇 개인가요?
7. 오빠와 내 방에만 있는 것은 무엇일까요?
8. 식구들이 대청소를 하는 이유는 무엇일까요?
9. 거실에 있는 가전제품에는 어떤 것이 있나요?
10. 우리 집에서 내가 가장 좋아하는 곳은 어디이고, 왜 좋아하나요?

- 보드게임판을 이용해 아동과 번갈아 가며 질문을 뽑아 대답하기 게임을 진행한다.
- 아동과 선생님이 질문을 번갈아 가며 한다.
- 아동에게 새로운 질문을 만들어도 좋다고 지시하고, 새로운 질문을 만들어서 대답할 수도 있다.
  - 질문을 만들 때에는 '누가, 무엇을, 어떻게?'와 같은 단서를 활용할 수 있도록 지도한다.
- 아동이 질문에 대답을 적절히 못하면, 해당 글을 다시 읽고 질문에 답할 수 있도록 한다.

• 글을 읽은 후에도 질문에 답하기 어려워하면 도식판을 확인한 후 질문에 답하도록 한다.

응용하기

• 요약 내용을 써 본다.

–도식판을 보고 구어로 요약한 내용 쓰기 활동으로 연결한다.

–각 문단의 중심내용과 세부내용을 자기 말로 다시 써 보고, 최종적으로 자기 말로 요약해서 전체 글을 써 본다.

• POWER 전략을 사용하여 분석 구조의 설명글을 써 본다.

–글쓰기의 과정에 대한 전략을 사용하는 방법을 선생님이 먼저 시범을 보여 주고, 함께 작성해 본다.

–계획하기(Plan): 무엇을 소개할 것인가 정하기

–구성하기(Organize): 같은 점과 다른 점에 해당하는 내용을 작성하기 → 중심 문장 만들어 보기 → 중심내용과 관련 있는 세부내용 문장 정하기 → 세부내용과 관련된 문장 추가해서 써 보기 → 작성한 문장을 글을 쓸 순서에 따라 번호 정하기

–쓰기(Write): 번호 순서에 따라 글을 쓰고, 앞뒤 문장을 연결하는 말을 끼워 넣기

–편집하기(Edit): 문장이 적절하게 쓰였는지 확인하고, 구두점, 띄어쓰기 등을 확인한 후, 문장의 순서가 적절한지, 연결어가 적절한지 체크하기

–고치기(Revise): 편집한 내용에 맞게 다시 고쳐 쓰기

• 질문을 만들어 본다.

–"무엇을 소개하는가?"

–"우리 집에는 어떤 장소가 있는가?"

–"거실에는 무슨 물건이 있나?"

–"거실에서 무엇을 하나?"

중재목표

06

'어린이 비만' 설명글을 읽고 이해하여 인과의 구조로 설명할 수 있다

설명 구조: 인과 / 주제: 어린이 비만
• 핵심형(언어↓, 읽기↓)
친구들보다 살이 많이 찐 어린이가 늘고 있다. 친구에 비해 체중이 많이 나가면 어린이 비만이라고 한다. 그러면 왜 살이 찌게 되는지 알아보자. 우선, 짜장면, 탕수육, 치킨 같은 음식을 사 먹는 걸 좋아하기 때문이다. 이렇게 기름진 음식을 많이 먹으면 살이 찌게 된다. 또 아침을 못 먹고, 한꺼번에 많이 먹어서 살이 찐 어린이도 많다. 다음으로, 휴대폰이나 컴퓨터 게임을 주로 하고, 잘 안 움직이기 때문이다. 먹는 것에 비해 운동을 적게 해서 살이 찌게 되는 것이다. 그런데 살이 찌면 여러 문제가 생긴다. 첫째, 어른이 되어서도 살이 찔 가능성이 크다. 살이 찌면 여러 가지 병에 걸리기 쉽다. 둘째, 키가 크는 데 나쁜 영향을 준다. 셋째, 살찐 모습 때문에 자신감이 떨어질 수 있다. 넷째, 쉽게 피곤해져서 공부에 집중하지 못하게 된다. 지금까지 어린이 비만의 원인과 그 문제점을 살펴보았다. 우리 모두 어린이 비만을 예방해서 건강한 어른이 되어야 한다.
• 확장형(언어↑, 읽기↑)
최근 경제 성장과 식생활의 변화 등으로 인해 소아비만이 빠른 속도로 증가하고 있다. 성인 비만의 경우 고혈압이나 당뇨병과 같은 병의 원인이라는 점은 많은 사람이 알고 있다. 하지만 아직 소아비만에 대해서는 그 심각성에 대한 인식이 부족하다. 소아비만이란 편식, 과식 등과 같은 잘못된 식습관으로 인해 또래에 비해 체중이 20% 이상 더 많이 나가는 경우를 말한다. 이와 같은 소아비만이 발생하는 원인은 무엇일까? 최근 국민 소득이 높아지고, 맞벌이 부부가 증가함에 따라 외식을 하는 경우가 많아지고 있다. 이때 짜장면, 탕수육, 치킨 등과 같이 기름기가 많은 음식을 자주 먹게 됨으로써 과도한 열량을 섭취하게 된다. 또한 등교 준비로 바빠서 아침 식사를 거르는 경우가 많다. 그러면 배고픔을 이기지 못하고 짜거나 당분이 많은 과자나 음료수로 배를 채우거나 점심 식사 때 과식을 하게 된다. 또 다른 이유로는 누워서 TV를 보거나 가만히 앉아서 휴대폰이나 컴퓨터 게임하는 것을 좋아하고, 밖에 나가서 운동을 하거나 뛰어 노는 것은 싫어하기 때문이다. 이렇게 활동량이 적은 생활 습관으로 인해 섭취하는 에너지보다 소비하는 양이 적어 비만이 발생하게 된다. 소아비만은 성인 비만으로 이어질 확률이 매우 높으며 성인과 마찬가지로 다양한 문제가 발생할 수 있다. 첫째, 아동기에 살이 찌면 지방 세포 수가 늘어나게 되는데, 이로 인해 성인이 되어서도 비만이 될 확률이 높다. 이는 고혈압, 당뇨 등과 같은 성인병에 걸릴 확률이 더 높을 뿐 아니라 이런 질병이 조기에 생길

수도 있다. 둘째, 호르몬 이상으로 인해 성장호르몬의 분비가 감소되어 성장을 방해한다. 비만 아동의 경우 성 호르몬이 일찍 분비되거나 성장판이 일찍 닫혀 키가 자라는 기간이 짧아지게 된다. 셋째, 비만 아동의 경우 주변 사람들로부터 스트레스를 받는 경우가 많다. 또한 살이 찐 자신의 외모 때문에 다른 사람 앞에 나서기 싫어하게 되거나 친구관계를 맺는 데 악영향을 줄 수도 있다. 이로 인해 자신감이 떨어지고, 내성적인 성격이 되기 쉬우며, 심리적인 문제가 발생할 수도 있다. 넷째, 살이 찌면서 호흡기능에 이상이 생겨 무호흡증이나 코골이가 심각해져 수면장애가 발생하게 된다. 이로 인해 쉽게 피로해지고, 집중력이 떨어져 학업에 방해가 될 수 있다.

우리 모두 이와 같은 소아비만의 심각성에 대해 깨닫고, 이를 예방하고 치료함으로써 건강한 성인이 될 수 있도록 노력해야 할 것이다.

언어 수준

- 4낱말 조합 이상 문장 표현이 가능한 아동
- 두세 문장의 이상의 길이로 연결해서 말할 수 있으나 소주제에 따라 체계를 갖춰 말하기 어려워하는 아동
- 의미: 음식이름이나 일상활동 관련 어휘를 이해하고 표현할 수 있는 아동
- 읽기: 가끔 틀리게 읽는 글자가 있으나 낱말 읽기가 가능한 아동

읽기 전 중재목표	글의 종류와 배경지식 및 내용 예측하기

언어 목표

- 글의 유형을 파악할 수 있다.
- 글의 주제와 관련된 배경지식을 말할 수 있다.
- 핵심 단어를 통해 글의 내용을 예측할 수 있다.

사용 카드

- 명사 4(전자제품): 텔레비전, 휴대폰

- 명사 9(음식): 자장면, 치킨, 탕수육
- 서술어 1(반대말-어려운 어휘): 뚱뚱하다
- 서술어 1(정서감정어): 피곤하다

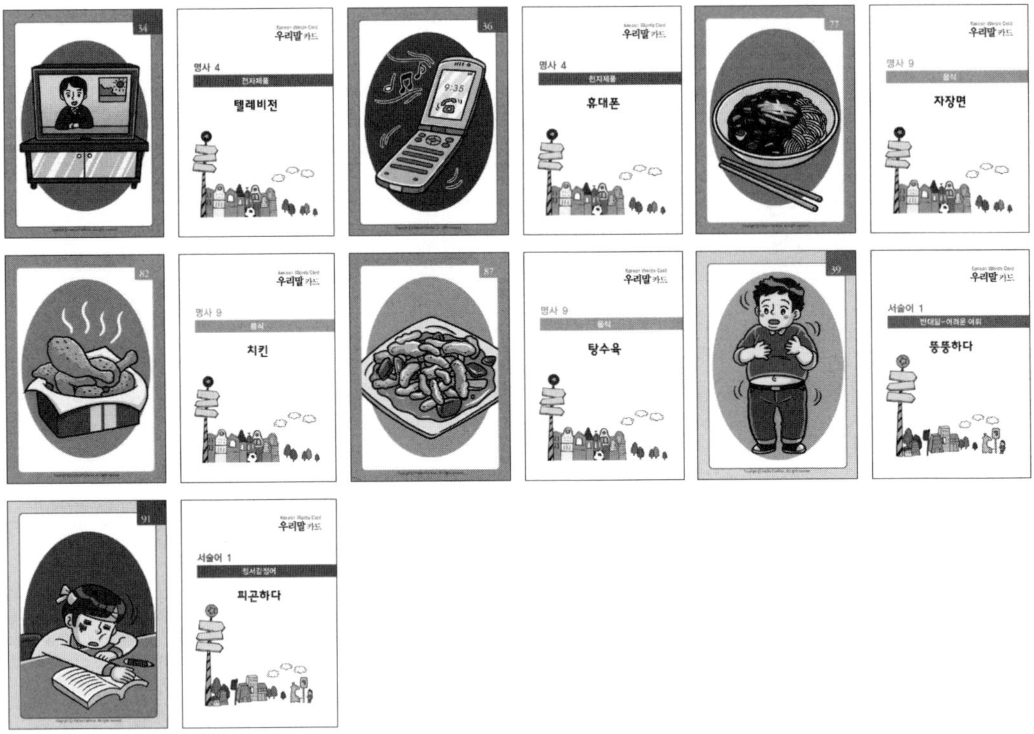

활동절차: 중재 전략 및 유의사항

아동의 언어와 읽기 수준에 따라 '핵심형'과 '확장형' 중 하나를 선택하여 활동을 실시한다.

(1) 글의 유형 알기

- 설명글이 누군가에게 무엇인가를 알려 주는 글임을 예를 들어 주면서 아동과 함께 이야기를 나눈다.

"선생님은 게임을 많이 하면 어떤 문제가 생기는지 모르겠어. 그러면 ○○이가 알려 줘야겠지? 어떻게 설명해 줘야 해?"

• 아동에게 글의 유형에 대해서 구어로 알려 준다.

"게임을 많이 하면 왜 안 되는지 알려 주려면 어떻게 말하면 좋을까? 어떻게 설명해야 할까?"

"게임을 많이 하면 나쁜 점에 대해 말해 줘야 하겠지?"

"이제 우리는 어린이 비만의 문제에 대해 알려 주는 글을 볼 거야."

(2) 글의 주제에 대한 배경지식 나누기 워크북 2-6-1-1 워크북 2-6-2-1

• 아동과 구어로 글의 주제와 관련해서 아는 것을 말해 본다.

"○○이는 살이 쪘다고 생각하니? 주변에 살찐 사람이 있어?"

• 아동이 이야기하기 어려워하는 경우 핵심어를 붙여 주면서 선생님이 알려 줄 수 있다.

"살이 많이 찐 어린이가 늘어나고 있대."

• 아동과 함께 주제와 관련된 경험을 나눈다.

"살이 너무 많이 찌면 어떻게 될까?" 등의 질문을 통해 비만에 대한 아동의 경험과 관련된 내용을 이야기해 본다.

(3) 제목과 단어카드를 보며 글의 내용 예측하기 워크북 2-6-1-1 워크북 2-6-2-1

• 제목 '어린이 비만'을 보면서 무엇을 알려 주는 글인지 예측해 본다.

"이 글의 제목이 뭐야?"

(아동의 반응을 기다린 후) "그래, 어린이 비만이구나! 어떤 내용의 글일까?"

(아동에게 기회를 주고 반응이 없으면) "선생님은 살이 찌면 어떤 문제가 있는지를 알려 주는 글인 거 같아."

• 글의 내용과 관련된 붙이는 활동을 하면서 글의 내용을 예측해 본다. 또한 "○○아! 뚱뚱하면 건강에 어떤 영향을 줄까?"와 같은 질문을 통해 글의 내용을 예측해 보게 하고, 질문에 대답하기 어려워하는 아동의 경우 카드를 지적하면서 모델링을 제공한다.

• 핵심 단어카드를 연결하여 예측되는 문장을 만들어 본다.

예) '뚱뚱하다–건강' 단어를 선택한 경우, "뚱뚱하면 건강에 나쁘다."와 같이 한 문장으로 표현하도록 해 본다.

• 이때 단어카드를 연결하여 문장 쓰기 활동을 촉진할 수도 있다.

응용하기

- 관련된 책을 함께 읽는다.
  - 조만호(2012). 똥보 탈출 대작전. 계백북스.
  - 김영래(2011). 똥이야 비만은 안 돼. 토담미디어.
  - 이현(2011). 비만은 안 돼요. 국민서관.
  - 알무데나 타보아다(2014). 뚱뚱이 캥거루. 스마일.

읽기 중 중재목표 1	소리 내서 유창하게 읽기

언어 목표

- 글을 적절한 의미단위로 끊어 읽을 수 있다.
- 글을 소리 내서 유창하게 읽을 수 있다.

활동절차: 중재 전략 및 유의사항

아동의 언어와 읽기 수준에 따라 '핵심형'과 '확장형' 중 하나를 선택하여 활동을 실시한다.

(1) 선생님이 읽어 주기 워크북 2-6-1-2 워크북 2-6-2-2

- 틀리게 읽는 글자가 많고 읽는 속도가 매우 느린 아동이나 읽기를 싫어하는 아동의 경우는 다음과 같이 한다.
  - 선생님이 의미덩어리를 중심으로 손가락으로 짚어 가면서 읽어 준다. 이때 한 글자씩 손으로 짚어 주지 않도록 유의한다.
  - 읽는 속도는 유창하게 읽는 아동보다 조금 느린 속도로 읽어 준다.
- 아동의 집중을 유도하기 위해 선생님이 아동의 손을 잡고 의미덩어리 단위로 짚어 가면서

읽어 준다.

• 아동의 흥미를 유지하면서 반복해서 읽기를 유도한다.

(2) 함께 읽기

• 종종 틀리게 읽는 글자가 있고, 읽는 속도는 조금 느리지만 혼자 읽으려고 하는 아동의 경우는 다음과 같이 한다.
  - 선생님과 아동이 함께 손가락으로 의미덩어리를 짚어 가면서 읽는다.
  - 선생님과 아동이 한 문단씩 또는 한 문장씩 번갈아 가면서 읽는다.
• 집단 활동일 경우 두 명의 아동이 한 문단씩 또는 한 문장씩 번갈아 가면서 읽도록 한다.
• 아동의 흥미를 유지하면서 반복해서 읽고, 읽기 속도가 빨라지는 것을 경험할 수 있도록 한다.

(3) 아동 혼자 읽기 워크북 2-6-1-2 워크북 2-6-2-2

• 아동이 읽는 것을 좋아하고, 가끔 틀리게 읽는 글자가 있긴 해도 읽는 속도가 느리지 않은 아동의 경우는 다음과 같이 한다.
  - 아동이 너무 급하게 읽는 경우 선생님이 의미덩어리를 손가락으로 짚어 주면서 아동의 읽기를 따라가 준다.
• 아동의 흥미를 유지하면서 반복해서 읽고, 읽기 속도가 빨라지는 것을 경험할 수 있도록 한다.

응용하기

• 끊어 읽기를 한다.
  - 글을 읽으면서 의미가 통하는 구나 절 단위로 끊기는 부분에 표시한다.
  - 선생님이 먼저 표시된 부분에서 끊어 읽으면서 시범을 보인다.
  - 아동과 함께 표시된 부분에서 끊어 읽기 연습을 한다.
  - 아동이 혼자 표시된 부분에 유의하면서 반복 읽기를 연습한다.

언어 목표

- 글을 적절한 의미단위로 끊어 읽을 수 있다.
- 글을 읽으면서 스스로 아는 것과 모르는 것을 확인할 수 있다.

활동절차: 중재 전략 및 유의사항

(1) 말속도 조절하며 읽기

- 선생님이 읽어 줄 때 말속도를 천천히 하여 생각할 시간을 준다.
- 읽으면서 모르는 단어에 밑줄을 긋거나 동그라미를 치면서 읽도록 유도한다.
- 한 문단을 읽고 나면 아동에게 중심내용과 관련된 질문을 하면서 아동이 이해하고 있는지 여부를 모니터링한다.

  "왜 살이 찐다고 했지?"

  "살이 찌면 어떤 문제가 생긴다고 했니?

- 한 문단을 읽은 후, "기름진 음식을 먹고, 운동을 적게 해서 살이 찐다고 했구나."라고 말해 주며 내용에 대해 생각하는 과정을 말로 들려준다.

(2) 이해한 내용을 큰 소리로 말하기

- 읽으면서 이해하고 있는 것, 이해가 안 되는 것, 내가 아는 것과 다른 내용이 있는지 말하면서 읽는다.

  "기름진 음식을 먹으면 살이 찌는 구나."

- 읽고 있는 내용이 이해가 되는지에 대해 큰 소리로 말하고, 이해되지 않을 경우 어떻게 해결할 것인지를 큰 소리로 말한다.

  "살이 찌면 병에 걸리기 쉽다는 건 알고 있었어. 그런데 키 크는데 안 좋다는 건 몰랐네. 키 크는데 왜 안 좋은지 모르겠다. 이 단락을 다시 읽어 보자."

응용하기

- 핵심 단어를 표시한다.
  - 읽으면서 중요하다고 생각하는 단어에 밑줄을 긋거나 별표(☆)로 표시하며 읽는다.
  - 반복해서 나오는 단어에 밑줄을 긋거나 별표(☆)로 표시하며 읽는다.
- 어느 정도 숙련된 읽기 이해가 가능한 아동의 경우, 각 단락의 여백을 이용하여 요약하며 읽는다.

읽기 후 중재목표 1	관련 어휘를 이해하고 표현하기

언어 목표

- 모르는 어휘를 확인하고 습득한다.
- 단어의 의미를 파악하기 위해 문맥을 활용할 수 있다
- 단어를 활용하여 문장 쓰기를 할 수 있다.

활동절차: 중재 전략 및 유의사항

아동의 언어와 읽기 수준에 따라 '핵심형'과 '확장형' 중 하나를 선택하여 활동을 실시한다.

(1) 모르는 단어 확인하기

- 유창하게 읽기를 마친 후 아동에게 모르는 단어가 있는지 물어본다.
- 아동에게 모르는 단어에 밑줄을 긋거나 형광펜을 사용해 표시하게 한다.
- 모르는 단어가 들어 있는 문맥을 다시 한 번 읽어 보고 어떤 뜻일지 예측해 본다.
- 아동이 어려워할 경우, 선생님이 구어로 "비만이 뭐지? 친구에 비해 체중이 많이 나가면 어린이 비만이라고 한 대."와 같이 단서를 주어 예측해 보도록 한다.

• 아동이 계속 어려워 할 경우, 선생님이 그 뜻을 설명해 주거나 인터넷을 활용하여 사전적 정의를 알아본다.

(2) 어휘 확인: 단어 만들기 활동 워크북 2-6-1-3 워크북 2-6-2-3

• 아동에게 핵심 어휘 관련 단어카드를 제시하고 이야기를 나눈다.
• 단어카드의 어휘가 글의 어느 부분에 있는지 확인하고, 어휘의 뜻을 예측해 본다. 아동이 어휘의 뜻을 모를 경우 "비만이 뭘까? 친구에 비해 체중이 많이 나가면 어린이 비만이라고 한 대. 비만이 뭐야?"와 같이 구어로 단서를 제시한다. 단서 제시에도 어려워하면 어휘의 뜻을 함께 찾아보거나 모델링을 제공한다.
• 단어 만들기 게임(접미사를 활용한 단어 확장하기)을 한다.
  –'자신감, 포만감' 단어카드를 준비하여 다음과 같은 도식을 만들어 준다.

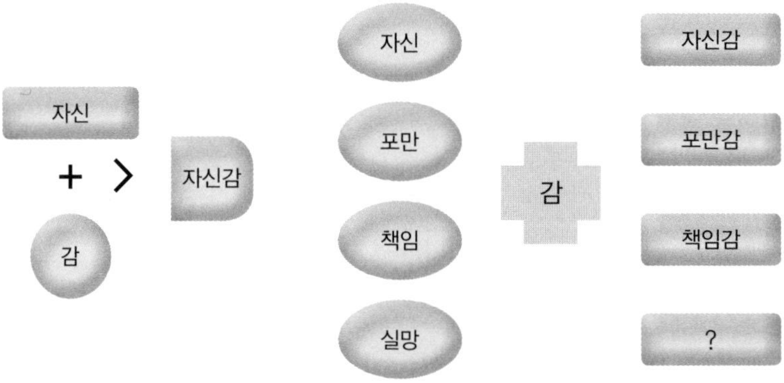

  –다른 단어카드를 활용하여 새로운 단어를 만들어 보기 활동을 한다.
• 이때 아동의 어휘 수준을 고려하여 어휘를 선택해야 한다.

○○감	○○○성	○○기	○○째	○○적
(○○에 대한 느낌)	(○○한 성질)	(○○성분, 기운)	(순서)	(○○에 관계된, ○○의 성격이 있는)
자신감 포만감 책임감	가능성 인간성 정확성 창조성	기름기 소금기	첫째 둘째 셋째	심리적 과학적 국가적 창조적

(3) 어휘망 만들기 워크북 2-6-1-3 워크북 2-6-2-3

- 낱말의 뜻을 모두 확인한 후 글의 핵심 어휘를 중심으로 어휘망을 만든다.
- 카드에 없는 단어는 빈 카드에 추가해서 만들 수 있다.
- 어휘망에 있는 단어를 보면서 비만이 왜 생기는지, 어떤 문제를 일으키는지에 대해 말해 본다.

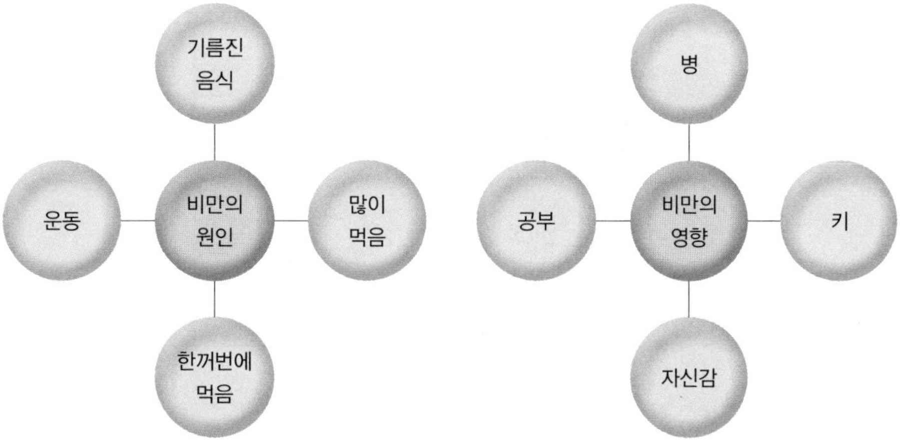

(4) 단어카드를 연결하여 문장 만들기

- 어휘망을 연결하여 문장을 만들어 본다. "많이 먹어서 살이 찐다."라고 길게 말한 후 빈 카드에 문장 쓰기 활동으로 연결할 수 있다.
- 문장의 빈칸 채우기 활동을 통해 모르는 단어의 의미를 파악한다.
  - 아동이 모르겠다고 표시한 단어가 들어가는 문장을 만들어서 괄호 넣기 활동을 통해 단어의 의미를 유추해 볼 수 있도록 지도한다. "친구에 비해 체중이 많이 나가면 어린이 ○○이라고 한다."

응용하기

• 단어를 조합하여 새 단어 만들기 활동을 한다. 워크북 2-6-1-3

보기		질문 내용	답
연습문항	사과	빨간색 사과는 빨간 사과라고 하지요. 그러면 파란색 사과는 뭐라고 할까요?	파란사과
나무		나무에 사과가 열리면 사과나무라고 하지요. 그러면 나무에 돈이 열리면 뭐라고 할까요?	
튀김		감자를 튀겨서 만든 음식을 감자튀김이라고 하지요. 그러면 수박을 튀겨서 만든 음식은 뭐라고 할까요?	
연필을 꽂으면 연필꽂이라고 하지요. 그러면 신발을 꽂으면 뭐라고 할까요?			
거미가 줄을 만들면 거미줄이라고 하지요. 그러면 파리가 줄을 만들면 뭐라고 할까요?			

• 단어 정의하기 활동을 한다. 워크북 2-6-1-3 워크북 2-6-2-3

예) 비만

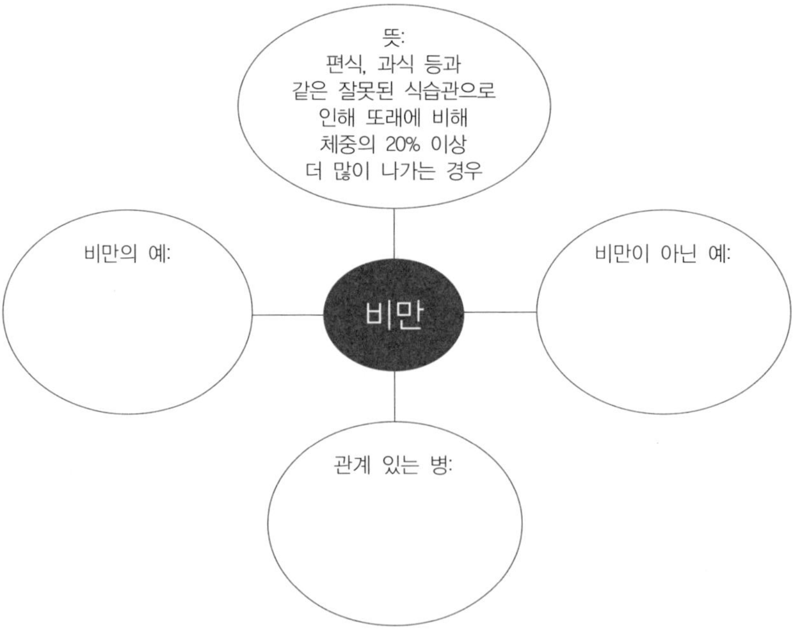

읽기 후 중재목표 2	인과의 설명글을 읽고 중심내용과 세부내용 찾기

언어 목표

- 글의 중심내용을 찾을 수 있다.
- 글의 세부내용을 찾을 수 있다.
- 글의 주제문을 찾고, 이를 자기 말로 바꾼 문장으로 쓸 수 있다.
- 글의 내용을 요약하여 말하고 쓸 수 있다.

활동절차: 중재 전략 및 유의사항

아동의 언어와 읽기 수준에 따라 '핵심형'과 '확장형' 중 하나를 선택하여 활동을 실시한다.

(1) 어휘망을 보면서 읽은 내용 확인하기 워크북 2-6-1-4 워크북 2-6-2-4

- 어휘 활동을 통해 만든 어휘망을 아동과 함께 다시 한 번 살펴본다.
- 아동과 어휘망을 보면서 아동에게 글의 내용과 관련된 질문을 한다.

  "왜 살이 찐다고 했지? 살이 찌면 어떻게 된다고 했지?"
- 아동이 적절히 반응하지 못하면, 어휘망의 단어를 가리키면서 다시 말할 기회를 준다.

(2) 단어카드로 도식판 만들기 워크북 2-6-1-4 워크북 2-6-2-4

- 단어카드를 활용하여 다음과 같은 도식판을 완성한다.
  - 처음에는 단서를 제시하지 않고 빈칸을 완성하도록 지도하고, 아동이 오반응을 하거나 생각해 내기 어려워하면 단서를 제공한다.
- 쓰기가 가능한 아동은 직접 써 볼 수도 있다.

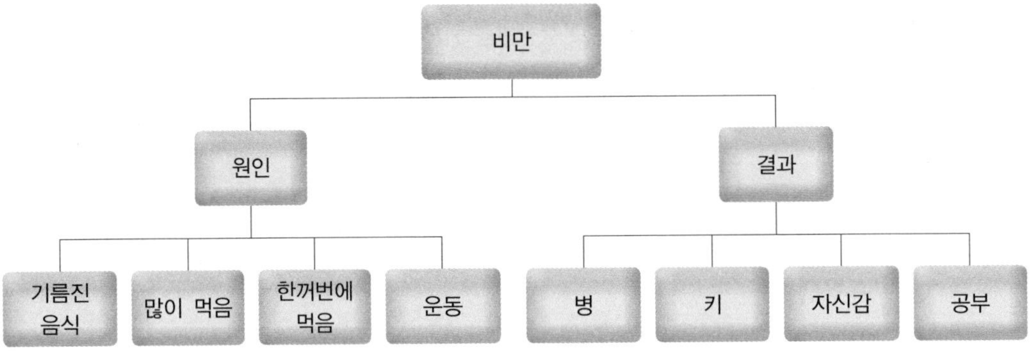

(3) 글의 중심내용 파악하기

- 글을 다시 읽으면서 반복해서 나오는 단어나 중요하다고 생각하는 부분에 밑줄을 긋거나 표시(☆)를 한다.
  –아동이 스스로 하기 어려워하는 경우 시범을 보여 준다.
- 밑줄을 긋거나 표시한 내용을 중심으로 다시 읽어본 후 표에 주요 단어나 문장을 적어본다.
- 각 문장이 '무엇'에 대한 내용인가를 파악한다.
  "이 문장은 무엇을 말하고 있는 내용이지?"
- 각 문장에서 비만의 원인과 결과에 대한 말한 중요한 내용 파악한다.
  –스스로에게 주제가 무엇인지 질문한다. "무엇에 대해 설명하는 내용이지?"
  –대답이 어려우면 처음 두세 문장이나 마지막 문장을 본다.
  –가장 많이 반복되는 단어가 무엇인지를 찾는다.
  "어린이 비만이라는 말이 여러 번 나오는구나, 어린이 비만에 대해 어떤 생각을 말하고 있는 내용이지?"
  "이 글은 (어린이 비만)에 대한 것이구나!"
  "글쓴이는 (어린이 비만의 문제)에 대해 내게 말하고 있구나!"
- 중심내용을 표현한 문장을 글에서 찾아 밑줄을 긋고, 자기 말로 다시 표현해 본다.
  –아동이 스스로 중심 문장을 찾기 어려운 경우 중심내용을 표현한 문장에 밑줄을 긋는 시범을 보여 준다.
  –중심 문장을 자기 말로 다시 말해 보게 하고 글을 안 보고 문장으로 써 보게 한다.

원인	기름진 음식을 좋아한다.
	음식을 많이 먹는다.
	음식을 한꺼번에 먹는다.
	운동을 적게 한다.
문제점	살이 찌면 병에 걸리기 쉽다.
	키 크는데 나쁜 영향을 준다.
	자신감이 떨어질 수 있다.
	공부에 집중하지 못한다.
비만을 예방하여 건강한 어른이 되자.	

(4) 글의 세부내용 파악하기 워크북 2-6-1-4 워크북 2-6-2-4

- 단서가 되는 단어(결속표지)에 표시하면서 읽는다.
  - '-라고 한다, 그리고, 또한, 이러한, 첫째, 둘째, 셋째, 지금까지 살펴본 것처럼'과 같이 글의 구조를 이해하는 데 단서가 되는 단어에 동그라미를 치면서 다시 한 번 읽어 본다.
  - 이 단서 단어들이 문장 내에서 어떻게 사용되는지 이야기를 나눠 본다.
- 읽으면서 표시했던 내용을 다시 정리하고 몰랐던 내용을 다시 확인한다.
- 중요 표시(☆)한 내용을 중심으로 다시 읽어 보고 다음의 도식판에 해당 내용을 배치할 수 있도록 촉진한다.
- 아동에게 세부내용을 추가한 도식판을 제시하고, 아동이 파악한 내용을 단어카드 및 문장카드를 이용해 완성하도록 한다.

시작하는 말	살이 많이 찐 어린이가 늘고 있다

		중심내용	세부내용*
원인	1	기름진 음식을 좋아한다.	짜장면, 탕수육, 치킨 같은 것을 사먹는 걸 좋아한다.
	2	음식을 많이 먹는다.	-
	3	한꺼번에 먹는다.	아침을 못 먹는다.
	4	운동을 적게 한다.	먹는 것에 비해 잘 안 움직인다.

문제	1	비만 어른이 되어 병에 걸리기 쉽다.	어른이 되어 살찔 가능성이 크다.
	2	키 크는 데 나쁜 영향을 준다.	-
	3	자신감이 떨어질 수 있다.	살찐 모습에 자신이 없다.
	4	공부에 집중하지 못한다.	쉽게 피곤해진다.

정리하는 말	어린이 비만을 예방하여 건강한 어른으로 자라야 한다.

* 2수준 아동의 경우 세부내용에 대한 핵심 문장 찾기 활동을 좀 더 자세히 진행할 수 있다.

- 앞의 표에서 나온 중요한 단어를 다시 한 번 확인한다.
- 아동에게 도식판을 제시하고, 아동이 파악한 내용을 단어 및 문장카드를 이용해 완성하도록 한다.
  - 이때 아동에게 "무엇에 대해 설명하고 있지? 살찌는 원인이 뭐라고 했지? 살이 찌면 어떤 결과가 생긴다고 했지?"와 같은 질문을 제시하여 아동이 생각을 정리하도록 돕는다.

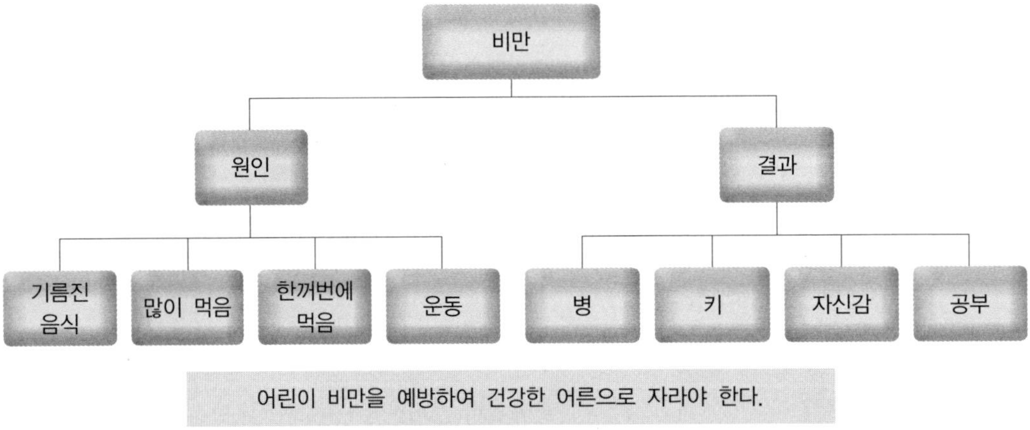

(5) 글의 내용 요약하기 워크북 2-6-1-4 워크북 2-6-2-4

- 중심 생각으로 표시해 둔 문장을 다시 자신의 말로 바꿔 쓰도록 한다.
- 중요하다고 생각하는 세부내용에 밑줄을 긋게 하고, 이를 다시 자기 말로 바꿔 써 보도록 한다.
- 중심 생각에 관련된 세부내용에 해당하는 문장을 찾은 후 중심내용과 어떻게 관련되는지 이

야기 나눈다.

• 세부내용 중에 중심내용과 관련 없는 것은 '=' 표시로 지우고, 문장의 순서에 따라 번호를 표시하고, 번호 순서대로 요약문을 완성한다.

(6) 배경지식과 관련하여 추가되는 내용 예측하기

• 비만의 다른 문제점과 다른 해결 방법이 없는지에 대해 이야기를 나눈다.
• 알고 있는 사실을 해당 구조도식판에 빈칸을 추가해서 보충해 준다.
• 글에 제시된 정보와 추가되는 정보를 연결하여 비만의 원인과 결과에 대해 좀 더 길게 말해 본 후에, 쓰기 활동을 해 본다.

응용하기

• 설문 조사를 해 본다.

	내용				
	1	2	3	4	5
1. 가장 좋아하는 음식은 무엇인가?	밥, 빵 종류	채소 종류	과일 종류	생선 종류	고기 종류
2. 어떻게 요리한 음식을 좋아하는가?	찌기	굽기	튀기기	삶기	볶기
3. 인스턴트(라면, 햄버거 등) 음식을 얼마나 자주 먹는가?	매일 먹는다	2~3일에 한 번	일주일에 한 번	한 달에 한 번	안 먹는다
4. 자기가 살이 쪘다고 생각하는가?	전혀 안 쪘다	조금 쪘다	보통이다	살이 쪘다	많이 쪘다
5. 살찌면 가장 안 좋은 점은 무엇이라고 생각하는가?	건강에 나쁘다	키가 안 큰다	친구들이 싫어하는 것 같다	살찐 어른이 된다	자신감이 없어진다
기타*					

*그 밖에 친구들의 생각이 궁금한 내용을 질문으로 만들어 보자. 이 때 치료사는 아동의 수준에 맞게 질문 내용 작성에 도움을 준다.

• 조사한 내용을 그래프로 그려 본다.

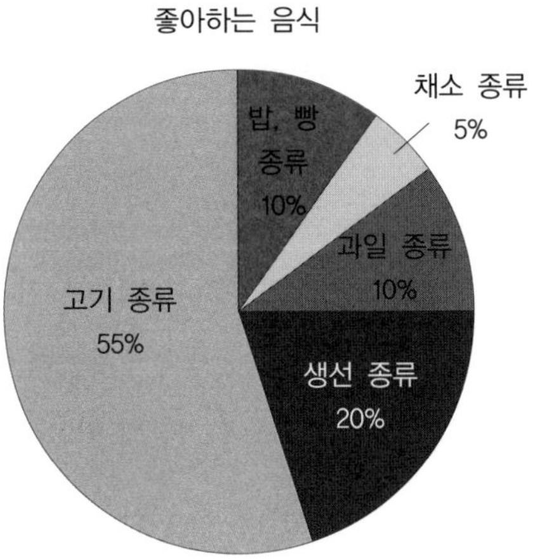

• 알고 있던 내용과 새로 알게 된 내용을 정리해 본다.

알고 있던 내용	새로 알게 된 내용
–음식을 많이 먹으면 살이 찐다. –운동을 적게 하면 살이 찐다. –살이 찌면 병에 걸리기 쉽다	–아침을 안 먹고 한꺼번에 먹으면 살이 찐다. –살이 찌면 키 크는 데 나쁜 영향을 준다. –살이 찌면 공부에 집중하지 못한다.

읽기 후 중재목표 3	인과의 설명글을 읽고 내용을 묻는 질문에 대답하기

언어 목표

• 글의 주요 내용에 대한 질문에 답할 수 있다.

• 글의 주요 내용을 이해하고, 요약하여 말할 수 있다.

• 글의 내용을 토대로 추론적 질문에 대답할 수 있다.

활동절차: 중재 전략 및 유의사항

아동의 언어와 읽기 수준에 따라 '핵심형'과 '확장형' 중 하나를 선택하여 활동을 실시한다.

(1) 글의 도식판을 보며 글의 내용을 요약하여 말하기

- 아동이 도식판을 보면서 글의 내용을 요약하도록 한다.
- 아동이 혼자 말하기 어려워하면 선생님이 모델링을 해 준다.
- 이 글을 요약할 때 "이유가 무엇인가?" "어떤 문제가 생기는가?"의 순서로 말하고, 대표할 수 있는 단어로 말해야 함을 강조한다.
- 아동이 스스로 할 때, 다음 내용을 유도하기 위해 "무엇을 설명하고 있어?" "비만의 문제가 뭐야?" "왜 살이 찐다고 했지?" "어떤 문제가 생긴다고 했지?" 등의 단서를 제공한다.
- 요약하여 쓰기 활동을 한 경우 요약한 글을 발표해 보도록 한다.

(2) 주요 내용에 대한 질문에 대답하기 워크북 2-6-1-4 워크북 2-6-2-4

- 글의 내용과 관련된 질문지를 다음과 같이 작성해 둔다.

질문 내용
1. 이 글은 무엇에 대해 설명하고 있는 글인가요?
2. 어린이 비만은 무엇인가요?
3. 어린이들이 살이 찌는 이유는 무엇인가요?
4. 살이 찌면 어떤 문제가 생기나요?
5. 살이 찌면 왜 키가 안 클까요?
6. 살이 찌면 왜 스트레스를 받을까요?
7. 살이 찌지 않으려면 어떻게 해야 하나요?
8. 음식을 먹는 바른 습관은 왜 중요한가요?
9. 자주 누워서 TV를 보면 왜 살이 찔까요?
10. 인스턴트 식품은 왜 건강에 안 좋을까요?

- 보드게임판을 이용해 아동과 번갈아 가며 질문을 뽑아 대답하기 게임을 진행한다.

• 아동과 선생님이 질문을 번갈아 가며 한다.
• 아동에게 새로운 질문을 만들어도 좋다고 지시하고, 새로운 질문을 만들어서 대답할 수도 있다.
  –질문을 만들 때에는 '어디, 무엇을, 어떻게?'와 같은 단서를 활용할 수 있도록 지도한다.
• 아동이 질문에 대답을 적절히 못하면, 해당 글을 다시 읽고 질문에 답할 수 있도록 한다.
• 글을 읽은 이후에도 질문에 답하기 어려워하면 도식판을 확인한 후 질문에 답하도록 한다.

응용하기

• 요약 내용을 써 본다.
  –도식판을 보고 구어로 요약한 내용 쓰기 활동으로 연결한다.
  –각 문단의 중심내용과 세부내용을 자기 말로 다시 써 보고, 최종적으로 자기 말로 요약해서 전체 글을 써 본다.
• POWER 전략을 사용하여 인과 구조의 설명글을 써 본다.
  –글쓰기의 과정에 대한 전략을 사용하는 방법을 선생님이 먼저 시범을 보여 주고, 함께 작성해 본다.
  –계획하기(Plan): 무엇에 대해 쓸 것인지 정한다.

–구성하기(Organize): 해당하는 내용을 작성하기 → 중심 문장 만들어 보기 → 중심내용과 관련 있는 세부내용 문장 정하기 → 세부내용과 관련된 문장 추가해서 써 보기 → 작성한 문장을 글을 쓸 순서에 따라 번호 정하기

–쓰기(Write): 번호 순서에 따라 글을 쓰고, 앞뒤 문장을 연결하는 말을 끼워 넣기

–편집하기(Edit): 문장이 적절하게 쓰였는지 확인하고, 구두점, 띄어쓰기 등을 확인한 후, 문장의 순서가 적절한지, 연결어가 적절한지 체크하기

–고치기(Revise): 편집한 내용에 맞게 다시 고쳐 쓰기

• 질문을 만들어 본다.

–"왜 어린이들이 살이 찌는가?"

–"살이 찌면 어떤 문제가 있는가?"

중재목표

07

‘황사’ 설명글을 읽고 이해하여 문제해결의 구조로 설명할 수 있다

설명 구조: 문제해결 / 주제: 황사

• 핵심형(언어↓, 읽기↓)

봄에는 따뜻하고 부드러운 바람이 분다. 그런데 요즘에 나쁜 봄바람인 모래 바람이 불 때가 많다. 모래 바람 때문에 하늘이 노랗다. 하늘이 노랗게 먼지로 덮이는 것을 황사라고 한다. 이것은 중국 사막의 모래와 먼지가 날아 온 것이다. 이때 나쁜 먼지도 함께 날아온다.

이런 황사 때문에 어떤 문제가 생길까? 무엇보다 모래 먼지는 우리 몸에 나쁘다. 숨쉬기가 힘들다. 또 눈병이나 피부병이 생긴다. 그리고 먼지가 햇빛을 가려서 먼 곳을 볼 수가 없다. 그래서 비행기가 뜨고 내리기가 어렵다. 풀이나 나뭇잎에 먼지가 껴서 자라기가 어렵다. 또 기계 사이에 먼지가 끼면 고장이 잘 난다.

그러면 이런 문제를 어떻게 해결할 수 있을까? 우선, 황사 먼지가 들어오지 않도록 창문을 닫고 집안의 공기를 깨끗이 해야 한다. 둘째, 될 수 있는 대로 외출을 줄이고, 나가게 되면 꼭 마스크를 해야 한다. 셋째, 집에 돌아오면 손발을 깨끗이 씻어야 한다. 그런데 더 중요한 해결 방법은 중국 사막지대에 나무를 심어 황사를 줄이는 것이다.

이처럼 많은 피해를 주는 황사 문제를 잘 해결해서 건강한 삶을 누리자.

• 확장형(언어↑, 읽기↑)

따뜻한 봄날이 되면 화창한 하늘, 화려한 꽃과 파릇파릇한 새싹들의 잔치가 열린다. 하지만 요즘에는 뿌옇게 찌푸린 하늘을 보는 날이 더 많아지고 있다. 바로 봄의 불청객 황사 때문이다. 하늘이 누런 먼지로 덮이는 것을 황사라고 한다. 몽골이나 중국의 황토지대에서 발생한 모래 먼지가 하늘로 올라가서 떠다니다가 강한 바람에 의해 먼 곳까지 날아오는 것이다. 최근에는 이러한 황사 현상이 자주 발생하고 있다. 더욱이 우리 몸에 해로운 중금속과 발암 물질이 모래 먼지와 함께 날아오기 때문에 피해가 심각하다.

이러한 황사 현상으로 인해 어떤 문제가 발생하는지 살펴보자. 첫째, 미세먼지 때문에 숨쉬기가 어려워 호흡기 질환이 생기거나 눈이나 피부 질환도 발생하기 쉽다. 특히 발암 물질을 포함한 오염된 공기 때문에 각종 질병이 발생할 가능성이 크다. 둘째, 황사가 심해지면 미세먼지가 시야를 가려 외부 활동을 하기 어렵고, 비행기의 경우 이륙과 착륙할 때 위험하다고 한다. 셋째, 황사 현상은 농작물이나 활엽수의 성장에 방해가 되기도 한다. 미세먼지가 햇빛을 가리고 나뭇잎의 공기구멍을 막아 식물의 성장을 방해하기 때문이다. 넷째, 작은 모래나 먼지가 각종 정밀 기계류의 틈새로 들어가 고장을 일으키는 원인이 되기도 한다.

그러면 이와 같은 황사의 피해에 대처하는 방법은 무엇이 있는지 알아보자. 우선, 실내 공기 오염을 줄이기 위해 노력해야 한다. 황사가 발생하게 되면 실내에 공기가 들어오지 않도록 창문을 닫고, 공기청정기 등으로 실내 공기를 깨끗하게 유지해야 한다. 다음으로, 호흡기가 약한 사람이나 어린이, 노약자는 가능하면

외출을 자제하고, 부득이하게 외부 활동을 해야 하는 경우라면 반드시 마스크를 써야 한다. 그리고 귀가한 후에는 손발을 깨끗이 씻어야 하며, 황사에 노출된 채소나 과일 등도 깨끗이 씻어서 먹어야 한다.

그런데 황사의 피해를 막기 위한 근본적인 해결 방법은 무엇보다 중국의 황토지대에 나무를 심어 사막화를 막고, 방풍림을 조성하는 것이다. 나무를 심으면 황사의 발생량을 줄일 뿐 아니라 모래 먼지가 날아올 때 방풍림이 이를 걸러 줄 수 있다. 또한 공기를 오염시키는 각종 유해 물질이 발생하지 않도록 힘써야 한다.

지금까지 살펴본 것처럼 여러 가지 피해를 주는 황사 현상에 잘 대처하여 건강한 삶을 누릴 수 있도록 해야 할 것이다.

언어 수준

- 4낱말 조합 이상 문장 표현이 가능한 아동
- 두세 문장의 이상의 길이로 연결해서 말할 수 있으나 소주제에 따라 체계를 갖춰 말하기 어려워하는 아동
- 의미: 날씨에 관련된 어휘를 몇 개 알고 있는 아동
- 읽기: 가끔 틀리게 읽는 글자가 있으나 낱말 읽기가 가능한 아동

읽기 전 중재목표	글의 주제 및 내용 예측하기

언어 목표

- 글의 종류를 파악할 수 있다.
- 글의 주제와 관련된 배경지식을 말할 수 있다.
- 핵심 단어를 통해 글의 내용을 예측할 수 있다.

사용 카드

- 명사 5(생활용품): 창문
- 명사 6(자연): 모래

- 명사 6(때 · 날씨): 봄, 바람
- 명사 7(식물): 나무
- 서술어 3(가정생활-씻기 외): 씻다
- 서술어 4(교외생활-여가): 심다

활동절차: 중재 전략 및 유의사항

아동의 언어와 읽기 수준에 따라 '핵심형'과 '확장형' 중 하나를 선택하여 활동을 실시한다.

(1) 글의 유형 알기

- 아동과 함께 설명글에 대해 예를 들면서 누군가에게 무엇인가를 알려 주는 글임을 보여 준다.

"선생님은 게임을 많이 하면 어떤 문제가 생기는지 모르겠어. 그러면 ○○이가 알려줘야겠지? 설명해 줘야 해?"

• 아동에게 글의 유형에 대해서 구어로 알려 준다.

"게임을 많이 하면 왜 안 되는지 알려 주려면 어떻게 말하면 좋을까? 어떻게 설명해야 할까?"

"게임을 많이 하면 나쁜 점을 말하고, 문제가 생기지 않게 하는 방법을 말해줘야 하겠지?"

"이제 우리는 황사 현상에 대해 알려 주는 글을 볼 거야."

(2) 글의 주제에 대한 배경지식 나누기 워크북 2-7-1-1 워크북 2-7-2-1

• 아동과 구어로 글의 주제에 관해서 아는 것을 말해 본다.

"○○이는 누렇게 된 하늘 본 적 있어? 먼지가 많아서 앞이 잘 안 보였던 경험 있니?"

• 아동이 이야기하기 어려워하는 경우 핵심어를 붙여 주면서 선생님이 알려 줄 수 있다.

"봄에 뿌연 하늘을 보는 날이 많대. 하늘이 노랗게 먼지로 덮이는 것을 황사라고 한대."

• 아동과 함께 주제와 관련된 경험을 나눈다.

"모래 바람으로 하늘이 뿌옇게 되면 어떻게 될까?" 등의 질문을 통해 황사에 대한 아동의 경험과 관련된 내용을 이야기해 본다.

(3) 제목과 단어카드를 보며 글의 내용 예측하기 워크북 2-7-1-1 워크북 2-7-2-1

• 제목 '황사'를 보면서 무엇을 알려 주는 글인지 예측해 본다.

"이 글의 제목이 뭐야?"

(아동의 반응을 기다린 후) "그래, 황사구나! 어떤 내용의 글일까?"

(아동에게 기회를 주고 반응이 없으면) "선생님은 황사의 문제에 대해 알려 주는 글인 거 같아."

• 핵심 어휘를 포함하고 있는 단어카드(봄, 모래, 바람, 황사, 하늘, 중국, 사막, 먼지, 숨쉬기, 눈병, 피부병, 햇빛, 비행기, 풀, 나뭇잎, 기계, 고장)를 붙이는 활동을 하면서 글의 내용을 예측해 본다.

–"○○아! 황사 때문에 어떤 문제가 생길까?"와 같은 질문을 통해 글의 내용을 예측해 보게 하고, 질문에 대답하기 어려워하는 아동의 경우 카드를 지적하면서 모델링을 제공한다.

• 핵심 어휘 단어카드를 연결하여 예측되는 문장을 만들어 본다.

예) '모래–숨쉬기' 단어카드를 선택한 경우, "모래 바람 때문에 숨쉬기가 어렵다."와 같이 한 문장으로 표현하도록 해 본다.

• 이때 단어카드를 연결하여 문장 쓰기 활동을 촉진할 수도 있다.

응용하기

• 관련된 책을 함께 읽어 본다.

–묘리, 푸른감성(2013). 콜록콜록! 오늘의 황사 뉴스. 과학동아북스.

–고정욱(2009). 링링은 황사를 싫어해. 미래아이.

–문상수 편(2013). 황사가 왔어요. 국민서관.

–강순희(2008). 황사의 여행. 현암사.

–이현정(2013). 황사의 습격에서 지구를 구하라. 글뿌리.

읽기 중 중재목표 1	소리 내서 유창하게 읽기

언어 목표

• 글을 적절한 의미단위로 끊어 읽을 수 있다.

• 글을 소리 내서 유창하게 읽을 수 있다.

활동절차: 중재 전략 및 유의사항

아동의 언어와 읽기 수준에 따라 '핵심형'과 '확장형' 중 하나를 선택하여 활동을 실시한다.

(1) 선생님이 읽어 주기

• 틀리게 읽는 글자가 많고 읽는 속도가 매우 느린 아동이나 읽기를 싫어하는 아동의 경우는 다음과 같이 한다.

–선생님이 의미덩어리를 중심으로 손가락으로 짚어 가면서 읽어 준다. 이때 한 글자씩 손으로 짚어 주지 않도록 유의한다.

–읽는 속도는 유창하게 읽는 아동보다 조금 느린 속도로 읽어 준다.

- 아동의 집중을 유도하기 위해 선생님이 아동의 손을 잡고 의미덩어리 단위로 짚어 가면서 읽어 준다.
- 아동의 흥미를 유지하면서 반복해서 읽기를 유도한다.

(2) 함께 읽기

- 종종 틀리게 읽는 글자가 있고, 읽는 속도는 조금 느리지만 혼자 읽으려고 하는 아동의 경우는 다음과 같이 한다.

–선생님과 아동이 함께 손가락으로 의미덩어리를 짚어 가면서 읽는다.

–선생님과 아동이 한 문단씩 또는 한 문장씩 번갈아 가면서 읽는다.

- 집단 활동일 경우 두 명의 아동이 한 문단씩 또는 한 문장씩 번갈아 가면서 읽도록 한다.
- 아동의 흥미를 유지하면서 반복해서 읽고, 읽기 속도가 빨라지는 것을 경험할 수 있도록 한다.

(3) 아동 혼자 읽기 워크북 2-7-1-2 워크북 2-7-2-2

- 아동이 읽는 것을 좋아하고, 가끔 틀리게 읽는 글자가 있긴 해도 읽는 속도가 느리지 않은 아동의 경우는 다음과 같이 한다.

–아동이 너무 급하게 읽는 경우 선생님이 의미덩어리를 손가락으로 짚어 주면서 아동의 읽기를 따라가 준다.

- 아동의 흥미를 유지하면서 반복해서 읽고, 읽기 속도가 빨라지는 것을 경험할 수 있도록 한다.

응용하기

- 끊어 읽기를 한다.
  - 글을 읽으면서 의미가 통하는 구나 절 단위로 끊기는 부분에 표시한다.
  - 선생님이 먼저 표시된 부분에서 끊어 읽으면서 시범을 보인다.
  - 아동과 함께 표시된 부분에서 끊어 읽기 연습을 한다.
  - 아동이 혼자 표시된 부분에 유의하면서 반복 읽기를 연습한다.

읽기 중 중재목표 2	이해 모니터링 전략 사용하기

언어 목표

- 글을 적절한 의미단위로 끊어 읽을 수 있다.
- 글을 읽으면서 스스로 아는 것과 모르는 것을 확인할 수 있다.

활동절차: 중재 전략 및 유의사항

(1) 말속도 조절하며 읽기

- 선생님이 읽어 줄 때 말속도를 천천히 하여 생각할 시간을 준다.
- 읽으면서 모르는 단어에 밑줄을 긋거나 동그라미를 치면서 읽도록 유도한다.
- 한 문단을 읽고 나면 아동에게 중심내용과 관련된 질문을 하면서 아동이 이해하고 있는지 여부를 확인한다.

  "황사가 뭐라고 했지?

  "황사 때문에 어떤 일이 일어나지?"

  "황사 문제를 어떻게 해결해야 하지?"

• 한 문단을 읽은 후 "황사 때문에 병이 나기 쉽다."와 같이 말해 주며 생각하는 과정을 말로 들려준다.

(2) 이해한 내용을 큰 소리로 말하기

• 읽으면서 이해하고 있는 것, 이해가 안 되는 것, 내가 아는 것과 다른 내용이 있는지 말하면서 읽는다.

"황사 때문에 숨쉬기 힘든 건 알고 있었어. 근데 기계가 고장난다는 것은 몰랐네."

• 읽고 있는 내용이 이해가 되는지에 대해 큰 소리로 말하고, 이해되지 않을 경우 어떻게 해결할 것인지를 큰 소리로 말한다.

"봄에 황사가 잘 생긴다는 건 알고 있었어. 근데 어떻게 해결해야 하는지는 몰랐네. 세 번째 문단을 다시 읽어 보자."

응용하기

• 핵심 단어를 표시한다.
  - 읽으면서 중요하다고 생각하는 단어에 밑줄을 긋거나 별표(☆)로 표시하며 읽는다.
  - 반복해서 나오는 단어에 밑줄을 긋거나 별표(☆)로 표시하며 읽는다.
• 어느 정도 숙련된 읽기 이해가 가능한 아동의 경우, 각 단락의 여백을 이용하여 요약하며 읽는다.

읽기 후 중재목표 1	관련 어휘 및 비유어를 이해하고 표현하기

언어 목표

• 모르는 어휘를 확인하고 습득한다.
• 단어의 의미를 파악하기 위해 문맥을 활용할 수 있다

- 비유적 표현을 이해할 수 있다
- 단어를 활용하여 문장 쓰기를 할 수 있다.

활동절차: 중재 전략 및 유의사항

아동의 언어와 읽기 수준에 따라 '핵심형'과 '확장형' 중 하나를 선택하여 활동을 실시한다.

(1) 모르는 단어 확인하기 워크북 2-7-2-3

- 유창하게 읽기를 마친 후 아동에게 모르는 단어가 있는지 물어본다.
- 아동에게 모르는 단어에 밑줄을 긋거나 형광펜을 사용해 표시하게 한다.
- 모르는 단어가 들어 있는 문맥을 다시 한 번 읽어 보고 어떤 뜻일지 예측해 본다.
- 아동이 어려워할 경우, 선생님이 구어로 "황사가 뭐지? 모래 바람 때문에 하늘이 노랗대."와 같이 단서를 주어 예측해 보도록 한다.
- 아동이 계속 어려워 할 경우, 선생님이 그 뜻을 설명해 주거나 인터넷을 활용하여 사전적 정의를 알아본다.

(2) 어휘 확인 및 어휘망 만들기 워크북 2-7-1-3 워크북 2-7-2-3

- 아동에게 핵심 어휘 관련 단어카드를 제시하고 이야기를 나눈다.
- 단어카드의 어휘가 글의 어느 부분에 있는지 확인하고, 어휘의 뜻을 예측해 본다. 아동이 어휘의 뜻을 모를 경우 "황사가 뭘까? 모래 바람 때문에 하늘이 노랗대."와 같이 구어로 단서를 제시한다. 단서 제시에도 어려워하면 어휘의 뜻을 함께 찾아보거나 모델링을 제공한다.
- 낱말의 뜻을 모두 확인한 후 글의 핵심 어휘를 중심으로 어휘망을 만든다.
- 카드에 없는 단어는 빈 카드에 추가해서 만들 수 있다.
- 어휘망에 있는 단어를 보면서 황사가 왜 문제가 되는지, 어떻게 해야 하는지에 대해 말해본다.

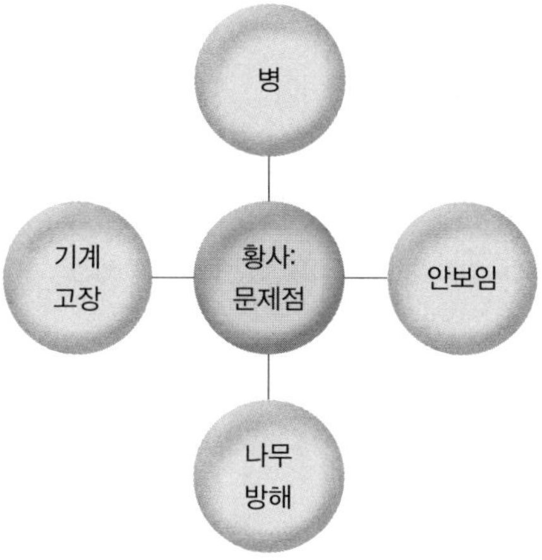

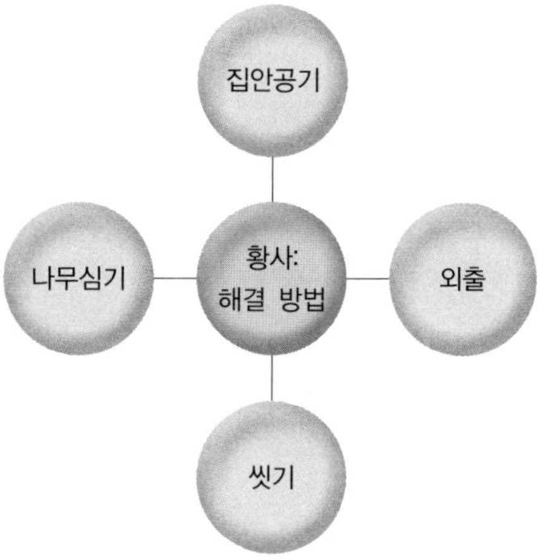

(3) 단어카드를 연결하여 문장 만들기 워크북 2-7-1-3 워크북 2-7-2-3

- 어휘망을 연결하여 문장을 만들어 본다.
  '황사' '햇빛' 단어카드를 이용하여 "황사가 햇빛을 가린다."라고 길게 말한 후 문장 쓰기 활동으로 연결할 수 있다.
- 문장의 빈칸 채우기 활동을 통해 모르는 단어의 의미를 파악한다. 아동이 모르겠다고 체크한 단어가 들어가는 문장을 만들어서 괄호 넣기 활동을 통해 단어의 의미를 유추해 볼 수 있도록 지도한다.
  "○○는 누런 먼지를 뜻하는 말이다."

(4) 비유적 표현 이해하기 워크북 2-7-1-3 워크북 2-7-2-3

- '잔치' '불청객' 단어카드를 아동에게 제시하며 어떤 뜻인지를 묻는다.
  "잔치는 무슨 뜻이야? 언제 쓰는 말이지?"
- 아동이 일반적인 뜻을 말하면 그에 대한 피드백을 제공하고, 뜻을 잘 모르면 단서를 주거나 인터넷 등을 활용하여 일반적인 뜻을 확인한다.
  "그래. 잔치는 기쁜 일이 있을 때 음식을 차려 놓고 여러 사람들이 모여 노는 거야."
- 글에서 '잔치'가 쓰인 문장을 읽어 보고 어떤 뜻인지 유추한다.
  "이 글에서 잔치가 들어 있는 문장을 찾아 읽어 보자."
  "여기서 잔치는 어떤 의미일까?"

• 다음과 같은 도식을 활용하여 두 단어의 공통 쓰임을 확인한다.

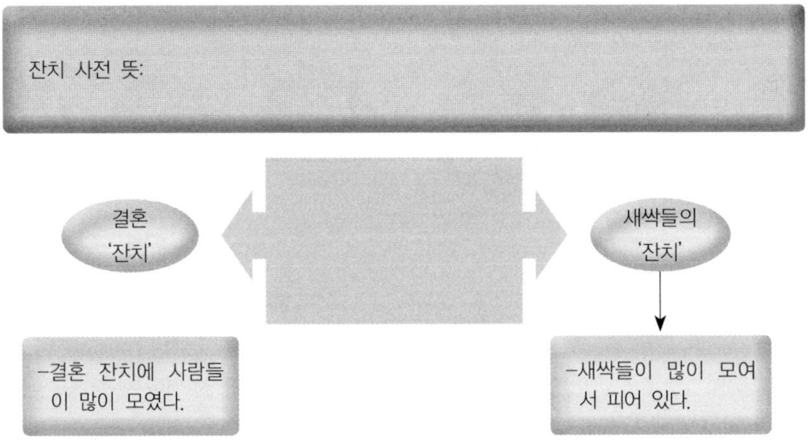

['잔치' 의 이해 도식]

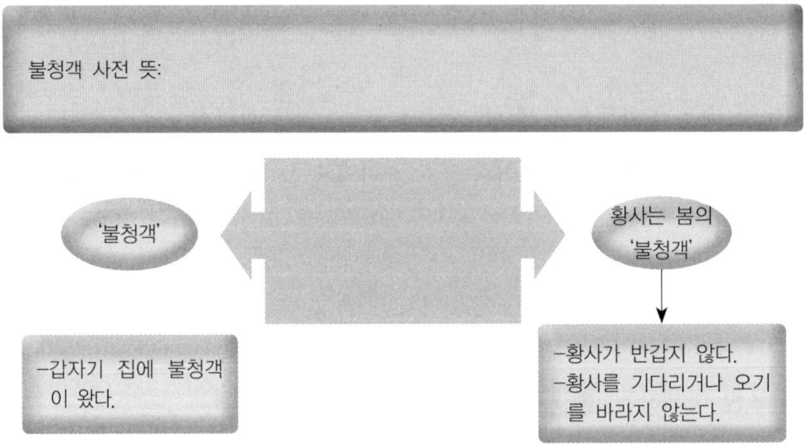

['불청객' 의 이해 도식]

• 비유적 표현이 쓰일 수 있는 다른 단어들을 활용해 본다.

유의사항: 핵심형 활동 아동과 확장형 활동 아동의 어휘 수준을 고려해서 실시한다. 핵심형 활동 아동의 경우 글에 없는 어휘를 활용할 수는 있으나 어휘 수준이 낮을 경우 굳이 하지 않아도 된다.

• 비유적 표현을 이해한다.

비유한 말	공통점	비유된 말		표현 방법
쟁반	둥글다	달	같은	'쟁반 같은 달'
고사리	갈라져 있는 모양이 비슷하다	손		'고사리 같은 손'
앵두	붉은 색이다	입술		'앵두 같은 입술'
사과	둥글다	얼굴		'사과 같은 얼굴'

응용하기

• 날씨와 관련된 어휘를 활용하여 마인드맵 활동을 해 본다.

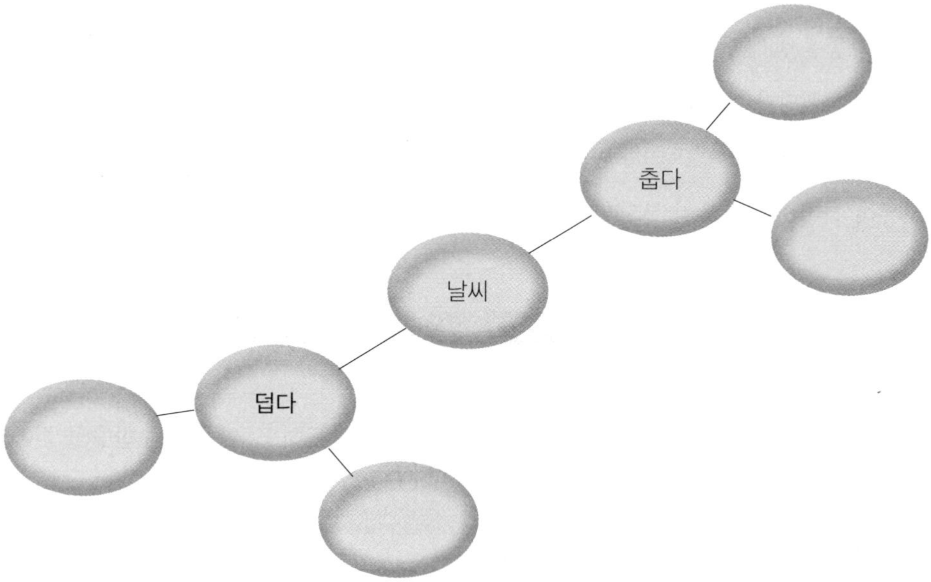

읽기 후 중재목표 2	설명글을 읽고 중심내용과 세부내용 찾기

언어 목표

- 글의 중심내용을 찾을 수 있다.
- 글의 세부내용을 찾을 수 있다.
- 글의 주제문을 찾고, 이를 자기 말로 바꾼 문장으로 쓸 수 있다.
- 글의 내용을 요약하여 말하고 쓸 수 있다.

활동절차: 중재 전략 및 유의사항

아동의 언어와 읽기 수준에 따라 '핵심형'과 '확장형' 중 하나를 선택하여 활동을 실시한다.

(1) 어휘망을 보면서 읽은 내용 확인하기 워크북 2-7-1-4 워크북 2-7-2-4

- 어휘 활동을 통해 만든 어휘망을 아동과 함께 다시 한 번 살펴본다.
- 아동과 어휘망을 보면서 아동에게 글의 내용과 관련된 질문을 한다.

  "황사가 어떤 문제를 일으킨다고 했지? 황사 피해를 어떻게 막을 수 있다고 했지?"

- 아동이 적절히 반응하지 못하면, 어휘망의 단어를 가리키면서 다시 말할 기회를 준다.

(2) 단어카드로 도식판 만들기 워크북 2-7-1-4 워크북 2-7-2-4

- 단어카드를 활용하여 다음과 같은 도식판을 완성한다.
  - 처음에는 단서를 제시하지 않고 빈칸을 완성하도록 지도하고, 아동이 오반응을 하거나 생각해 내기 어려워하면 단서를 제공한다.
- 쓰기가 가능한 아동은 직접 써 볼 수도 있다.

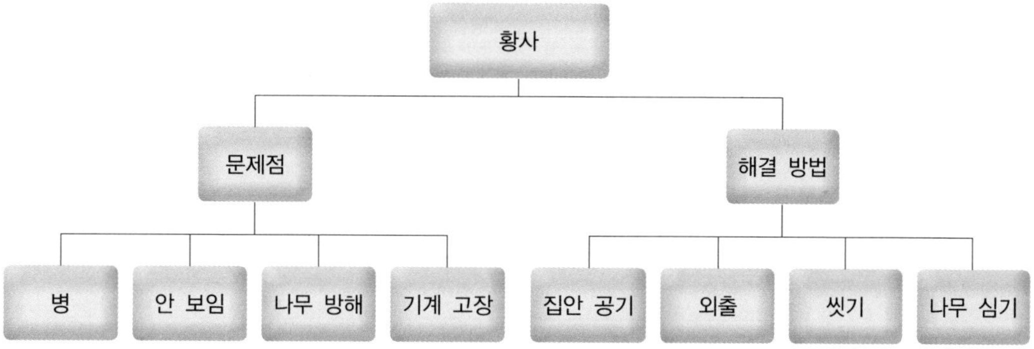

(3) 글의 중심내용 파악하기 워크북 2-7-1-4 워크북 2-7-2-4

- 글을 다시 읽으면서 반복해서 나오는 단어나 중요하다고 생각하는 부분에 밑줄을 긋거나 표시(☆)를 한다.
  - 아동이 스스로 하기 어려워하는 경우 시범을 보여 준다.
- 밑줄을 긋거나 표시한 내용을 중심으로 다시 읽어 본 후 다음의 표에 주요 단어나 문장을 적어 본다.
- 각 문장이 '무엇'에 대한 내용인가를 파악한다.

  "이 문장(문단)은 무엇에 대해 말하고 있는 내용이지?"
- 각 문장에서 황사의 문제점과 해결 방법에 대한 중요한 내용 파악하기
  - 스스로에게 주제가 무엇인지 질문한다. "무엇에 대해 설명하는 내용이지?"
  - 대답이 어려우면 처음 두세 문장이나 마지막 문장을 본다.
  - 가장 많이 반복되는 단어가 무엇인지를 찾는다.

    "황사라는 말이 여러 번 나오는구나, 황사에 대해 어떤 것을 알려주는 내용이지?"

    "이 문장(문단)은 무엇에 대해 말하고 있는 내용이지?"

    "그래, 황사의 문제점에 대해서 말하고 있구나!"
- 중심내용을 표현한 문장을 글에서 찾아 밑줄을 긋고, 자기 말로 다시 표현해 본다.
  - 아동이 스스로 중심 문장을 찾기 어려운 경우 중심내용을 표현한 문장에 밑줄을 긋는 시범을 보여 준다.
  - 중심 문장을 자기 말로 다시 말해 보게 하고 글을 안 보고 문장으로 써 보게 한다.
- (2)의 도식판을 활용하여 다음 표와 같은 구조를 갖춰서 길게 말해 본다.

문제점	병에 걸리기 쉽다.
	햇빛을 가려 안 보인다.
	나무가 자라는 데 방해된다.
	기계 고장이 잘 난다.
해결 방법	집안 공기를 깨끗이 한다.
	외출을 줄인다.
	손발을 씻는다.
	나무를 심는다.
황사 문제를 해결하여 건강한 삶을 누리자.	

(4) 글의 세부내용 파악하기 워크북 2-7-1-4 워크북 2-7-2-4

- 단서가 되는 단어(결속표지)에 표시하면서 읽는다.
  - '-그런데, 이유가 무엇일까, 이 때, 어떻게 될까요, 또, 그리고, 그래서'와 같이 글의 구조를 이해하는 데 단서가 되는 단어에 동그라미를 치면서 다시 한 번 읽어 본다.
  - 이 단서 단어들이 문장 내에서 어떻게 사용되는지 이야기를 나눠 본다.
- 읽으면서 표시했던 내용을 다시 정리하고, 몰랐던 내용을 다시 확인한다.
- 중요 표시(☆)한 내용을 중심으로 다시 읽어 보고 다음의 구조도식에 해당 내용을 배치할 수 있도록 촉진한다.

시작하는 말	하늘이 노랗게 먼지로 덮이는 것을 황사라고 한다.

	중심내용	세부내용*
문제점	병에 걸리기 쉽다.	숨쉬기 힘들다. 눈병이나 피부병이 생긴다.
	햇빛을 가려 안 보인다.	먼 곳을 볼 수 없다. 비행기가 뜨고 내리기 어렵다.
	나무가 자라는 데 방해된다.	풀이나 나뭇잎에 먼지가 낀다.
	기계 고장이 잘 난다.	기계 사이에 먼지가 낀다.

해결 방법	집안 공기를 깨끗이 한다.	창문을 닫는다.
	외출을 줄인다.	외출 시 마스크를 한다.
	손발을 씻는다.	외출 후에
	나무를 심는다.	–

정리하는 말	많은 피해를 주는 황사 문제를 잘 해결해서 건강한 삶을 누리자.

* 2수준 아동의 경우 세부내용에 대한 핵심 문장 찾기 활동을 좀 더 자세히 진행할 수 있다.

(5) 글의 내용 요약하기

- 중심내용으로 표시해 둔 문장을 다시 자기 말로 바꿔 쓰도록 한다.
- 중요하다고 생각하는 세부내용에 밑줄을 긋게 하고, 이를 다시 자기 말로 바꿔 써 보도록 한다.
- 중심내용에 관련된 세부내용에 해당하는 문장을 찾은 후 중심내용과 어떻게 관련되는지 이야기 나눈다.
- 세부내용 중에 중심내용과 관련 없는 것은 '=' 표시로 지우고, 문장의 순서에 따라 번호를 표시하고, 번호 순서대로 요약문을 완성한다.

(6) 배경지식과 관련하여 추가되는 내용 예측하기

- 황사의 다른 문제점과 다른 해결 방법이 없는지에 대해 이야기를 나눈다.
- 알고 있는 사실을 해당 도식판에 추가해서 보충해 준다.
- 글에 제시된 정보와 추가되는 정보를 연결하여 황사의 문제와 해결 방법에 대해 좀 더 길게 말해 본 후에 쓰기 활동을 해 본다.

응용하기

• 황사에 어떻게 대처해야 하는지에 대해 알아본다.

–아동과 함께 황사가 발생할 때 어떻게 하는지, 어떻게 행동해야 하는지에 대한 이야기를 나누고 함께 정리해 본다.

–황사 대처 요령에 대한 안내문 만들기를 해 본다.

황사 발생 시 해야 할 일
1. 마스크를 쓴다. 2. 외출을 하지 않는다. 3. 외출에서 돌아오면 깨끗이 씻는다. ⋮

• 알고 있던 내용과 새로 알게 된 내용을 정리한다.

알고 있던 내용	새로 알게 된 내용
–황사 때문에 우리 몸에 병이 난다. –햇빛을 가려 잘 안 보인다. –손발을 깨끗이 씻는다. –외출을 줄인다.	–나무 성장에 방해된다. –기계가 고장이 난다. –나무를 심는다.

읽기 후 중재목표 3	문제해결의 설명글을 읽고 내용을 묻는 질문에 대답하기

언어 목표

• 글의 주요 내용에 대한 질문에 답할 수 있다.

• 글의 주요 내용을 이해하고, 요약하여 말할 수 있다.

• 글의 내용을 토대로 추론적 질문에 대답할 수 있다.

활동절차: 중재 전략 및 유의사항

아동의 언어와 읽기 수준에 따라 '핵심형'과 '확장형' 중 하나를 선택하여 활동을 실시한다.

(1) 글의 도식판을 보며 글의 내용을 요약하여 말하기 워크북 2-7-1-4 워크북 2-7-2-4

- 아동이 도식판을 보면서 글의 내용을 요약하도록 한다.
- 아동이 혼자 말하기 어려워하면 선생님이 모델링을 해 준다.
- 이 글을 요약할 때 '문제가 무엇인가?' '문제를 해결하는 방법은 무엇인가?'와 같은 순서로 말하고, 대표할 수 있는 단어로 말해야 함을 강조한다.
- 아동이 스스로 할 때, 다음 내용을 유도하기 위해 "무엇을 설명하고 있어?" "황사가 뭐야?" "황사가 어떤 문제를 일으킨다고 했지?" "어떻게 황사 피해를 해결할 수 있다고 했지?" 등의 단서를 제공한다.
- 요약하여 쓰기 활동을 한 경우 요약한 글을 발표해 보도록 한다.

(2) 주요 내용에 대한 질문에 대답하기 워크북 2-7-1-4 워크북 2-7-2-4

- 글의 내용과 관련된 질문지를 다음 표와 같이 작성해 둔다.

질문 내용
1. 이 글은 무엇에 대해 설명하고 있는 글인가요?
2. 황사가 무엇인가요?
3. 황사가 생기는 이유는 무엇인가요?
4. 황사 먼지는 어디에서 왔나요?
5. 황사에 포함되는 몸에 해로운 물질은 어떤 것이 있나요?
6. 황사 현상으로 인해 어떤 문제가 발생하나요?
7. 황사가 생기면 왜 농작물을 기르는 데 방해가 되나요?
8. 황사로 인해 생기는 병은 어떤 것이 있나요?
9. 황사의 피해를 해결하기 위한 방법은 어떤 것이 있나요?
10. 중국 황토지대에 나무를 심으면 왜 황사 피해가 줄어드나요?

*아동의 수준에 맞게 질문을 조절할 수 있다.

• 보드게임판을 이용해 아동과 번갈아 가며 질문을 뽑아 대답하기 게임을 진행한다.
• 아동과 선생님이 질문을 번갈아 가며 한다.
• 아동에게 새로운 질문을 만들어도 좋다고 지시하고, 새로운 질문을 만들어서 대답할 수 도 있다.
  –질문을 만들 때에는 '어디, 무엇을, 어떻게?'와 같은 단서를 활용할 수 있도록 지도한다.
• 아동이 질문에 대답을 적절히 못하면, 해당 글을 다시 읽고 질문에 답할 수 있도록 한다.
• 해당 글 읽기 이후에도 질문에 답하기 어려워하면 도식판을 확인한 후 질문에 답하도록 한다.

응용하기

• 요약 내용을 써 본다.
  –도식판을 보고 구어로 요약한 내용 쓰기 활동으로 연결한다.
  –각 문단의 중심내용과 세부내용을 자기 말로 다시 써 보고, 최종적으로 자기 말로 요약해서 전체 글을 써 본다.
• POWER 전략을 사용하여 문제해결 구조의 설명글을 써 본다.
  –글쓰기의 과정에 대한 전략을 사용하는 방법을 선생님이 먼저 시범을 보여 주고, 함께 작성해 본다.
  –계획하기(Plan): 무엇의 문제점에 대해 설명한 것인지를 정하기
  –구성하기(Organize): 같은 점과 다른 점에 해당하는 내용을 작성하기 → 중심 문장 만들어 보기 → 중심내용과 관련 있는 세부내용 문장 정하기 → 세부내용과 관련된 문장 추가해서 써 보기 → 작성한 문장을 글을 쓸 순서에 따라 번호 정하기
  –쓰기(Write): 번호 순서에 따라 글을 쓰고, 앞뒤 문장을 연결하는 말을 끼워 넣기
  –편집하기(Edit): 문장이 적절하게 쓰였는지 확인하고, 구두점, 띄어쓰기 등을 확인한 후, 문장의 순서가 적절한지, 연결어가 적절한지 체크하기
  –고치기(Revise): 편집한 내용에 맞게 다시 고쳐 쓰기
• 질문을 만들어 본다.
  –"황사는 왜 일어나는가?"
  –"황사의 문제점은 무엇인가?"
  –"황사를 어떻게 해결할 수 있는가?"

중재목표

08

'용돈을 올려 주세요' 설득글을 읽고 이해하여 적절한 근거를 갖추어 자신의 의견을 말할 수 있다

설명 구조: 의견 말하기 / 주제: 용돈을 올려 주세요
• 핵심형(언어↓, 읽기↓)
엄마, 아빠! 이제 저도 초등학교 2학년이 되었어요. 그래서 제 용돈을 올려 주시면 좋겠어요. 새 학년이 되니 용돈이 좀 더 필요해요. 학교에서 필요한 준비물도 늘었어요. 공책이나 연필도 더 사야 해요. 새 친구들도 많아져서 용돈이 모자라요. 학교 마치고 친구들이랑 간식을 사 먹고 싶어요. 또 생일 잔치에 초대하는 친구들도 늘고 있어요. 그러면 생일 선물을 사야 할 일도 많아질 거예요. 엄마, 아빠의 생신 선물이나 어버이날 선물을 해 드리고 싶어요. 그런데 지금의 용돈으로는 많이 부족할 거 같아요. 용돈을 올려 주시면 공부도 더 열심히 할게요. 또 용돈을 아껴서 쓰고, 어디에 썼는지 꼭 적을게요. 물론 남은 건 저금도 할 거예요. 그러니까 다음 달부터 용돈을 좀 더 올려 주세요!
• 확장형(언어↑, 읽기↑)
부모님께 한 가지 부탁드릴 말씀이 있습니다. 새 학기가 시작되는 다음 달부터 제 용돈을 좀 더 인상해 주시면 좋겠습니다. 지금까지는 용돈이 부족할 때가 많아도 아껴서 썼는데, 꼭 써야 할 때 쓰지 못해 아쉬운 적이 많았습니다. 그런데 새 학년이 되면 용돈이 필요한 곳이 많아질 거 같습니다. 무엇보다 새 학기가 되면 준비물을 살 일이 많아집니다. 특히 고학년이 되면 준비물의 양도 많고, 가격이 비싼 것도 종종 있다고 합니다. 학용품을 새로 구입해야 하는 것도 많습니다. 그리고 새 학년이 되면 새로 사귀는 친구들도 많아질 것입니다. 친구들과의 관계가 나빠지면 학교생활이 힘들고, 학업에까지 영향을 미치는 것 같습니다. 하굣길에 친구들과 함께 간식도 사 먹고, 문방구에 들러 필요한 것을 사기도 하면서 친해지는 경우가 많습니다. 이때 용돈이 없으면 친구들한테 민망할 때가 많습니다. 또 친구들과 친해지는 기회 중 하나가 생일 잔치 때 어울리는 것입니다. 생일 잔치에 초대하는 친구들이 점점 늘어나고 있어서 생일 선물을 준비해야 하는 경우가 늘어났습니다. 그런데 현재의 용돈으로는 턱없이 부족할 때가 많습니다. 더불어 이제 저도 부모님 생신이나 어버이날 등에 부모님께 감사의 마음을 전하고 싶습니다. 물론 사랑한다는 말이나 편지를 써서 전할 수도 있지만 제 용돈을 조금씩 모아 부모님께 필요한 선물을 해 드리고 싶습니다. 부모님께서는 제가 아직 초등학생이라 용돈을 너무 넉넉하게 받으면 절약을 모르고 낭비하는 습관이 들까 봐 걱정하시는 거 같습니다. 하지만 저도 이제 몸과 마음이 많이 성숙해졌고, 제 행동에 대해 판단하고 책임지는 것을 배워야 할 때라고 생각합니다.

용돈을 올려 주신다면 더욱더 열심히 공부해서 부모님께서 만족스러워하시도록 노력하겠습니다. 무엇보다 부모님께서 힘들게 일하셔서 주신 용돈을 소중히 여기고, 꼭 필요한 곳에 아껴서 쓸 것을 약속드립니다. 그리고 용돈 기입장을 작성해서 계획적으로 용돈을 관리하겠습니다. 용돈 기입장을 쓰는 것은 단지 절약하는 습관뿐 아니라 경제관념을 기르는 데도 도움이 된다고 생각합니다. 물론 최대한 절약해서 생활하고 남은 돈은 저축하는 데 쓸 것입니다. 저축하는 습관을 키우고, 조금씩 저축액이 증가하는 데서 오는 성취감을 느끼는 것도 중요하다고 생각합니다.

그러니까 지금까지 제가 약속한 내용을 믿어 주시고, 다음 달부터 용돈을 좀 더 올려 주시길 바랍니다.

언어 수준

- 4낱말 조합 이상 문장 표현이 가능한 아동
- 두세 문장의 이상의 길이로 연결해서 말할 수 있으나 소주제에 따라 체계를 갖춰 말하기 어려워하는 아동
- 의미: 학교생활과 관련된 어휘를 알고 있는 아동
- 읽기: 가끔 틀리게 읽는 글자가 있으나 낱말 읽기가 가능한 아동

읽기 전 중재목표	글의 종류와 배경지식 및 내용 예측하기

언어 목표

- 글의 유형을 파악할 수 있다.
- 글의 주제와 관련된 배경지식을 말할 수 있다.
- 핵심 단어를 통해 글의 내용을 예측할 수 있다.

사용 카드

- 명사 6(공공장소): 학교, 학원
- 명사 6(상점 및 편의시설): 문구점

• 명사 6(때 · 날씨): 생일
• 서술어 1(반대말–쉬운 어휘): 적다
• 서술어 2(학교생활-수업시간): 공부하다

활동절차: 중재 전략 및 유의사항

아동의 언어와 읽기 수준에 따라 '핵심형'과 '확장형' 중 하나를 선택하여 활동을 실시한다.

(1) 글의 유형 알기

• 설득글이 자기의 생각이나 의견을 전하는 글임을 예를 들어 주면서 아동과 함께 이야기를 나눈다.

"○○이는 강아지 키워 봤니? 부모님한테 강아지 키우고 싶다고 말하려면 어떻게 해야 할까?"

"엄마한테 강아지를 키우고 싶은 내 생각을 잘 말해야 할 거 같아. 내 의견을 주장하고, 엄마를 설득해야 하지."

• 아동에게 글의 유형에 대해서 구어로 알려 준다.

"부모님께 강아지를 키우고 싶다고 말하려면 어떻게 해야 할까? 부모님을 어떻게 설득해야 할까?"

"강아지를 키우고 싶다는 내 의견을 말해야겠지? 주장을 해야 해."

(2) 글의 주제에 대한 배경지식 나누기 워크북 2-8-1-1 워크북 2-8-2-1

• 아동에게 구어로 글의 주제와 관련해서 아는 것을 말해 본다.

"오늘 우리는 용돈에 관한 글을 볼 거야. 부모님께 용돈을 올려 달라고 주장하는 글을 볼 거야."

"OO아, 너는 용돈을 받고 있니?

• 아동과 함께 용돈과 관련된 경험을 나눈다.

"용돈을 받은 적 있니? 용돈을 받으면 기분이 어때? 용돈을 어디에 주로 쓰니?" 등의 질문을 통해 용돈과 관련된 아동의 경험을 이야기해 본다.

(3) 제목과 단어카드를 보며 글의 내용 예측하기 워크북 2-8-1-1

• 제목 '용돈을 올려 주세요'를 보면서 무엇을 설득하는 글인지 예측해 본다.

"이 글의 제목이 뭐야?"

(아동의 반응을 기다린 후) "그래. '용돈을 올려 주세요'구나! 어떤 내용의 글일까?"

(아동에게 기회를 주고 반응이 없으면) "선생님은 부모님께 용돈을 더 달라고 주장하는 글인 거 같아."

• 핵심 어휘를 포함하고 있는 단어카드(용돈, 새 학년, 준비물, 간식, 생일 선물, 공부, 용돈기입장, 저금)를 붙이는 활동을 하면서 글의 내용을 예측해 본다.

–"ㅇㅇ아! 용돈을 받아 봤니? 용돈을 어디에 써? 용돈이 왜 필요할까?"와 같은 질문을 통해 글의 내용을 예측해 보게 하고, 질문에 대답하기 어려워하는 아동의 경우 카드를 지적하면서 모델링을 제공한다.

• 핵심 어휘 단어카드를 연결하여 예측되는 문장을 만들어 본다.

예) '용돈–새 학년' 단어카드를 선택한 경우, "새 학년이 되면 용돈이 더 필요하다."와 같이 한 문장으로 표현하도록 해 본다.

• 이때 단어카드를 연결하여 문장 쓰기 활동을 촉진할 수도 있다.

응용하기

- 용돈과 관련된 책을 함께 읽어 본다.
  - 김소연 역(2009). 용돈 좀 올려주세요. 창비
  - 이세진 역(2017). 용돈이 다 어디 갔지? 라임.

읽기 중 중재목표 1	소리 내서 유창하게 읽기

언어 목표

- 글을 적절한 의미단위로 끊어 읽을 수 있다.
- 글을 소리 내서 유창하게 읽을 수 있다.

활동절차: 중재 전략 및 유의사항

아동의 언어와 읽기 수준에 따라 '핵심형'과 '확장형' 중 하나를 선택하여 활동을 실시한다.

(1) 선생님이 읽어 주기

- 틀리게 읽는 글자가 많고 읽는 속도가 매우 느린 아동이나 읽기를 싫어하는 아동의 경우는 다음과 같이 한다.
  - 선생님이 의미덩어리를 중심으로 손가락으로 짚어 가면서 읽어 준다. 이때 한 글자씩 손으로 짚어 주지 않도록 유의한다.
  - 읽는 속도는 유창하게 읽는 아동보다 조금 느린 속도로 읽어 준다.
- 아동의 집중을 유도하기 위해 선생님이 아동의 손을 잡고 의미덩어리 단위로 짚어 가면서 읽어 준다.

• 아동의 흥미를 유지하면서 반복해서 읽기를 유도한다.

(2) 함께 읽기

• 종종 틀리게 읽는 글자가 있고, 읽는 속도는 조금 느리지만 혼자 읽으려고 하는 아동의 경우는 다음과 같이 한다.
  – 선생님과 아동이 함께 손가락으로 의미덩어리를 짚어 가면서 읽는다.
  – 선생님과 아동이 한 문단씩 또는 한 문장씩 번갈아 가면서 읽는다.
• 집단 활동일 경우 두 명의 아동이 한 문단씩 또는 한 문장씩 번갈아 가면서 읽도록 한다.
• 아동의 흥미를 유지하면서 반복해서 읽고, 읽기 속도가 빨라지는 것을 경험할 수 있도록 한다.

(3) 아동 혼자 읽기 워크북 2-8-1-1 워크북 2-8-2-1

• 아동이 읽는 것을 좋아하고, 가끔 틀리게 읽는 글자가 있긴 해도 읽는 속도가 느리지 않은 아동의 경우는 다음과 같이 한다.
  – 아동이 너무 급하게 읽는 경우 선생님이 의미덩어리를 손가락으로 짚어 주면서 아동의 읽기를 따라가 준다.
• 아동의 흥미를 유지하면서 반복해서 읽고, 읽기 속도가 빨라지는 것을 경험할 수 있도록 한다.

응용하기

• 끊어 읽기를 한다.
  – 글을 읽으면서 의미가 통하는 구나 절 단위로 끊기는 부분에 표시한다.
  – 선생님이 먼저 표시된 부분에서 끊어 읽으면서 시범을 보인다.
  – 아동과 함께 표시된 부분에서 끊어 읽기 연습을 한다.
  – 아동이 혼자 표시된 부분에 유의하면서 반복 읽기를 연습한다.

읽기 중 중재목표 2	이해모니터링 전략 사용하기

언어 목표

- 글을 적절한 의미단위로 끊어 읽을 수 있다.
- 글을 읽으면서 스스로 아는 것과 모르는 것을 확인할 수 있다.

활동절차: 중재 전략 및 유의사항

(1) 말속도 조절하며 읽기

- 선생님이 읽어 줄 때 말속도를 천천히 하여 생각할 시간을 준다.
- 읽으면서 모르는 단어에 밑줄을 긋거나 동그라미를 치면서 읽도록 유도한다.
- 한 문단을 읽고 나면 아동에게 중심내용과 관련된 질문을 하면서 아동이 이해하고 있는지 여부를 확인한다.

  "용돈이 더 필요하대. 왜 용돈이 더 필요하다고 했지?"

  "용돈을 올려 주면 어떻게 하겠다고 했지?"

- 읽으면서 알고 있는 것과 모르는 것을 확인한다.
  - 잘 모르는 내용이 나왔을 때, 다시 해당 부분을 반복해서 읽도록 유도한다.
  - 한 문단을 읽은 후 "생일 선물 준비하는 데 용돈이 필요하구나."라고 말해 주며 내용에 대해 생각하는 과정을 말로 들려 준다.

(2) 이해한 내용을 큰 소리로 말하기

- 읽으면서 이해하고 있는 것, 이해가 안 되는 것, 내가 아는 것과 다른 내용이 있는지 말하면서 읽는다.
- 읽고 있는 내용이 이해가 되는지에 대해 큰 소리로 말하고, 이해되지 않을 경우 어떻게 해결할 것인지를 큰 소리로 말한다.

  "용돈이 더 필요한 이유가 뭐라고 했지? 준비물을 더 많이 사야 한다고 했어. 그리고 뭐였지? 다음 문단을 다시 읽어 봐야겠다."

응용하기

- 핵심 단어를 표시한다.
  - 읽으면서 중요하다고 생각하는 단어에 밑줄을 긋거나 별표(☆)로 표시하며 읽는다.
  - 반복해서 나오는 단어에 밑줄을 긋거나 별표(☆)로 표시하며 읽는다.
- 어느 정도 숙련된 읽기 이해가 가능한 아동의 경우, 각 단락의 여백을 이용하여 요약하며 읽는다.

읽기 후 중재목표 1	관련 어휘를 이해하고 표현하기

언어 목표

- 모르는 어휘를 확인하고 습득한다.
- 단어의 의미를 파악하기 위해 문맥을 활용할 수 있다
- 단어를 활용하여 문장 쓰기를 할 수 있다.

활동절차: 중재 전략 및 유의사항

아동의 언어와 읽기 수준에 따라 '핵심형'과 '확장형' 중 하나를 선택하여 활동을 실시한다.

(1) 모르는 단어 확인하기 워크북 2-8-1-3 워크북 2-8-2-3

- 유창하게 읽기를 마친 후 아동에게 모르는 단어가 있는지 물어본다.
- 아동에게 모르는 단어에 밑줄을 긋거나 형광펜을 사용해 표시하게 한다.

• 모르는 단어가 들어 있는 문맥을 다시 한 번 읽어 보고 어떤 뜻일지 예측해 본다.
• 아동이 어려워할 경우, 선생님이 구어로 "초대가 뭐지? 생일 잔치에 초대하는 친구들이 늘고 있대." 와 같이 단서를 주어 예측해 보도록 한다.
• 아동이 계속 어려워할 경우, 선생님이 그 뜻을 설명해 주거나 인터넷을 활용하여 사전적 정의를 알아본다.

(2) 어휘 확인: 글을 읽기 전과 후 어휘 이해 정도 모니터링

워크북 2-8-1-3 워크북 2-8-2-3

• 아동에게 핵심 어휘 관련 단어카드를 제시하고 이야기를 나눈다.
• 단어카드의 어휘가 글의 어느 부분에 있는지 확인하고, 어휘의 뜻을 예측해 본다. 아동이 어휘의 뜻을 모를 경우 "초대가 뭘까? 생일 잔치에 초대하는 친구들이 늘고 있대. 생일 선물을 준비해서 간대. 초대가 뭘까?"와 같이 구어로 단서를 제시한다. 단서 제시에도 어려워하면 어휘의 뜻을 함께 찾아보거나 모델링을 제공한다.
• 단어카드를 보고 아동이 알고 있는 정도를 채점한 후, 글의 내용 이해 활동이 끝난 후 다시 채점하여 점수를 비교해 본다.
–핵심 어휘카드를 보면서 1~5점 척도로 점수를 준다.

단어의 종류	전혀 들어 본 적이 없음 (1점)	잘 모르지만 들어 본 적 있음 (2점)	단어가 들어간 문장 뜻은 알지만 단어 뜻 말하기 어려움 (3점)	단어가 쓰이는 예는 알고 있으나 뜻만 말하기 어려움 (4점)	단어 뜻도 설명할 수 있음 (5점)
용돈		V			
새 학년			V		
준비물			V		
학용품		V			
간식		V			
초대		V			

–읽기 활동이 끝난 후 다시 채점을 하도록 해서 점수를 비교한다. 그래프로 시각적 피드백을 줄 수도 있다.

단어의 종류	전	후	차이
용돈	2	4	+2
새 학년	3	5	+2
준비물	3	5	+2
학용품	2	4	+2
간식	2	4	+2
초대	2	3	+1

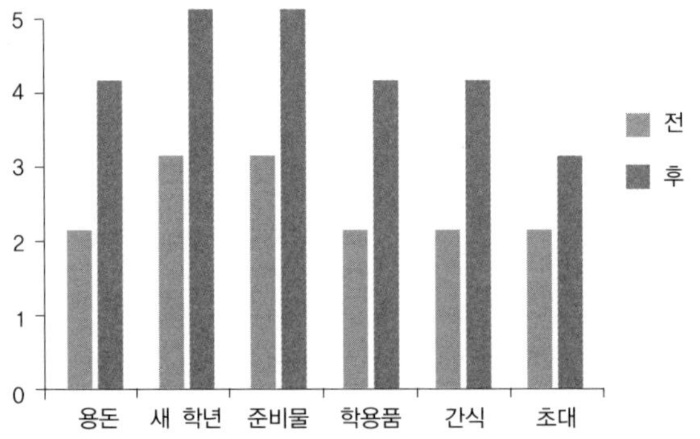

(3) 어휘망 만들기 워크북 2-8-1-3 워크북 2-8-2-3

• 낱말의 뜻을 모두 확인한 후 글의 핵심 어휘를 중심으로 어휘망을 만든다.

• 단어카드에 없는 단어는 빈 카드에 추가해서 만들 수 있다.

• 어휘망에 있는 단어를 보면서 용돈을 왜 올려 달라고 하는지(용돈이 왜 더 필요한지), 용돈을 올려 주면 어떻게 할 것인지를 말해 본다.

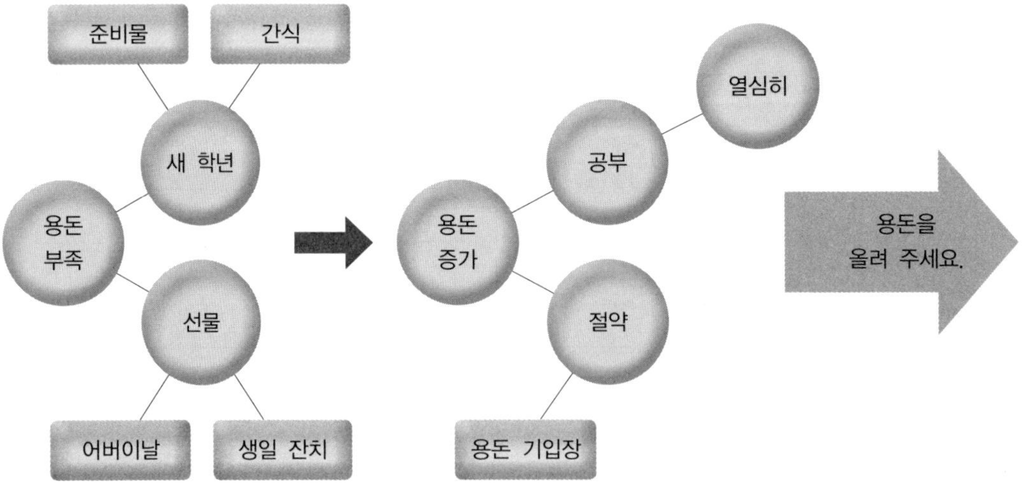

(4) 단어카드를 연결하여 문장 만들기 워크북 2-8-1-3 워크북 2-8-2-3

• 어휘망을 연결하여 문장을 만들어 본다.

"새 학년이 되어 용돈이 부족하다."라고 길게 말한 후 문장카드에 쓰기 활동으로 연결할 수 있다.

• 문장의 빈칸 채우기 활동을 통해 모르는 단어의 의미를 파악한다.

–아동이 모르겠다고 표시한 단어가 들어가는 문장을 만들어서 괄호 넣기 활동을 통해 단어의 의미를 유추해 볼 수 있도록 지도한다. "생일 잔치에 ○○하는 친구들이 많다."

응용하기

• 단어카드를 선택하여 문장 만들기 게임을 한다.

–아동에게 핵심 어휘카드를 나열해 주고, 카드를 두 개 이상 연결해서 문장 만들기 게임을 한다.

–두 개 단어를 연결하면 2점, 세 개의 단어를 연결하면 3점과 같이 점수를 부여하고 점수판에 기록하여 많은 점수를 얻는 사람이 이기는 게임을 한다.

읽기 후 중재목표 2	설득글을 읽고 주장과 근거 찾기

언어 목표

• 글쓴이의 주장이 무엇인지 찾을 수 있다.

• 주장하는 이유나 근거를 찾을 수 있다.

• 글의 주제문을 찾고, 이를 자기 말로 바꾼 문장으로 쓸 수 있다.

• 글의 내용을 요약하여 말하고 쓸 수 있다.

활동절차: 중재 전략 및 유의사항

아동의 언어와 읽기 수준에 따라 '핵심형'과 '확장형' 중 하나를 선택하여 활동을 실시한다.

(1) 어휘망을 보면서 읽은 내용 확인하기 워크북 2-8-1-4 워크북 2-8-2-4

- 어휘 활동을 통해 만든 어휘망을 아동과 함께 다시 한 번 살펴본다.
- 아동과 어휘망을 보면서 아동에게 글의 내용과 관련된 질문을 한다.

  "왜 용돈이 부족하다고 했지? 용돈을 올려 주면 어떻게 한다고 했니?"

- 아동이 적절히 반응하지 못하면, 어휘망의 단어를 가리키면서 다시 말할 기회를 준다.

(2) 단어카드로 도식판 만들기 워크북 2-8-1-4 워크북 2-8-2-4

- 단어카드를 활용하여 다음과 같은 도식판을 완성한다.
  - 처음에는 단서를 제시하지 않고 빈칸을 완성하게 지도하고, 아동이 오반응을 하거나 생각해 내기 어려워하면 단서를 제공한다.
- 쓰기가 가능한 아동은 직접 써 볼 수 있다.

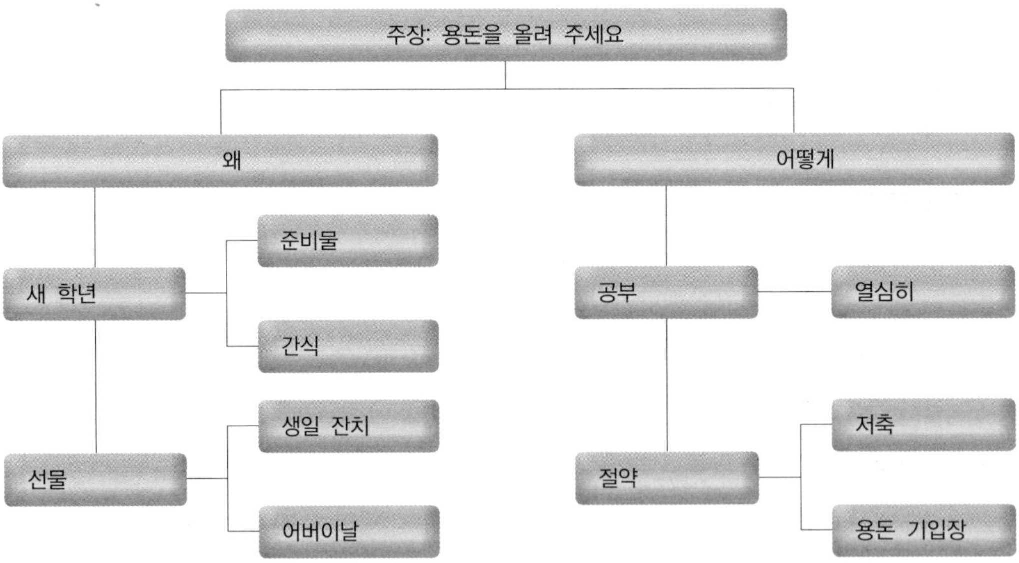

(3) 글의 주장과 중심 근거 찾기 워크북 2-8-1-4 워크북 2-8-2-4

- 글을 다시 읽으면서 반복해서 나오는 단어나 중요하다고 생각하는 부분에 밑줄을 긋거나 표시(★)를 한다.
  -아동이 스스로 하기 어려워하는 경우 시범을 보여 준다.
- 밑줄을 긋거나 표시한 내용을 중심으로 다시 읽어 본 후 표에 주요 단어나 문장을 적어 본다.
- 각 문장이 무엇에 대한 내용인가를 파악한다.

  "이 문장은 무엇을 말하고 있는 내용이지?"
- 용돈에 대해 글쓴이가 주장하는 내용이 무엇인지 파악한다.

  "용돈이라는 말이 여러 번 나오는구나, 용돈에 대해 어떤 생각을 말하고 있는 내용이지?"

  -읽은 문장이 '무엇'에 대한 내용인가를 파악한다.

    "이 글은 (용돈)에 대한 것이구나!"

  -글쓴이의 주장이 무엇인지를 한 문장으로 찾아보고, 자신의 말로 말해 본다. 쓰기가 가능한 아동은 쓸 수 있다.

    "글쓴이는 (용돈이 모자라다)라고 내게 말하고 있구나!"

    "그래서 용돈을 올려 달라고 주장하고 있네."
- 글쓴이의 주장에 대한 이유가 무엇인지 찾아보고, 자신의 말로 말해 본다. 쓰기가 가능한 아동은 쓸 수 있다.

  -이유를 나타내는 문장을 글에서 찾아 밑줄을 긋고, 자기 말로 표현해 본다. 쓰기가 가능한 글로 써 본다.

    "왜 용돈을 올려 줘야 한다고 하고 있니?"

    "용돈을 올려 주면 어떻게 한다고 했지?"
- (2)의 도식판을 활용하여 다음과 같은 구조를 갖춰서 길게 말해 본다.

주장(의견)		용돈을 올려 주세요.
왜?	1	새 학년이 되어서 준비물이 많아졌어요.
	2	선물을 사야 할 일이 많아졌어요.
어떻게?	1	공부를 더 열심히 할 거예요.
	2	용돈을 절약해서 쓰겠어요.

(4) 근거에 대한 세부내용 파악하기 워크북 2-8-1-4 워크북 2-8-2-4

- 단서가 되는 단어(결속표지)에 표시하면서 읽기
  - '그래서, 그러니까, ~도, 모두, 우선, 또한, 하지만, ~지만, 그리고, 이처럼'과 같이 글의 구조를 이해하는 데 단서가 되는 단어에 동그라미를 치면서 다시 한 번 읽어 본다.
  - 이 단서 단어들이 문장 내에서 어떻게 사용되는지 이야기를 나눠 본다.
- 아동에게 근거의 중심내용과 관련된 세부내용을 찾아서 밑줄을 긋고, 이를 문장으로 표현하도록 한다.
- 세부내용을 추가한 구조도식판을 제시하여 아동이 말한 내용을 글로 써서 완성하도록 한다.

주장하는 말	용돈을 올려 주세요.

		중심 근거	세부 근거
왜?	1	새 학년이 되니 용돈이 더 필요해요.	학용품이 더 필요해요.
			친구들과 간식을 사 먹고 싶어요.
	2	선물을 사야 할 일이 많아졌어요.	생일 잔치에 초대하는 친구들이 많아요.
			부모님께 선물하고 싶어요.
어떻게?	1	공부를 더 열심히 할 거예요.	부모님을 기쁘게 해 드릴게요.
	2	용돈을 아껴서 쓸 거예요.	용돈 기입장에 꼭 적을 거예요.
			저축을 할 거예요.

정리하는 말	그러니까 다음 달부터 용돈을 올려 주세요.

(5) 글의 내용 요약하기

- 주장과 근거에 관한 주요 내용에 관해 표시해 둔 문장을 다시 자기 말로 바꿔 쓰도록 한다.
- 주요 근거와 관련된 세부내용에 해당하는 문장을 찾은 후 중심 생각과 어떻게 관련되는지 이야기 나눈다.
- 세부내용 중에 중심내용과 관련 없는 것은 '=' 표시로 지우고, 문장의 순서에 따라 번호를 표시하고 번호 순서대로 요약문을 완성한다.

(6) 배경지식과 관련하여 추가되는 내용 예측하기

- 용돈이 부족한 다른 이유는 또 없는지에 대해 이야기를 나눈다.
- 알고 있는 사실을 해당 도식판에 추가해서 보충해 준다.
- 글에 제시된 정보와 추가되는 정보를 연결하여 용돈을 올려 달라는 주장과 이유에 대해 좀 더 길게 말해 본 다음, 쓰기 활동을 해 본다.

응용하기

- 부모님께 원하는 물건을 사 달라고 요청하는 편지를 쓴다. 워크북 2-8-1-4 워크북 2-8-2-4

받을 사람

첫 인사:

갖고 싶은 것:

왜 필요한가?

사 주면 어떻게 할 것인가?

끝인사

쓴 날짜

OOO 올림

• 알고 있던 내용과 새로 알게 된 내용을 정리해 본다.

알고 있던 내용	새로 알게 된 내용
–새 학년이 되면 사야 할 준비물이 늘어난다. –선물을 사는 데 돈이 필요하다. –친구들과 간식을 먹으려면 돈이 필요하다.	–간식을 먹으면서 친구랑 친해진다. –용돈 기입장을 쓰면 용돈이 절약된다.

읽기 후 중재목표 3	설득글을 읽고 내용을 묻는 질문에 대답하기

언어 목표

• 글의 주장 및 근거와 관련된 질문에 답할 수 있다.

• 글의 주요 내용을 이해하고 요약하여 말할 수 있다.

• 글의 내용을 토대로 추론적 질문에 대답할 수 있다.

활동절차: 중재 전략 및 유의사항

아동의 언어와 읽기 수준에 따라 '핵심형'과 '확장형' 중 하나를 선택하여 활동을 실시한다.

(1) 글의 도식판을 보며 글의 내용을 요약하여 말하기

• 아동이 도식판을 보면서 글의 내용을 요약하도록 한다.

• 아동이 혼자 말하기 어려워하면 선생님이 모델링을 해 준다.

• 이 글을 요약할 때 주장과 근거를 말해야 하고, '근거는 왜 필요한가?' '어떻게 할 것인가?'와 같은 순서로 말하고, 대표할 수 있는 단어로 말해야 함을 강조한다.

• 아동이 스스로 할 때, 다음 내용을 유도하기 위해 "주장하는 게 뭐지?" "왜 용돈이 필요하다고 했어?" "용돈을 올려 주면 어떻게 한다고 했지?" 등의 단서를 제공한다.

• 요약하여 쓰기 활동을 한 경우 요약한 글을 발표해 보도록 한다.

(2) 주요 내용에 대한 질문에 대답하기 워크북 2-8-1-4 워크북 2-8-2-4

• 글의 내용과 관련된 질문지를 다음과 같이 작성해 둔다.

질문 내용
1. 글쓴이가 주장하는 내용은 무엇인가요?
2. 이 글은 누구를 설득하기 위해 쓴 글인가요?
3. 용돈이 부족한 이유는 무엇인가요?
4. 새 학년이 되어 달라지는 것은 무엇인가요?
5. 글쓴이는 친구들과 친해지기 위해 무엇을 하고자 하나요?
6. 부모님께서 용돈이 넉넉하면 안 된다고 생각하는 이유는 무엇인가요?
7. 용돈을 올려 주면 어떻게 한다고 약속했나요?
8. 용돈 기입장을 쓰면 좋은 점은 무엇인가요?
9. 저축하면 좋은 점은 무엇인가요?
10. 용돈을 언제부터 올려 달라고 하였나요?

• 보드게임판을 이용해 아동과 번갈아 가며 질문을 뽑아 대답하기 게임을 진행한다.

• 아동과 선생님이 질문을 번갈아 가며 한다.
• 아동에게 새로운 질문을 만들어도 좋다고 지시하고, 새로운 질문을 만들어서 대답할 수도 있다. 질문을 만들 때에는 '어디, 무엇을, 어떻게?'와 같은 단서를 활용할 수 있도록 지도한다.
• 아동이 질문에 대답을 적절히 못하면, 해당 글을 다시 읽고 질문에 답할 수 있도록 한다.
• 글 읽기 이후에도 질문에 답하기 어려워하면 도식판을 확인한 후 질문에 답하도록 한다.

응용하기

• 요약 내용을 써 본다.
 –도식판을 보고 구어로 요약한 내용 쓰기 활동으로 연결한다.
 –각 문단의 중심내용과 세부내용을 자신의 말로 다시 써 보고, 최종적으로 자기 말로 요약해서 전체 글을 써 본다.
• 분석글 써 보기: POWER 전략 사용하기
 –글쓰기의 과정에 대한 전략을 사용하는 방법을 선생님이 먼저 시범을 보여 주고, 함께 작성해 본다.
 –계획하기(Plan): 무엇을 주장할 것인가를 정하기
 –구성하기(Organize): 주장하는 근거와 용돈을 올려 주면 어떻게 할 것인가에 해당하는 내용 작성하기 → 중심 문장 만들어 보기 → 근거와 관련 있는 세부내용 문장 정하기 → 세부내용과 관련된 문장 추가해서 써 보기 → 작성한 문장을 글을 쓸 순서에 따라 번호 정하기
 –쓰기(Write): 번호 순서에 따라 글을 쓰고, 앞뒤 문장을 연결하는 말을 끼워 넣기
 –편집하기(Edit): 문장이 적절하게 쓰였는지 확인하고, 구두점, 띄어쓰기 등을 확인한 후, 문장의 순서가 적절한지, 연결어가 적절한지 체크하기
 –고치기(Revise): 편집한 내용에 맞게 다시 고쳐 쓰기
• 질문을 만들어 본다.
 –"무엇을 주장할 것인가?"
 –"주장하는 이유는 무엇인가?"

중재목표

09

'음식물 쓰레기를 줄이자' 설득글을 읽고 이해하여 적절한 근거를 갖추어 자신의 의견을 말할 수 있다

설명 구조: 의견 말하기 / 주제: 음식물 쓰레기를 줄이자

• 핵심형(언어↓, 읽기↓)

우리가 남기는 음식이 너무 많다. 남은 음식은 모두 쓰레기가 된다. 이것 때문에 여러 문제가 생기고 있다.

음식물 쓰레기에서 나쁜 냄새가 난다. 안 좋은 가스가 나와서 공기가 나빠진다. 처리하는 데 돈과 시간이 많이 든다.

왜 음식물 쓰레기가 생기는지 알아보자. 우선, 한 끼에 너무 많은 음식을 차린다. 음식재료를 한꺼번에 사서 남기는 경우가 많다. 또 음식점에서 밥 먹는 일이 많아졌다. 거기서는 남은 음식은 다 버린다.

그러면 어떻게 음식물 쓰레기를 줄일 수 있을까? 첫째, 필요한 만큼만 음식재료를 사야 한다. 장을 보러 가기 전에 메모를 하면 좋다. 또 자주 장을 보러 가서 조금씩 포장된 것을 산다. 둘째, 먹을 만큼만 음식을 차려야 한다. 가족이 먹을 수 있는 만큼 만들어야 한다. 또 반찬을 작은 그릇에 나누거나 조금씩 담아 먹는다. 셋째, 음식물 쓰레기를 줄이고, 다시 사용해야 한다. 음식점에서 남긴 음식은 싸 가도록 한다. 말려서 버리면 쓰레기양이 줄어든다. 또 남은 음식물로 거름을 만들어 사용한다.

이처럼 우리 모두 음식물 쓰레기를 줄이기 위해 열심히 노력해야 한다.

• 확장형(언어↑, 읽기↑)

음식물 쓰레기는 가정이나 음식점에서 음식을 조리할 때 나오는 식품 쓰레기나 먹고 남은 찌꺼기, 오래되어 버려야 하는 식품 폐기물 등을 말한다. 우리나라에서 하루 평균 발생하는 음식물 쓰레기의 양은 1만 4,000톤이라고 한다. 또 연간 음식물 쓰레기 처리 비용으로 약 4,000억여 원이 쓰이고, 처리 시간도 많이 걸린다고 한다. 뿐만 아니라 음식물 쓰레기로 인한 환경 문제도 심각하다. 음식물 쓰레기 수거 및 처리 과정에서 심한 악취가 발생하고, 썩는 과정에서 나오는 메탄가스는 공기를 오염시키고 있다. 또한 국물 요리에서 배출되는 폐수는 심각한 수질오염을 일으키는 원인이다.

이렇듯 음식물 쓰레기가 증가하고 있는 이유는 무엇인가?

무엇보다 한 상을 푸짐하게 차려야 한다고 생각하는 우리의 음식 문화를 원인으로 들 수 있다. 인원보다 많은 양의 음식을 차려서 먹고 남은 음식물은 모두 음식물 쓰레기로 버리게 된다. 또한 한 번에 대량의 식품을 구입하는 장 보기 습관도 문제가 있다. 당장 필요하지 않은 식품을 충동구매하는 경우가 많다. 이렇게 사다 놓은 식품은 장기 보관이 어려워 결국 음식물 쓰레기가 되는 것이다. 최근 맞벌이 가정이 늘고 국민소득이 높아지면서 외식을 하는 가정이 점점 증가하고 있다. 대부분 음식점에서는 기본 반찬을 많이 주는 경우가 많은데, 남긴 음식물은 결국 쓰레기로 처분된다.

그렇다면 해마다 늘고 있는 음식물 쓰레기를 줄이기 위해 우리가 실천할 수 있는 방법은 어떤 것이 있는가?

첫째, 계획을 짜서 꼭 필요한 식품을 적절하게 구매해야 한다. 장을 보기 전에 미리 식단을 짜고, 필요한 식품 재료를 메모한 후 사는 습관을 길러야 한다. 또한 물건을 살 때도 필요한 만큼 소량 포장되어 있는 것으로 산다면 조리 후 남는 재료를 줄일 수 있을 것이다.

둘째, 집에서 음식을 조리할 때 식구들의 식사량을 고려해서 알맞은 양으로 조리하는 것이 필요하다. 식사를 할 때도 작은 그릇을 이용해 먹을 만큼 덜어 먹도록 하는 것도 하나의 방법이다.

셋째, 음식물 쓰레기를 줄이거나 재활용하는 방법을 모색해야 한다. 음식물 쓰레기를 말리면 버리는 양도 줄일 수 있고, 수거 과정에서 발생하는 악취도 줄일 수 있다. 또한 음식물 쓰레기를 퇴비나 가축 사료로 재활용하는 방법도 있다. 음식물 쓰레기를 지렁이에게 먹여서 퇴비를 만들거나 가축의 배합 사료와 혼합해서 사료로 사용할 수도 있다.

결론적으로 음식물 쓰레기는 우리의 환경을 해치고, 결국 우리의 삶에 심각한 악영향을 끼치고 있다. 따라서 우리 모두 음식물 쓰레기를 줄이기 위해 작은 일부터 실천해야 할 뿐 아니라, 더 나아가 우리의 음식 문화를 개선하기 위해 노력해야 한다.

언어 수준

- 4낱말 조합 이상 문장 표현이 가능한 아동
- 두세 문장의 이상의 길이로 연결해서 말할 수 있으나 소주제에 따라 체계를 갖춰 말하기 어려워하는 아동
- 의미: 환경문제와 관련된 단어를 이해하고 표현할 수 있는 아동
- 읽기: 가끔 틀리게 읽는 글자가 있으나 낱말 읽기가 가능한 아동

읽기 전 중재목표	글의 종류와 배경지식 및 내용 예측하기

언어 목표

- 글의 유형을 파악할 수 있다.
- 글의 주제와 관련된 배경지식을 말할 수 있다.
- 핵심 단어를 통해 글의 내용을 예측할 수 있다.

사용 카드

- 서술어 2(학교생활–쉬는시간): 버리다
- 서술어 4(교외생활–거리): 냄새나다

활동절차: 중재 전략 및 유의사항

아동의 언어와 읽기 수준에 따라 '핵심형'과 '확장형' 중 하나를 선택하여 활동을 실시한다.

(1) 글의 유형 알기

- 설득글이 자기의 생각이나 의견을 전하는 글임을 예를 들어 주면서 아동과 함께 이야기를 나눈다.

  "선생님은 동물을 괴롭히면 안 된다고 생각해. 사람들한테 동물을 괴롭히지 말라고 말하고 싶어. 그러면 어떻게 해야 할까?

  "사람들한테 동물을 괴롭히면 왜 나쁜지를 말해 줘야 하겠지? 내 의견을 이야기해서 다른 사람을 설득해야 해!"

- 아동에게 글의 유형에 대해서 구어로 알려 준다.

  "사람들에게 동물을 괴롭히지 말라고 하고 싶으면 어떻게 해야 할까? 사람들을 어떻게 설득해야 할까?"

  "동물을 괴롭히면 안 된다는 내 의견을 말해야겠지? 주장을 해야 해."

(2) 글의 주제에 대한 배경지식 나누기 워크북 2-9-1-1 워크북 2-9-2-1

- 아동에게 구어로 글의 주제와 관련해서 아는 것을 말해 본다.

"오늘 우리는 음식물 쓰레기에 관한 글을 볼 거야. 너는 음식을 남긴 적 있니? 남은 음식물은 어떻게 해?"

"음식물 쓰레기가 뭘까?"

- 아동이 이야기하기 어려워하는 경우 핵심어를 붙여 주면서 선생님이 알려 줄 수 있다.

  "음식물을 다 못 먹고 남기면 음식물 쓰레기가 많아진대."

- 아동과 함께 주제와 관련된 경험을 나눈다.

  "음식을 남긴 적 있니? 남은 음식은 어떻게 될까?" 등의 질문을 통해 아동이 음식을 먹고 남겼던 경험과 관련된 내용을 이야기해 본다.

(3) 제목과 단어카드를 보며 글의 내용 예측하기 워크북 2-9-1-1 워크북 2-9-2-1

- 제목 '음식물 쓰레기를 줄이자'를 보면서 무엇을 주장하는 글인지 예측해 본다.

  "이 글의 제목이 뭐야?"

  (아동의 반응을 기다린 후) "그래, 음식물 쓰레기를 줄이자구나! 어떤 내용의 글일까?"

  (아동에게 기회를 주고 반응이 없으면) "선생님은 음식물 쓰레기가 많아지면 안 된다고 주장하는 글인 거 같아."

- 핵심 어휘를 포함하고 있는 단어카드(음식물, 쓰레기, 문제, 냄새, 돈, 시간, 준비, 음식재료, 음식점, 메모, 포장, 말리다, 거름)를 붙이는 활동을 하면서 글의 내용을 예측해 본다.

  –"OO아! 음식을 남긴 적 있니? 남긴 음식물은 어떻게 될까? 남기지 않으려면 어떻게 해야 할까?"와 같은 질문을 통해 글의 내용을 예측해 보게 하고, 질문에 대답하기 어려워하는 아동의 경우 단어카드를 지적하면서 모델링을 제공한다.

- 핵심 어휘 단어카드를 연결하여 예측되는 문장을 만들어 본다.

  예) '쓰레기–냄새' 단어카드를 선택한 경우, "쓰레기에서 냄새가 많이 난다."와 같이 한 문장으로 표현하도록 해 본다.

- 이때 단어카드를 연결하여 문장 쓰기 활동을 촉진할 수도 있다.

응용하기

• 관련된 책을 함께 읽어 본다.
 –선자은(2014). 쓰레기 행성을 구하라. 푸른숲 주니어.
 –전경하 역(2010). 지구를 지키는 쓰레기 전사. 책과 콩나무.
 –조영선(2008). WHY?: 식품과 영양. 예림당.

읽기 중 중재목표 1	소리 내서 유창하게 읽기

언어 목표

• 글을 적절한 의미단위로 끊어 읽을 수 있다.
• 글을 소리 내서 유창하게 읽을 수 있다.

활동절차: 중재 전략 및 유의사항

아동의 언어와 읽기 수준에 따라 '핵심형'과 '확장형' 중 하나를 선택하여 활동을 실시한다.

(1) 선생님이 읽어 주기

• 틀리게 읽는 글자가 많고 읽는 속도가 매우 느린 아동이나 읽기를 싫어하는 아동의 경우는 다음과 같이 한다.
 –선생님이 의미덩어리를 중심으로 손가락으로 짚어 가면서 읽어 준다. 이때 한 글자씩 손으로 짚어 주지 않도록 유의한다.
 –읽는 속도는 유창하게 읽는 아동보다 조금 느린 속도로 읽어 준다.
• 아동의 집중을 유도하기 위해 선생님이 아동의 손을 잡고 의미덩어리 단위로 짚어 가면서

읽어 준다.
- 아동의 흥미를 유지하면서 반복해서 읽기를 유도한다.

(2) 함께 읽기
- 종종 틀리게 읽는 글자가 있고, 읽는 속도는 조금 느리지만 혼자 읽으려고 하는 아동의 경우는 다음과 같이 한다.
  - –선생님과 아동이 함께 손가락으로 의미덩어리를 짚어 가면서 읽는다.
  - –선생님과 아동이 한 문단씩 또는 한 문장씩 번갈아 가면서 읽는다.
- 집단 활동일 경우 두 명의 아동이 한 문단씩 또는 한 문장씩 번갈아 가면서 읽도록 한다.
- 아동의 흥미를 유지하면서 반복해서 읽고, 읽기 속도가 빨라지는 것을 경험할 수 있도록 한다.

(3) 아동 혼자 읽기 워크북 2-9-1-2 워크북 2-9-2-2
- 아동이 읽는 것을 좋아하고, 가끔 틀리게 읽는 글자가 있긴 해도 읽는 속도가 느리지 않은 아동의 경우는 다음과 같이 한다.
  - –아동이 너무 급하게 읽는 경우 선생님이 의미덩어리를 손가락으로 짚어 주면서 아동의 읽기를 따라가 준다.
- 아동의 흥미를 유지하면서 반복해서 읽고, 읽기 속도가 빨라지는 것을 경험할 수 있도록 한다.

응용하기

- 끊어 읽기를 한다.
  - –글을 읽으면서 의미가 통하는 구나 절 단위로 끊기는 부분에 표시한다.
  - –선생님이 먼저 표시된 부분에서 끊어 읽으면서 시범을 보인다.
  - –아동과 함께 표시된 부분에서 끊어 읽기 연습을 한다.
  - –아동이 혼자 표시된 부분에 유의하면서 반복 읽기를 연습한다.

읽기 중 중재목표 2	이해 모니터링 전략 사용하기

언어 목표

- 글을 적절한 의미단위로 끊어 읽을 수 있다.
- 글을 읽으면서 스스로 아는 것과 모르는 것을 확인할 수 있다.

활동절차: 중재 전략 및 유의사항

(1) 말속도 조절하며 읽기

- 선생님이 읽어 줄 때 말속도를 천천히 하여 생각할 시간을 준다.
- 읽으면서 모르는 단어에 밑줄을 긋거나 동그라미를 치면서 읽도록 유도한다.
- 한 문단을 읽고 나면 아동에게 중심내용과 관련된 질문을 하면서 아동이 이해하고 있는지 여부를 확인한다.

  "음식물 쓰레기가 어떤 문제를 일으킨다고 했지?

  "왜 음식물 쓰레기가 생긴다고 했니?

  "음식물 쓰레기를 줄이려면 어떻게 해야 하지?"
- 한 문단을 읽은 후, "한번에 너무 많은 음식을 준비해서 음식물 쓰레기가 생기는구나."와 같이 생각하는 과정을 말로 들려준다.
- 읽으면서 알고 있는 것과 모르는 것을 확인한다.
  - 잘 모르는 내용이 나왔을 때, 다시 해당 부분을 반복해서 읽도록 유도한다.
  - 한 문단을 읽은 후 "음식을 너무 많이 준비하는구나."라고 말해 주며 내용을 정리해 주면서 읽어 준다.

(2) 이해한 내용을 큰 소리로 말하기

- 읽으면서 이해하고 있는 것, 이해가 안 되는 것, 내가 아는 것과 다른 내용이 있는지 말하면서 읽는다.

• 읽고 있는 내용이 이해가 되는지에 대해 큰 소리로 말하고, 이해되지 않을 경우 어떻게 해결할 것인지를 큰 소리로 말한다.

"음식물 쓰레기에서 냄새가 나는 건 알지. 그런데 가스가 나온다고 하네. 어떤 가스지? 이건 몰랐던 건데."

응용하기

• 핵심 단어를 표시한다.
 –읽으면서 중요하다고 생각하는 단어에 밑줄을 긋거나 별표(☆)로 표시하며 읽는다.
 –반복해서 나오는 단어에 밑줄을 긋거나 별표(☆)로 표시하며 읽는다.

• 어느 정도 숙련된 읽기 이해가 가능한 아동의 경우, 각 단락의 여백을 이용하여 요약하며 읽는다.

읽기 후 중재목표 1	관련 어휘를 이해하고 표현할 수 있다.

언어 목표

• 모르는 어휘를 확인하고 습득한다.

• 단어의 의미를 파악하기 위해 문맥을 활용할 수 있다

• 단어를 활용하여 문장 쓰기를 할 수 있다.

활동절차: 중재 전략 및 유의사항

아동의 언어와 읽기 수준에 따라 '핵심형'과 '확장형' 중 하나를 선택하여 활동을 실시한다.

(1) 모르는 단어 확인하기 워크북 2-9-1-3 워크북 2-9-2-3

- 유창하게 읽기를 마친 후 아동에게 모르는 단어가 있는지 물어본다.
- 아동에게 모르는 단어에 밑줄을 긋거나 형광펜을 사용해 표시하게 한다.
- 모르는 단어가 들어 있는 문맥을 다시 한 번 읽어 보고 어떤 뜻일지 예측해 본다.
- 아동이 어려워할 경우, 선생님이 구어로 "포장이 뭐지? 장 보러 가서 조금씩 포장된 것을 사야 한대."와 같이 단서를 주어 예측해 보도록 한다.
- 아동이 계속 어려워할 경우, 선생님이 그 뜻을 설명해 주거나 인터넷을 활용하여 사전적 정의를 알아본다.

(2) 어휘 확인: 단어 만들기 활동 워크북 2-9-1-3 워크북 2-9-2-3

- 아동에게 핵심 어휘 관련 글자카드를 제시하고 이야기를 나눈다.
- 단어카드의 어휘가 글의 어느 부분에 있는지 확인하고, 어휘의 뜻을 예측해 본다. 아동이 어휘의 뜻을 모를 경우 "메모가 뭘까? 장 보러 가기 전에 메모를 하면 좋대. 메모는 뭐를 하는 거지?"와 같이 구어로 단서를 제시한다. 단서 제시에도 어려워하면 어휘의 뜻을 함께 찾아보거나 모델링을 제공한다.
- 단어 만들기 게임(단어를 합성하여 새로운 단어 확장하기)을 한다.
  –'음식, 쓰레기, 냄새' 단어카드를 준비하여 다음과 같은 도식을 만들어 준다.

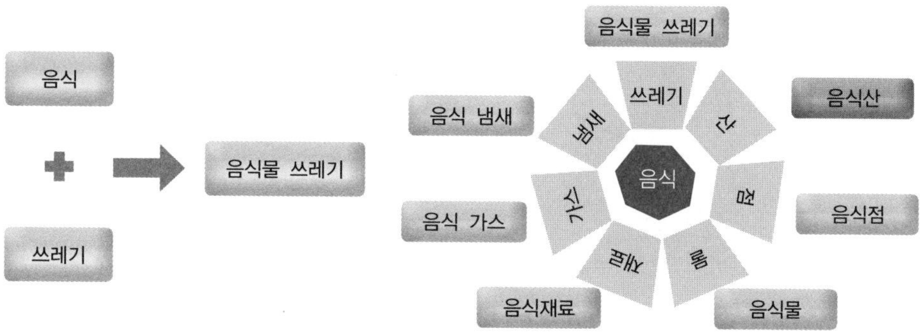

  –다른 단어카드를 활용하여 새로운 단어를 만들어 보기 활동을 한다.

음식○○○	재○○○	악○○	무○○	고○○
(먹고 마시는 거)	(다시)	(나쁜)	(없음)	(높다)
음식물 쓰레기	재활용	악취	무분별	고농도
음식 냄새	재검사	악영향	무사고	고열량
음식물	재생	악조건	무공해	고소득
음식점			무농약	고층
음식 가스				
음식재료				

*아동의 어휘 수준을 고려하여 어휘를 선택해야 한다.

*1수준의 아동이 어려워할 경우 이 활동은 생략할 수 있다.

(3) 어휘망 만들기 워크북 2-9-1-3 워크북 2-9-2-3

- 낱말의 뜻을 모두 확인한 후 글의 핵심 어휘를 중심으로 어휘망을 만든다.
- 카드에 없는 단어는 빈 카드에 추가해서 만들 수 있다.
- 어휘망에 있는 단어를 보면서 음식물 쓰레기가 어떤 문제를 일으키는지, 왜 생기는지, 어떻게 줄이는지에 대해 말해 본다.

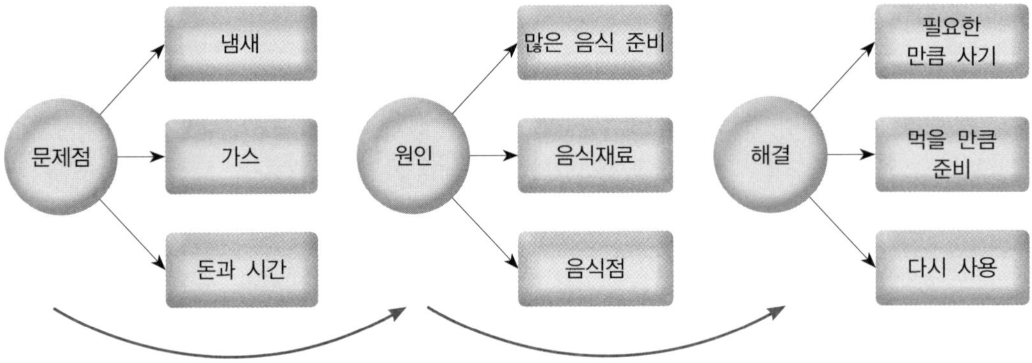

(4) 단어카드를 연결하여 문장 만들기

- 어휘망을 연결하여 문장을 만들어 본다.

  "음식물 쓰레기는 냄새가 난다."라고 길게 말한 후 단어카드에 쓰기 활동으로 연결할 수 있다.
- 문장의 빈칸 채우기 활동을 통해 모르는 단어의 의미를 파악한다.

  –아동이 모르겠다고 표시한 단어가 들어가는 문장을 만들어서 괄호 넣기 활동을 통해 단어의

의미를 유추해 볼 수 있도록 지도한다. "음식물 쓰레기를 ○○(으)로 사용할 수 있다."

응용하기

- 단어카드를 선택하여 문장 만들기 게임을 한다.
  - 아동에게 핵심 어휘 단어카드를 나열해 주고, 카드를 두 개 이상 연결해서 문장 만들기 게임을 한다.
  - 두 개 단어를 연결하면 2점, 세 개의 단어를 연결하면 3점과 같이 점수를 부여하고 점수판에 기록하여 많은 점수를 얻는 사람이 이기는 게임을 한다.

읽기 후 중재목표 2	설득글을 읽고 주장과 근거 찾기

언어 목표

- 글쓴이의 주장이 무엇인지 찾을 수 있다.
- 주장하는 이유나 근거를 찾을 수 있다.
- 글의 주제문을 찾고, 이를 자신의 문장으로 쓸 수 있다.
- 글의 내용을 요약하여 말하고 쓸 수 있다.

활동절차: 중재 전략 및 유의사항

아동의 언어와 읽기 수준에 따라 '핵심형'과 '확장형' 중 하나를 선택하여 활동을 실시한다.

(1) 어휘망을 보면서 읽은 내용 확인하기 워크북 2-9-1-4 워크북 2-9-2-4

- 어휘 활동을 통해 만든 어휘망을 아동과 함께 다시 한 번 살펴본다.
- 아동과 어휘망을 보면서 아동에게 글의 내용과 관련된 질문을 한다.

  "왜 음식물 쓰레기가 생긴다고 했니? 어떻게 줄일 수 있다고 했지?"
- 아동이 적절히 반응하지 못하면, 어휘망의 단어를 가리키면서 다시 말할 기회를 준다.

(2) 단어카드로 도식판 만들기 워크북 2-9-1-4 워크북 2-9-2-4

- 단어카드를 활용하여 다음과 같은 도식판을 완성한다.

  –처음에는 단서를 제시하지 않고 빈칸을 완성하게 지도하고, 아동이 오반응을 하거나 생각해 내기 어려워하면 단서를 제공한다.
- 쓰기가 가능한 아동은 직접 써 볼 수 있다.

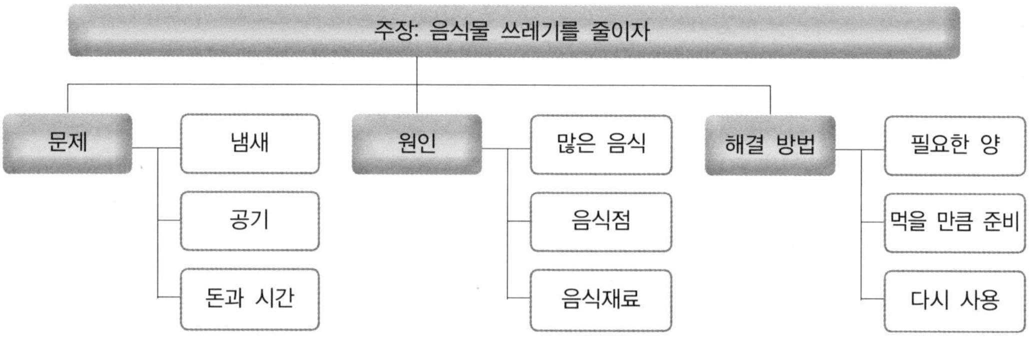

(3) 글의 주장과 중심 근거 찾기 워크북 2-9-1-4 워크북 2-9-2-4

- 글을 다시 읽으면서 반복해서 나오는 단어나 중요하다고 생각하는 부분에 밑줄을 긋거나 표시(☆)를 한다.

  –아동이 스스로 하기 어려워하는 경우 시범을 보여 준다.
- 밑줄을 긋거나 표시한 내용을 중심으로 다시 읽어 본 후 표에 주요 단어나 문장을 적어 본다.
- 각 문장이 무엇에 대한 내용인가를 파악한다.

  "이 문장은 무엇을 말하고 있는 내용이지?"

• 용돈에 대해 글쓴이가 주장하는 내용이 무엇인지 파악한다.

"음식물 쓰레기라는 말이 여러 번 나오는구나, 음식물 쓰레기에 대해 어떤 생각을 말하고 있는 내용이지?"

–읽은 문장이 '무엇'에 대한 내용인가를 파악한다.

"이 글은 (음식물 쓰레기)에 대한 것이구나!"

–글쓴이의 주장이 무엇인지를 한 문장으로 찾아보고, 자신의 말로 말해 본다. 쓰기가 가능한 아동은 쓸 수 있다.

"글쓴이는 (음식물 쓰레기 때문에 많은 문제가 생긴다)라고 내게 말하고 있구나!"

"그래서 음식물 쓰레기를 줄여야 한다고 주장하고 있네."

• 글쓴이의 주장에 대한 이유가 무엇인지 찾아보고, 자기 말로 말해 본다. 쓰기가 가능한 아동은 쓸 수 있다.

–이유를 나타내는 문장을 글에서 찾아 밑줄을 긋고, 자기 말로 표현해 본다. 쓰기가 가능한 글로 써 본다.

"음식물 쓰레기에 어떤 문제가 있다고 했지?"

"음식물 쓰레기가 왜 생긴다고 했니?"

"어떻게 음식물 쓰레기를 줄일 수 있다고 했니?"

• (2)의 도식판을 활용하여 다음과 같은 글의 구조를 완성하고, 연결하여 길게 말해 본다.

주장(의견)		음식물 쓰레기를 줄여야 한다.
문제	1	냄새가 나고, 공기가 나빠진다.
	2	음식물 쓰레기 처리에 돈과 시간이 많이 든다.
원인	1	많은 음식을 준비한다.
	2	음식점에서 자주 사먹는다.
	3	음식재료를 많이 산다.
해결 방법	1	필요한 만큼 산다.
	2	먹을 만큼 준비한다.
	3	줄이고, 다시 사용한다.

(4) 근거에 대한 세부내용 파악하기 워크북 2-9-1-4 워크북 2-9-2-4

- 단서가 되는 단어에 표시하면서 읽는다.
  - '그래서, 그러니까, ~도, 모두, 우선, 또한, 하지만, ~지만, 그리고, 이처럼'과 같이 글의 구조를 이해하는 데 단서가 되는 단어에 동그라미를 치면서 다시 한 번 읽어 본다.
  - 이 단서 단어들이 문장 내에서 어떻게 사용되는지 이야기를 나눠 본다.
- 아동에게 근거의 중심내용과 관련된 세부내용을 찾아서 밑줄을 긋고, 이를 문장으로 표현하도록 한다.
- 세부내용을 추가한 구조도식판을 제시하여 아동이 말한 내용을 글로 써서 완성하도록 한다.

주장하는 말	음식물 쓰레기를 줄이기 위해 노력해야 한다.

		중심 근거	세부 근거
문제	1	음식물 쓰레기에서 냄새가 나고, 공기가 나빠진다.	음식 가스가 나온다.
	2	음식물 쓰레기를 처리하는 데 돈과 시간이 많이 든다.	-
원인	1	많은 음식을 준비한다.	재료가 남는다.
	2	음식점에서 자주 사 먹는다.	다 못 먹고 남긴다.
해결 방법	1	필요한 만큼만 음식재료를 사야 한다.	자주 장을 본다. 조금씩 포장한다. 메모한다.
	2	먹을 수 있는 만큼 음식을 준비한다.	먹는 양을 미리 알아본다. 작은 그릇에 담는다. 남으면 싸 간다.
	3	말려서 버리고, 거름으로 사용한다.	말리면 양이 준다. 식물의 거름으로 사용한다.

(5) 글의 내용 요약하기

- 주장과 근거에 관한 주요 내용에 관해 표시해 둔 문장을 다시 자기 말로 바꿔 쓰도록 한다.
- 주요 근거와 관련된 세부내용에 해당하는 문장을 찾은 후 중심 생각과 어떻게 관련되는지 이야기 나눈다.

• 세부내용 중에 중심내용과 관련 없는 것은 '=' 표시로 지우고, 문장의 순서에 따라 번호를 표시하고, 번호 순서대로 요약문을 완성한다.

(6) 배경지식과 관련하여 추가되는 내용 예측하기

• 음식물 쓰레기의 문제, 생기는 이유, 줄이는 방법에 대해 다른 내용은 또 없는지에 대해 이야기를 나눈다.
• 알고 있는 사실을 해당 도식판에 추가해서 보충해 준다.
• 글에 제시된 내용에 이유와 해결 방법을 추가해서 음식물 쓰레기를 줄이자는 주장에 대해 좀 더 길게 말해 본 다음, 쓰기 활동을 해 본다.

응용하기

• 기사문을 작성해 본다. 워크북 2-9-2-4
 –음식물 쓰레기 관련 인터넷 기사를 찾아본다.

광주시 음식물 쓰레기 줄이기 전국 '최우수'

광주광역시는 환경부 주관 '2015년 전국 음식물 쓰레기 줄이기 경진대회'에서 광역자치단체 부문 최우수상을 수상해 환경부장관 기관 표창(상금 500만원)을 받는다고 30일 밝혔다.
경진 대회는 전국 지자체 단위의 음식물 쓰레기 감량 · 발생억제 정책 등을 평가, 우수 지자체에 인센티브를 제공하고 우수 사례를 공유해 체계적인 시책 추진을 독려하기 위해 2011년부터 환경부가 해마다 개최하고 있다.
광주광역시는 ▲음식물 쓰레기 감량홍보 및 환경위생관리 ▲자치구 지원 및 유도 ▲발생원별 맞춤형 대책 추진 ▲종량제 시행 ▲음식물류 폐기물 발생 억제 계획 수립 및 수수료 주민 부담률 등 5개 평가 모든 항목에서 고루 우수한 점수를 받았다.
공동주택음식물 쓰레기종량제기반구축(RFID)사업을 지속 추진하고 음식물 쓰레기 감량과 분리배출 시민 의식을 제고하기 위한 다양한 홍보와 교육을 추진해 음식물 쓰레기 종량제가 정착하는 데 공헌한 점이 높은 평가를 받았다.
광주광역시 관계자는 "시민들의 자율적인 협조와 참여, 자치구의 적극적인 시책 추진으로 최우수상을 수상했다."며 "올해는 시범 운영했고 내년부터 본격적으로 정량 처리가 실시될 계획이므로 음식물 쓰레기 줄이기 운동에 적극 동참해주기를 바란다."고 말했다.

출처: 에코저널(http://ecojournal.co.kr/search_list.html)

–기사 내용을 '누가, 언제, 어디서, 무엇을, 왜, 어떻게'에 맞게 요약한다.

	내용
누가	광주광역시는
언제	30일에
어디서	환경부주관 '2015년 전국 음식물 쓰레기줄이기 경진대회'에서
무엇을	광역자치단체 부문 최우수상을
왜	광주광역시는 ▲음식물 쓰레기 감량홍보 및 환경위생관리 ▲자치구 지원 및 유도 ▲발생원별 맞춤형 대책 추진 ▲종량제 시행 ▲음식물류 폐기물 발생 억제 계획 수립 및 수수료 주민 부담률 등 5개 평가 모든 항목에서 고루 우수한 점수를 받아서
어떻게	환경부장관 기관 표창을 수상했다

–앞의 내용을 한 문단의 기사로 작성하고, 신문기자가 되어 발표해 본다.

• 알고 있던 내용과 새로 알게 된 내용을 정리한다.

알고 있던 내용	새로 알게 된 내용
–음식물 쓰레기에서 냄새가 난다. –음식을 많이 준비해서 음식물 쓰레기가 생긴다.	–음식물 쓰레기를 처리하는 데 돈과 시간이 많이 든다. –음식점에서 자주 먹어서 음식물 쓰레기가 생긴다. –음식물 쓰레기를 말려서 거름으로 사용한다.

읽기 후 중재목표 3	설득글을 읽고 내용을 묻는 질문에 대답하기

언어 목표

- 글의 주장 및 근거와 관련된 질문에 답할 수 있다.
- 글의 주요 내용을 이해하고 요약하여 말할 수 있다.
- 글의 내용을 토대로 추론적 질문에 대답할 수 있다.

활동절차: 중재 전략 및 유의사항

아동의 언어와 읽기 수준에 따라 '핵심형'과 '확장형' 중 하나를 선택하여 활동을 실시한다.

(1) 글의 도식판을 보며 글의 내용을 요약하여 말하기 워크북 2-9-1-4 워크북 2-9-2-4

- 아동이 도식판을 보면서 글의 내용을 요약하도록 한다.
- 아동이 혼자 말하기 어려워하면 선생님이 모델링을 해 준다.
- 글을 요약할 때 주장과 근거를 말해야 하고, '근거는 왜 필요한가?' '어떻게 할 것인가?'와 같은 순서로 말하고, 대표할 수 있는 단어로 말해야 함을 강조한다.
- 아동이 스스로 할 때, 다음 내용을 유도하기 위해 "주장하는 게 뭐지?" "음식물 쓰레기 문제가 뭐야?" "음식물 쓰레기가 왜 생긴다고 했지?" "어떻게 음식물 쓰레기를 줄인다고 했지?" 등의 단서를 제공한다.
- 요약하여 쓰기 활동을 한 경우 요약한 글을 발표해 보도록 한다.

(2) 주요 내용에 대한 질문에 대답하기 워크북 2-9-1-4 워크북 2-9-2-4

- 글의 내용과 관련된 질문지를 다음과 같이 작성해 둔다.

질문 내용
1. 글쓴이가 주장하는 내용은 무엇인가요?
2. 음식물 쓰레기의 문제는 무엇인가요?
3. 음식물 쓰레기를 처리하는 데 왜 돈과 시간이 많이 드나요?
4. 음식물 쓰레기가 많아지는 이유는 무엇인가요?
5. 음식점에서 밥을 먹으면 음식물 쓰레기가 왜 많아지나요?
6. 음식물 쓰레기를 줄이는 방법은 무엇인가요?
7. 말리면 왜 음식물 쓰레기가 줄어드나요?
8. 메모가 음식물 쓰레기를 줄이는 데 도움되는 이유는 무엇인가요?
9. 음식물 쓰레기로 거름을 만드는 방법은 어떤 것이 있나요?
10. 내가 할 수 있는 음식물 쓰레기 줄이는 방법은 또 무엇이 있나요?

• 보드게임판을 이용해 아동과 번갈아 가며 질문을 뽑아 대답하기 게임을 진행한다.

• 아동과 선생님이 질문을 번갈아 가며 한다.

• 아동에게 새로운 질문을 만들어도 좋다고 지시하고, 새로운 질문을 만들어서 대답할 수도 있다. 질문을 만들 때에는 '어디, 무엇을, 어떻게?'와 같은 단서를 활용할 수 있도록 지도한다.

• 아동이 질문에 대답을 적절히 못하면, 해당 글을 다시 읽고 질문에 답할 수 있도록 한다.

• 글을 읽은 이후에도 질문에 답하기 어려워하면 도식판을 확인한 후, 질문에 답하도록 한다.

응용하기

• 요약 내용을 써 본다.

-도식판을 보고 구어로 요약한 내용 쓰기 활동으로 연결한다.

-각 문단의 중심내용과 세부내용을 자기 말로 다시 써 보고, 최종적으로 자기 말로 요약해서 전체 글을 써 본다.

• 분석글 써 보기: POWER 전략 사용하기

-글쓰기의 과정에 대한 전략을 사용하는 방법을 선생님이 먼저 시범을 보여 주고, 함께 작성해 본다.

-계획하기(Plan): 무엇을 주장할 것인가를 정하기

-구성하기(Organize): 문제의 원인과 해결방안과 관련된 주장하는 근거를 작성하기 → 중심 문장 만들어 보기 → 중심내용과 관련 있는 세부내용 문장 정하기 → 세부내용과 관련된 문장 추가해서 써 보기 → 작성한 문장을 글을 쓸 순서에 따라 번호 정하기

-쓰기(Write): 번호 순서에 따라 글을 쓰고, 앞뒤 문장을 연결하는 말을 끼워 넣기

-편집하기(Edit): 문장이 적절하게 쓰였는지 확인하고, 구두점, 띄어쓰기 등을 확인한 후, 문장의 순서가 적절한지, 연결어가 적절한지 체크하기

-고치기(Revise): 편집한 내용에 맞게 다시 고쳐 쓰기

• 질문을 만들어 본다.

-"무엇을 주장할 것인가?"

-"주장하는 이유는 무엇인가?"

중재목표 10

'휴대폰 사용을 찬성합니다' 설득글을 읽고 이해하여 적절한 근거를 갖추어 자신의 의견을 말할 수 있다

설명 구조: 찬성 또는 반대하기 / 주제: 휴대폰 사용을 찬성합니다

• 핵심형(언어↓, 읽기↓)

요즘 휴대폰을 쓰는 사람이 많다. 어린이의 휴대폰 사용도 늘어나고 있다. 그런데 어른들은 어린이들이 학교에 휴대폰을 가지고 다닌다고 걱정을 한다. 게임을 많이 해서 공부에 방해가 된다고 반대한다.

하지만 학교에서 휴대폰을 쓰면 좋다고 생각한다. 첫째, 휴대폰으로 부모님과 빨리 연락할 수 있다. 학교에서 집에 가는 길에 위험한 일을 당할 수 있다. 이때 부모님께 휴대폰으로 빨리 위험을 알려야 한다. 둘째, 휴대폰이 공부에 도움이 된다. 휴대폰의 사전으로 모르는 단어를 찾아볼 수 있다. 또 음악도 들을 수 있다. 공부에 필요한 자료도 빨리 찾아볼 수 있다. 그래서 휴대폰을 학교에 가지고 다니는 것이 필요하다고 생각한다.

• 확장형(언어↑, 읽기↑)

최근 통신사의 자료에 의하면 우리나라 인구 대비 휴대폰 가입률은 82.5%에 달한다고 한다. 더욱이 휴대폰을 사용하기 시작하는 시기가 점점 낮아지고 있어, 초등학생들도 이제는 대부분 휴대폰을 가지고 다닌다.

그런데 어른들은 어린이들의 휴대폰 사용에 대해 여러 가지 우려의 목소리가 높다. 특히 학교에서의 휴대폰 사용에 대해서 부정적인 시각으로 보는 어른들이 많다. 무엇보다 휴대폰으로 게임을 하거나 만화 등을 많이 보기 때문에 학업에 집중하지 못한다는 것이다. 또한 휴대폰을 학교에서까지 사용하게 되면 장시간 전자파에 노출되기 때문에 건강에 해롭다고 주장한다. 물론 학교에서의 휴대폰 사용으로 인한 문제점이 없지는 않지만 그보다 유익한 점이 더 많기 때문에 휴대폰을 사용하는 것이 필요하다고 생각한다.

그 이유는 첫째, 어린이가 위험에 처했을 때, 부모님께 신속히 연락할 수 있기 때문이다. 학교에서 집에 가는 길에 여러 가지 위험한 상황에 처할 때가 많다. 불량배들에게 위협을 당할 수도 있고, 학원 차를 놓쳐 급히 연락을 해야 할 때도 있다. 이럴 때 부모님께 연락을 해야 하는데 요즘 대부분 휴대폰을 이용하다 보니 거리에서 공중전화를 찾기 힘들기 때문에 휴대폰 없이는 빨리 연락할 방도가 없다. 또한 휴대폰에 자녀 위치 알림 서비스 기능을 설정해 놓으면 부모님이 자녀의 상황을 좀 더 신속하고 정확히 알 수 있다. 이렇게 위험 상황에 처했을 때 더 큰 피해를 줄이기 위해서 휴대폰을 사용하는 것이 필요하다.

둘째, 휴대폰으로 다양한 정보를 신속하게 얻을 수 있다. 최근에는 인터넷을 이용해 다양한 정보에 쉽게 접근할 수 있고, 필요한 자료도 쉽게 다운로드받을 수 있다. 학교에서 요구하는 과제들도 이러한 정보를 검색해서 해결해야 하는 것들이 많다. 휴대폰을 사용하면 인터넷 검색으로 유용한 정보를 빨리 얻을 수 있어 학업 능력을 향상시키는 데 도움이 된다.

이러한 이유로 학교에서 휴대폰을 사용하는 것이 필요하다고 생각한다. 다만, 학업에 집중할 수 있게 선

생님께 휴대폰을 맡기고 필요할 때 활용하도록 규칙을 정해서 사용해야 한다. 어른들이 우려하는 학업에 대한 소홀함이나 전자파로 인한 건강의 문제는 이러한 방법으로 해결될 수 있을 것이다.

언어 수준

- 4낱말 조합 이상 문장 표현이 가능한 아동
- 두세 문장의 이상의 길이로 연결해서 말할 수 있으나 소주제에 따라 체계를 갖춰 말하기 어려워하는 아동
- 의미: 전자제품 및 학교생활과 관련된 단어를 이해하고 표현할 수 있는 아동
- 읽기: 가끔 틀리게 읽는 글자가 있으나 낱말 읽기가 가능한 아동

읽기 전 중재목표	글의 종류와 배경지식 및 내용 예측하기

언어 목표

- 글의 유형을 파악할 수 있다.
- 글의 주제와 관련된 배경지식을 말할 수 있다.
- 핵심 단어를 통해 글의 내용을 예측할 수 있다.

사용 카드

- 명사 4(전자제품): 휴대폰
- 명사 6(공공장소): 학교, 학원
- 서술어 1(반대말): 위험하다
- 서술어 2(학교생활-수업시간): 공부하다
- 서술어 4(교외생활-거리): 전화하다

활동절차: 중재 전략 및 유의사항

아동의 언어와 읽기 수준에 따라 '핵심형'과 '확장형' 중 하나를 선택하여 활동을 실시한다.

(1) 글의 유형 알기

- 설득글이 자기의 생각이나 의견을 전하는 글임을 예를 들어 보여 주면서 아동과 함께 이야기를 나눈다.

"선생님은 게임을 하는 게 안 좋다고 생각해. 그런데 ○○이는 게임을 계속하고 싶지? 그러면 선생님한테 게임을 하면 좋은 점을 말해야겠지? 선생님한테 너의 의견을 말하고, 설득해야 해."

- 아동에게 글의 유형에 대해서 구어로 알려 준다.

"게임하는 게 좋다는 것을 어떻게 말해야 할까? 어떻게 사람들을 설득해야 할까?"

"게임을 하면 좋은 점에 대해 너의 생각을 말해야 하지? 너의 의견을 주장해야 해."

(2) 글의 주제에 대한 배경지식 나누기 워크북 2-10-1-2 워크북 2-10-2-1

- 아동에게 구어로 글의 주제와 관련해서 아는 것을 말해 본다.

"○○이는 휴대폰 있니? 친구들 중에 휴대폰 있는 친구들 많아? 휴대폰을 사용하면 뭐가 좋은 거 같아?"

"○○이는 학교에서도 휴대폰을 사용하니?

• 아동이 이야기하기 어려워하는 경우 핵심어를 붙여 주면서 선생님이 알려 줄 수 있다.

• 아동과 함께 주제와 관련된 경험을 나눈다.

"학교에 휴대폰 가져가니? 학교에서 휴대폰을 어떻게 해? 수업시간에 사용할 수 있어?" 등의 질문을 통해 학교에서 휴대폰을 사용한 경험과 관련된 내용을 이야기해 본다.

(3) 제목과 단어카드를 보며 글의 내용 예측하기 워크북 2-10-1-2 워크북 2-10-2-1

• 제목 '휴대폰 사용을 찬성합니다'를 보면서 글의 내용을 예측해 본다.

"이 글의 제목이 뭐야?"

(아동의 반응을 기다린 후) "그래, 휴대폰을 사용해야 한다구나! 어떤 내용의 글일까?"

(아동에게 기회를 주고 반응이 없으면) "선생님은 휴대폰을 사용하는 것이 좋다는 의견을 주장하는 글인 거 같아."

• 핵심 어휘를 포함하고 있는 단어카드(휴대폰, 학교, 걱정, 연락, 위험, 알리다, 공부, 사전, 음악, 자료, 필요)를 붙이는 활동을 하면서 글의 내용을 예측해 본다.

–"OO아! 휴대폰 사용한 적 있니? 휴대폰을 사용하면 좋은 점이 뭐야?"와 같은 질문을 통해 글의 내용을 예측해 보게 하고, 질문에 대답하기 어려워하는 아동의 경우 단어카드를 지적하면서 모델링을 제공한다.

–"자, 이제 학교에서 휴대폰 사용에 대해 찬성하는지 반대하는지에 대한 글을 볼 거야."

• 핵심 어휘 단어카드를 연결하여 예측되는 문장을 만들어 본다.

예) '휴대폰–연락' 단어카드를 선택한 경우, "휴대폰으로 친구와 빨리 연락할 수 있다."와 같이 한 문장으로 표현하도록 해 본다.

• 이때 단어카드를 연결하여 문장 쓰기 활동을 촉진할 수도 있다.

응용하기

• 관련된 책을 함께 읽어 본다.

–정우택(2010). 핸드폰 악동. 맹앤앵.

–임서경, 이의정(2009). 핸펀 도둑. 대교출판.

언어 목표

- 글을 적절한 의미단위로 끊어 읽을 수 있다.
- 글을 소리 내서 유창하게 읽을 수 있다.

활동절차: 중재 전략 및 유의사항

아동의 언어와 읽기 수준에 따라 '핵심형'과 '확장형' 중 하나를 선택하여 활동을 실시한다.

(1) 선생님이 읽어 주기

- 틀리게 읽는 글자가 많고, 읽는 속도가 매우 느린 아동이나 읽기를 싫어하는 아동의 경우는 다음과 같이 한다.
  - 선생님이 의미덩어리를 중심으로 손가락으로 짚어 가면서 읽어 준다. 이때 한 글자씩 손으로 짚어 주지 않도록 유의한다.
  - 읽는 속도는 유창하게 읽는 아동보다 조금 느린 속도로 읽어 준다.
- 아동의 집중을 유도하기 위해 선생님이 아동의 손을 잡고 의미덩어리 단위로 짚어 가면서 읽어 준다.
- 아동의 흥미를 유지하면서 반복해서 읽기를 유도한다.

(2) 함께 읽기

- 종종 틀리게 읽는 글자가 있고, 읽는 속도는 조금 느리지만 혼자 읽으려고 하는 아동의 경우는 다음과 같이 한다.
  - 선생님과 아동이 함께 손가락으로 의미덩어리를 짚어 가면서 읽는다.
  - 선생님과 아동이 한 문단씩 또는 한 문장씩 번갈아 가면서 읽는다.
- 집단 활동일 경우 두 명의 아동이 한 문단씩 또는 한 문장씩 번갈아 가면서 읽도록 한다.

- 아동의 흥미를 유지하면서 반복해서 읽고, 읽기 속도가 빨라지는 것을 경험할 수 있도록 한다.

(3) 아동 혼자 읽기 워크북 2-10-1-2 워크북 2-10-2-2

- 아동이 읽는 것을 좋아하고, 가끔 틀리게 읽는 글자가 있긴 해도 읽는 속도가 느리지 않은 아동의 경우는 다음과 같이 한다.
  - 아동이 너무 급하게 읽는 경우 선생님이 의미덩어리를 손가락으로 짚어 주면서 아동의 읽기를 따라가 준다.
- 아동의 흥미를 유지하면서 반복해서 읽고, 읽기 속도가 빨라지는 것을 경험할 수 있도록 한다.

응용하기

- 끊어 읽기를 한다.
  - 글을 읽으면서 통하는 구나 절 단위로 끊기는 부분에 표시한다.
  - 선생님이 먼저 표시된 부분에서 끊어 읽으면서 시범을 보인다.
  - 아동과 함께 표시된 부분에서 끊어 읽기 연습을 한다.
  - 아동이 혼자 표시된 부분에 유의하면서 반복 읽기를 연습한다.

읽기 중 중재목표 2	이해 모니터링 전략 사용하기

언어 목표

- 글을 적절한 의미단위로 끊어 읽을 수 있다.
- 글을 읽으면서 스스로 아는 것과 모르는 것을 확인할 수 있다.

활동절차: 중재 전략 및 유의사항

(1) 말속도 조절하며 읽기

- 선생님이 읽어 줄 때 말속도를 천천히 하여 생각할 시간을 준다.
- 읽으면서 모르는 단어에 밑줄을 긋거나 동그라미를 치면서 읽도록 유도한다.
- 한 문단을 읽고 나면 아동에게 중심내용과 관련된 질문을 하면서 아동이 이해하고 있는지 여부를 확인한다.

  "휴대폰을 사용하면 뭐가 좋다고 했지?

  "학교에서 휴대폰을 사용하면 어떤 문제가 있니?"

  "글쓴이는 휴대폰 사용에 대해 어떤 의견이니?"

- 한 문단을 읽은 후 "부모님은 공부에 방해된다고 휴대폰 사용을 반대하는구나."와 같이 생각하는 과정을 말로 들려준다.
- 읽으면서 알고 있는 것과 모르는 것을 확인한다.

  –잘 모르는 내용이 나왔을 때, 다시 해당 부분을 반복해서 읽도록 유도한다.

  –한 문단을 읽은 후 "휴대폰을 사용하면 좋은 점이 있구나."라고 말해 주며 내용을 정리해 주면서 읽어 준다.

(2) 이해한 내용을 큰 소리로 말하기

- 읽으면서 이해하고 있는 것, 이해가 안 되는 것, 내가 아는 것과 다른 내용이 있는지 말하면서 읽는다.
- 읽고 있는 내용이 이해가 되는지에 대해 큰 소리로 말하고, 이해되지 않을 경우 어떻게 해결할 것인지를 큰 소리로 말한다.

  "휴대폰을 사용하면 좋은 점에 대해 말하고 있어. 휴대폰으로 음악을 들을 수 있지. 그런데 사전을 찾아볼 수 있구나! 이거는 몰랐네."

응용하기

- 핵심 단어를 표시한다.
  - 읽으면서 중요하다고 생각하는 단어에 밑줄을 긋거나 별표(☆)로 표시하며 읽는다.
  - 반복해서 나오는 단어에 밑줄을 긋거나 별표(☆)로 표시하며 읽는다.
- 어느 정도 숙련된 읽기 이해가 가능한 아동의 경우, 각 단락의 여백을 이용하여 요약하며 읽는다.

읽기 후 중재목표 1	관련 어휘 이해하고 표현하기

언어 목표

- 모르는 어휘를 확인하고 습득한다.
- 단어의 의미를 파악하기 위해 문맥을 활용할 수 있다.
- 단어를 활용하여 문장 쓰기를 할 수 있다.

활동절차: 중재 전략 및 유의사항

아동의 언어와 읽기 수준에 따라 '핵심형'과 '확장형' 중 하나를 선택하여 활동을 실시한다.

(1) 모르는 단어 확인하기 워크북 2-10-1-3 워크북 2-10-2-3

- 유창하게 읽기를 마친 후 아동에게 모르는 단어가 있는지 물어본다.
- 아동이 모르는 단어에 밑줄을 긋거나 형광펜을 사용해 표시하게 한다.
- 모르는 단어가 들어 있는 문맥을 다시 한 번 읽어 보고 어떤 뜻일지 예측해 본다.
- 아동이 어려워할 경우, 선생님이 구어로 "사전이 뭐지? 휴대폰 사전으로 모르는 단어를 찾아볼 수 있대."와 같이 단서를 주어 예측해 보도록 한다.

• 아동이 계속 어려워할 경우, 선생님이 그 뜻을 설명해 주거나 인터넷을 활용하여 사전적 정의를 알아본다.

(2) 어휘 확인: 단어 정의하기 워크북 2-10-1-3 워크북 2-10-2-3

• 아동에게 핵심 어휘 관련 단어카드를 제시하고 이야기를 나눈다.

• 단어카드의 어휘가 글의 어느 부분에 있는지 확인하고, 어휘의 뜻을 예측해 본다. 아동이 어휘의 뜻을 모를 경우 "사전이 뭘까? 휴대폰 사전으로 모르는 단어를 찾아볼 수 있대."와 같이 구어로 단서를 제시한다.

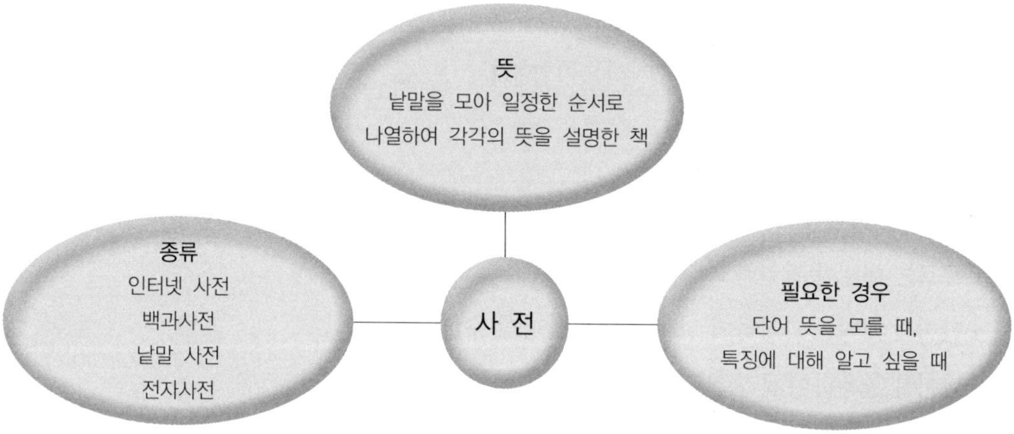

사전 찾는 방법

① 첫소리 글자 순서를 알아본다.

첫소리 순서: ㄱ, ㄲ, ㄴ, ㄷ, ㄸ, ㄹ, ㅁ, ㅂ, ㅃ, ㅅ, ㅆ, ㅇ, ㅈ, ㅉ, ㅊ, ㅋ, ㅌ, ㅍ, ㅎ

② 가운데 소리(모음) 글자의 순서를 알아본다.

모음 순서: ㅏ, ㅐ, ㅑ, ㅒ, ㅓ, ㅔ, ㅖ, ㅗ, ㅘ, ㅙ, ㅚ, ㅛ, ㅜ, ㅝ, ㅞ, ㅟ, ㅠ, ㅡ, ㅢ, ㅣ

③ 끝소리 글자의 순서를 알아본다.

끝소리 순서: ㄱ, ㄲ, ㄳ, ㄴ, ㄵ, ㄶ, ㄷ, ㄹ, ㄺ, ㄻ, ㄼ, ㄽ, ㄾ, ㄿ, ㅀ, ㅁ, ㅂ, ㅄ, ㅅ, ㅆ, ㅇ, ㅈ, ㅊ, ㅋ, ㅌ, ㅍ, ㅎ

• 단어의 의미와 관련된 개념도를 만든다.

모르는 단어	사용한 문장	예상한 뜻	사전에 나온 순서	사전의 뜻
사전	휴대폰의 사전으로 모르는 단어를 찾아볼 수 있다.	모르는 단어의 뜻을 알려주는 책	1	어휘를 모아 일정한 순서로 배열하여 싣고 표기법, 발음, 의미 등을 설명한 책
연락	휴대폰으로 부모님과 빨리 연락할 수 있다.	다른 사람에게 알림	2	어떤 일의 정황을 전하여 알리다
위험	학교에서 집에 가는 길에 위험한 일을 당할 수 있다.	다치게 되는 것	3	신체나 생명이 안전하지 못함
자료	공부에 필요한 자료도 빨리 찾아 볼 수 있다.	공부할 때 필요한 것	4	연구나 조사 등 어떤 일의 바탕이 되는 재료

- 사전에서 단어 뜻을 찾아 확인한다.
  - 다른 단어카드를 활용하여 사전 찾기 활동을 한다.
  - 이때 아동의 어휘 수준을 고려하여 어휘를 선택해야 한다.

(3) 어휘망 만들기 워크북 2-10-1-3 워크북 2-10-2-3

- 낱말의 뜻을 모두 확인한 후 글의 핵심 어휘를 중심으로 어휘망을 만든다.
- 단어카드에 없는 단어는 빈 카드에 추가해서 만들 수 있다.
- 단어카드를 이용해 학교에서의 휴대폰 사용의 문제점과 좋은 점을 이야기하고 나의 의견은 무엇인지 이야기해 본다.

구분	찬성	반대
근거	인터넷 검색 시 유용함 → 공부에 필요한 자료를 찾을 수 있음	게임을 많이 함 → 공부에 집중이 안 됨
	위험한 상황에서 유용함 → 빨리 연락 가능함	전자파가 나옴 → 건강에 해로움

- 앞의 표를 참고로 다음과 같은 어휘망을 만들어 본다.

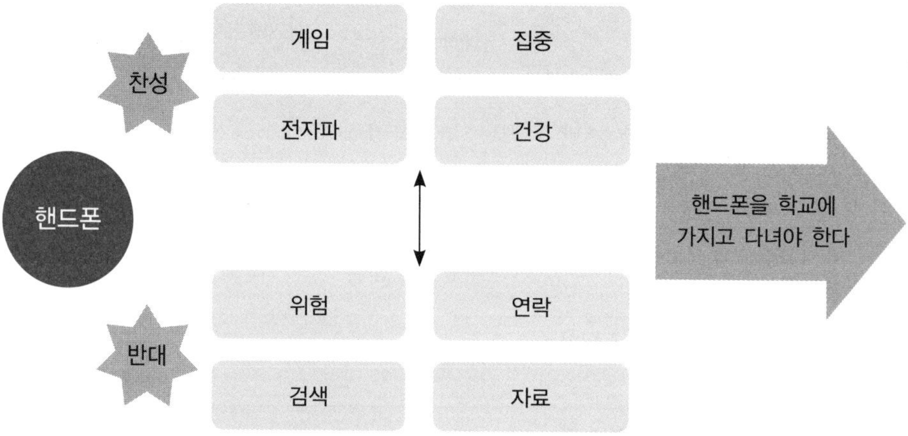

(4) 단어카드를 연결하여 문장 만들기

• 어휘망을 연결하여 문장을 만들어 본다.

–"휴대폰으로 연락을 빨리 할 수 있다."라고 길게 말한 후 단어카드에 쓰기 활동으로 연결할 수 있다.

• 문장의 빈칸 채우기 활동을 통해 모르는 단어의 의미를 파악한다.

–아동이 모르겠다고 체크한 단어가 들어가는 문장을 만들어서 괄호 넣기 활동을 통해 단어의 의미를 유추해 볼 수 있도록 지도한다. "휴대폰으로 부모님께 빨리 ○○할 수 있다."

응용하기

• 단어카드를 선택하여 문장 만들기 게임을 한다.

–아동에게 핵심 어휘 단어카드를 나열해 주고, 카드를 두 개 이상 연결해서 문장을 만들기 게임을 한다.

–두 개 단어를 연결하면 2점, 세 개의 단어를 연결하면 3점과 같이 점수를 부여하고 점수판에 기록하여 많은 점수를 얻는 사람이 이기는 게임을 한다.

읽기 후 중재목표 2	설득글을 읽고 주장과 근거 찾기

언어 목표

- 글쓴이의 주장이 무엇인지 찾을 수 있다.
- 주장하는 이유나 근거를 찾을 수 있다.
- 글의 주제문을 찾고, 이를 자신의 문장으로 쓸 수 있다.
- 글의 내용을 요약하여 말하고 쓸 수 있다.

활동절차: 중재 전략 및 유의사항

아동의 언어와 읽기 수준에 따라 '핵심형'과 '확장형' 중 하나를 선택하여 활동을 실시한다.

(1) 어휘망을 보면서 읽은 내용 확인하기 워크북 2-10-1-4 워크북 2-10-2-4

- 어휘 활동을 통해 만든 어휘망을 아동과 함께 다시 한 번 살펴본다.
- 아동과 어휘망을 보면서 아동에게 글의 내용과 관련된 질문을 한다.
  "왜 용돈이 부족하다고 했지? 용돈을 올려 주면 어떻게 한다고 했니?"
- 아동이 적절히 반응하지 못하면, 어휘망의 단어를 가리키면서 다시 말할 기회를 준다.
- 단어카드를 활용하여 다음과 같은 도식판을 완성한다.
  - 처음에는 단서를 제시하지 않고 빈칸을 완성하게 지도하고, 아동이 오반응을 하거나 생각해 내기 어려워하면 단서를 제공한다.
- 쓰기가 가능한 아동은 직접 써 볼 수 있다.

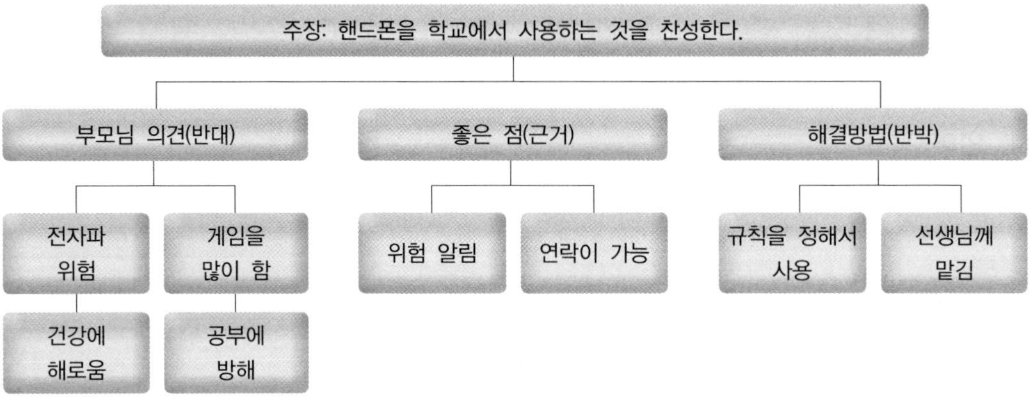

(2) 글의 주장과 중심 근거 찾기 워크북 2-10-1-4 워크북 2-10-2-4

- 글을 다시 읽은 면서 반복해서 나오는 단어나 중요하다고 생각하는 부분에 밑줄을 긋거나 표시(☆)를 한다.

  –아동이 스스로 하기 어려워하는 경우 시범을 보여 준다.

- 밑줄을 긋거나 표시한 내용을 중심으로 다시 읽어 본 후 표에 주요 단어나 문장을 적어 본다.
- 각 문장이 무엇에 대한 내용인가를 파악한다.

  "이 문장은 무엇을 말하고 있는 내용이지?"

- 학교에서의 핸드폰 사용에 대해 글쓴이가 주장하는 내용이 무엇인지 파악한다.

  "휴대폰이라는 말이 여러 번 나오는구나. 휴대폰에 대해 어떤 생각을 말하고 있는 내용이지?"

  –읽은 문장이 '무엇'에 대한 내용인가를 파악한다.

  "이 글은 (휴대폰)에 대한 것이구나!"

  –글쓴이의 주장이 무엇인지를 한 문장으로 찾아보고, 자신의 말로 말해 본다. 쓰기가 가능한 아동은 쓸 수 있다.

  "글쓴이는 (휴대폰을 학교에 가져오는 것이 좋다)라고 내게 말하고 있구나!"

- 글쓴이의 주장에 대한 이유가 무엇인지 찾아보고, 자신의 말로 말해 본다. 쓰기가 가능한 아동은 쓸 수 있다.

  –이유를 나타내는 문장을 글에서 찾아 밑줄 긋고, 자기 말로 표현해 본다. 쓰기가 가능한 글로 써 본다.

"왜 학교에 핸드폰을 가져오는 것이 필요하다고 말하고 있니?"

"부모님은 왜 학교에 핸드폰을 가져오는 것을 반대하시니?"

"핸드폰을 어떻게 사용하는 것이 좋다고 했니?"

• (2)의 도식판을 활용하여 다음과 같은 글의 구조를 완성하고, 연결하여 길게 말해 본다.

주장(의견)	핸드폰을 학교에서 사용하는 것을 찬성한다.	
부모님 의견 (반대)	게임을 많이 함	공부에 방해됨
	전자파가 위험함	건강에 해로움
좋은 점	연락이 가능함	위험 알림이 가능함
	사전, 음악, 자료 사용 가능함	공부에 도움이 됨
해결 방법*(반박)	선생님께 맡김	규칙을 정해서 사용함

*읽기 수준에 따라 반대 의견과 반대에 대한 반박 의견을 추가할 수 있다.

*1수준의 아동의 경우 찬성/반대 의견 찾기와 찬성 이유/반대 이유 찾기를 중심으로 내용 파악하기를 지도할 수 있다.

(3) 근거에 대한 세부내용 파악하기 워크북 2-10-1-4 워크북 2-10-2-4

• 단서가 되는 단어에 표시하면서 읽기

–'그래서, 그러니까, ~도, 모두, 우선, 또한, 하지만, ~지만, 그리고, 이처럼'과 같이 글의 구조를 이해하는 데 단서가 되는 단어에 동그라미를 치면서 다시 한 번 읽어 본다.

–이 단서 단어들이 문장 내에서 어떻게 사용되는지 이야기를 나눠 본다.

• 아동에게 근거의 중심내용과 관련된 세부내용을 찾아서 밑줄을 긋고, 이를 문장으로 표현하도록 한다.

• 세부내용을 추가한 도식판을 제시하여 아동이 말한 내용을 글로 써서 완성하도록 한다.

주장하는 말	핸드폰을 학교에서 사용하는 것을 찬성한다.

		중심 근거	세부 근거
부모님 의견 (반대)	1	공부에 방해된다.	게임을 많이 한다.
	2	건강에 해롭다.	전자파가 나온다.
좋은 점 (찬성 이유)	1	부모님과 빨리 연락할 수 있다.	위험한 일을 당했을 때 알린다.
	2	공부에 도움이 된다.	사전 등 공부에 필요한 자료를 찾는다.

해결 방법 (반박*)	1	선생님께 맡긴다.	규칙을 정한다.

정리하는 말	핸드폰을 학교에 가지고 다니는 것이 필요하다고 생각한다.

*읽기 수준에 따라 반대 의견과 반대에 대한 반박 의견을 추가할 수 있다.

*1수준의 아동의 경우 찬성/반대 의견 찾기와 찬성 이유/반대 이유 찾기를 중심으로 내용 파악하기를 지도할 수 있다.

(4) 글의 내용 요약하기

- 주장과 근거에 관한 주요 내용에 관해 표시해 둔 문장을 다시 자신의 말로 바꿔 쓰도록 한다.
- 주요 근거와 관련된 세부내용에 해당하는 문장을 찾은 후 중심 생각과 어떻게 관련되는지 이야기 나눈다.
- 세부내용 중에 중심내용과 관련 없는 것은 '=' 표시로 지우고, 문장의 순서에 따라 번호를 표시하고, 번호 순서대로 요약문을 완성한다.

(5) 배경지식과 관련하여 추가되는 내용 예측하기

- 핸드폰 사용을 찬성하는 다른 이유는 없는지에 대해 이야기를 나눈다.
- 알고 있는 사실을 해당 도식판에 추가해서 보충해 준다.
- 글에 제시된 정보와 추가되는 정보를 연결하여 핸드폰 사용 찬성에 대한 의견을 좀 더 길게 말해 본 다음, 쓰기 활동을 해 본다.

응용하기

- 반대 의견을 작성해 본다. 워크북 2-10-1-4 워크북 2-10-2-4

  -학교에 핸드폰을 가지고 다니는 것에 반대하는 의견을 주장해 본다.
- 알고 있던 내용과 새로 알게 된 내용을 정리한다.

알고 있던 내용	새로 알게 된 내용
-핸드폰으로 게임을 많이 한다. -핸드폰으로 빨리 연락을 할 수 있다.	-핸드폰에서 전자파가 나와 해롭다. -핸드폰으로 사전을 찾는다.

읽기 후 중재목표 3 | 설득글을 읽고 내용을 묻는 질문에 대답하기

언어 목표

- 글의 주장 및 근거와 관련된 질문에 답할 수 있다.
- 글의 주요 내용을 이해하고 요약하여 말할 수 있다.
- 글의 내용을 토대로 추론적 질문에 대답할 수 있다.

활동절차: 중재 전략 및 유의사항

아동의 언어와 읽기 수준에 따라 '핵심형'과 '확장형' 중 하나를 선택하여 활동을 실시한다.

(1) 글의 도식판을 보며 글의 내용을 요약하여 말하기

- 아동이 도식판을 보면서 글의 내용을 요약하도록 한다.
- 아동이 혼자 말하기 어려워하면 선생님이 모델링을 해 준다.
- 이 글을 요약할 때 주장과 근거를 말해야 하고, '근거는 왜 필요한가?' '어떻게 할 것인가?'와 같은 순서로 말하고, 대표할 수 있는 단어로 말해야 함을 강조한다.
- 아동이 스스로 할 때, 다음 내용을 유도하기 위해 "주장하는 게 뭐지?" "휴대폰 사용을 반대하는 이유가 뭐야?" "휴대폰 사용의 좋은 점은 뭐였지?" "휴대폰 사용의 문제를 해결할 방법은 뭐가 있다고 했지?" 등의 단서를 제공한다.
- 요약하여 쓰기 활동을 한 경우 요약한 글을 발표해 보도록 한다.

(2) 주요 내용에 대한 질문에 대답하기 워크북 2-10-1-4 워크북 2-10-2-4

- 글의 내용과 관련된 질문지를 다음과 같이 작성해 둔다.

질문 내용
1. 글쓴이가 주장하는 내용은 무엇인가요?
2. 휴대폰 사용의 문제는 무엇인가요?
3. 부모님은 학교에서 휴대폰을 사용하는 데 찬성하나요, 반대하나요?
4. 휴대폰 사용의 좋은 점은 무엇인가요?
5. 왜 공부에 방해가 된다고 하나요?
6. 휴대폰이 공부하는 데 도움이 되는 이유는 무엇인가요?
7. 휴대폰 사용의 다른 문제점은 또 무엇이 있나요?
8. 휴대폰 사용의 좋은 점은 또 무엇이 있나요?
9. 휴대폰이 공부에 방해가 되지 않게 하는 방법은 무엇인가요?
10. 휴대폰이 없다면 어떤 일이 일어날지 말해 보세요.

• 보드게임판을 이용해 아동과 번갈아 가며 질문을 뽑아 대답하기 게임을 진행한다.

• 아동과 선생님이 질문을 번갈아 가며 한다.
• 아동에게 새로운 질문을 만들어도 좋다고 지시하고, 새로운 질문을 만들어서 대답할 수도 있다. 질문을 만들 때에는 '어디, 무엇을, 어떻게?'와 같은 단서를 활용할 수 있도록 지도한다.
• 아동이 질문에 대답을 적절히 못하면, 해당 글을 다시 읽고 질문에 답할 수 있도록 한다.
• 글 읽기 이후에도 질문에 답하기 어려워하면 도식판을 확인한 후, 질문에 답하도록 한다.

응용하기

• 요약 내용을 써 본다.

–도식판을 보고 구어로 요약한 내용 쓰기 활동으로 연결한다.

–각 문단의 중심내용과 세부내용을 자기 말로 다시 써 보고, 최종적으로 자기 말로 요약해서 전체 글을 써 본다.

• 분석글 써 보기: POWER 전략 사용하기

–글쓰기의 과정에 대한 전략을 사용하는 방법을 선생님이 먼저 시범을 보여 주고, 함께 작성해 본다.

–계획하기(Plan): 무엇을 주장할 것인지 정하기

–구성하기(Organize): 찬성(또는 반대)하는 이유가 무엇인지 내용 작성하기 → 중심 문장 만들어 보기 → 중심내용과 관련 있는 세부내용 문장 정하기 → 세부내용과 관련된 문장 추가해서 써 보기 → 작성한 문장을 글을 쓸 순서에 따라 번호 정하기

–쓰기(Write): 번호 순서에 따라 글을 쓰고, 앞뒤 문장을 연결하는 말을 끼워 넣기

–편집하기(Edit): 문장이 적절하게 쓰였는지 확인하고, 구두점, 띄어쓰기 등을 확인한 후, 문장의 순서가 적절한지, 연결어가 적절한지 체크하기

–고치기(Revise): 편집한 내용에 맞게 다시 고쳐 쓰기

• 질문 만들어 보기

–"휴대폰 사용에 대해서 어떤 의견인가?"

–"왜 휴대폰을 사용하는 것이 좋다고 생각하는가?"

–"휴대폰 사용의 문제를 어떻게 해결해야 하는가?"

언어/읽기 발달 촉진을 위한

우리말카드

연구개발 I 김효진 · 김미배 · 진연선 · 배소영

대　　상 I 미취학 아동 ~성인(5세 이상)

실시형태 I 개인 및 소집단

소요시간 I 각 회기별 40분

세트 가격 I 300,000원

우리말카드 **구성**

우리말 카드 1(5벌)
75,000원

- 명사카드 1 [61장] 운동/놀이/교통수단 외
- 명사카드 2 [68장] 사람/직업
- 명사카드 3 [63장] 위치/색/단위명사
- 명사카드 4 [66장] 주거공간/가전/주방/욕실
- 의문사카드 [99장] 누구/무엇/어디 외

우리말 카드 2 (5벌)
75,000원

- 명사카드 5 [97장] 생활용품/연장/학용품/악기
- 명사카드 6 [99장] 장소/때, 날씨
- 명사카드 7 [95장] 동물/식물
- 명사카드 8 [89장] 신체부위/액세서리/의복
- 명사카드 9 [94장] 과일, 열매/채소/음식

우리말 카드 3 (5벌)
75,000원

- 서술어카드 1 [94장] 반대말/정서감정어
- 서술어카드 2 [98장] 학교생활
- 서술어카드 3 [99장] 가정생활
- 서술어카드 4 [96장] 교외생활
- 서술어카드 5 [65장] 지역사회생활

우리말 카드 4 (5벌)
75,000원

- 조음어휘카드 1 [98장] 어두초성
- 조음어휘카드 2 [93장] 어중초성
- 조음어휘카드 3 [96장] 종성
- 소리놀이카드 [99장] 수 세기/첫소리알기/소리만들기
- 낱말읽기카드 [99장] 받침없음/받침있음/다음절

Korean words card (우리말카드)는?

개발진이 오랜 기간 임상장면(일반, 장애,다문화, 가정 등)에서의 경험을 바탕으로 우리말을 배우는 데 꼭 필요한 단어들을 엄선하여 명사, 서술어, 소리놀이카드, 낱말읽기카드, 조음카드, 의문사카드로 구성하였다. 우리말을 배우기 시작하는 미취학 아동뿐만 아니라 성인 그리고 외국인(이주민)들이 쉽고 재미있게 배울 수 있다.

우리말카드의 특징

- 언어 · 교육 목적 외에 언어 치료 목적으로도 카드 활용이 가능하다.
- 한국적인 고유의 특성을 살린 낱말 및 그림 카드로 구성되어 우리말과 우리 정서를 배우는 데 도움이 된다.
- 우리말카드는 조음어휘/소리놀이/낱말읽기 등 특색 있는 카드가 추가로 구성되어 있어 언어 및 읽기발달을 촉진하는 데 유용하다.
- 조음어휘 카드에 명사 뿐만 아니라 서술어가 포함되어 있어 문장 수준에서 적용하는 데 용이하다.
- 우리말카드는 실제 많이 접할 수 있는 상황(가정상황, 학교상황 등)별로 명사카드는 31개 범주, 서술어 카드는 15개의 세분화된 범주로 나누어져 있어 상황별 언어학습이 가능하다.
- 철제 케이스로 구성되어 카드를 반영구적으로 사용, 보관할 수 있다.
- 범주별로 카드의 앞, 뒷면의 색을 확인하여 쉽게 구별할 수 있다.

저자 소개

정경희(Kyunghee Jung)
한림대학교(Ph.D., 언어청각학)
현 용인대학교 재활복지대학원 언어치료학과 교수
한국언어재활사협회 교육총무이사
한국언어청각임상학회 이사
여성가족부 다문화 언어발달 지원사업 슈퍼바이저

진연선(Yeonsun Jin)
한림대학교(Ph.D., 언어청각학)
현 한림대학교 보건과학대학원 언어병리학과 겸임교수
아이들세상의원 언어치료팀장 및 공감형의사소통발달연구소 소장
여성가족부 다문화 언어발달 지원사업 슈퍼바이저

곽경미(Kyoungmi Kwag)
한림대학교(M.S, 언어청각학)
현 을지병원 정신건강의학과 언어학습치료실 언어치료사

김미배(Mibae Kim)
한림대학교(Ph. D., 언어청각학)
현 한림대학교 언어병리학과 겸임교수
다온언어학습연구소 소장
여성가족부 다문화가족자녀 언어발달지원사업 슈퍼바이저
한국난독증협회 문해교육전문가 슈퍼바이저
전 연세언어청각연구원 언어연구원
부산가톨릭대학교 언어청각치료학과 교수

배소영(Soyeong Pae)
캔자스대학교(Ph. D., 아동언어 및 장애 연구)
현 한림대학교 언어청각학부 교수
한국 난독증협회 자문위원
LENA Research Foundation, USA, 자문위원
전 한국언어청각임상학회장, 한국언어치료학회, 한국음성과학획, 한국언어치료전문가협회 이사

한국어 말하기
읽기 성장 프로그램

우리말카드와 함께하는 **한국어 해독해**
③ 이야기와 설명 담화 독대

Korean Decoding and Reading Comprehension with Korean cards: K-DRC
③ Narrative and Expository Text Comprehension

2017년 6월 30일 1판 1쇄 발행
2023년 9월 20일 1판 3쇄 발행

지은이 • 정경희 · 진연선 · 곽경미 · 김미배 · 배소영

펴낸이 • 김 진 환
펴낸곳 • (주) 학지사
04031 서울특별시 마포구 양화로 15길 20 마인드월드빌딩 5층
대표전화 • 02) 330-5114 팩스 • 02) 324-2345
등록번호 • 제313-2006-000265호
홈페이지 • http://www.hakjisa.co.kr
인스타그램 • https://www.instagram.com/hakjisabook

ISBN 978-89-997-1293-7 94370
978-89-997-1290-6 94370(set)

정가 18,000원